李政涛 著

大夏书系·教师专业发展

重建教师的精神宇宙

Chongjian Jiaoshi de
Jingshen Yuzhou

华东师范大学出版社
ECNUP
全国百佳图书出版单位

图书在版编目（CIP）数据

重建教师的精神宇宙 / 李政涛著 . —上海：华东师范大学出版社，2014.4
 ISBN 978 – 7 – 5675 – 2033 – 2

Ⅰ.①重… Ⅱ.①李… Ⅲ.①教育学—文集 Ⅳ.① G40–53

中国版本图书馆 CIP 数据核字（2014）第 085441 号

大夏书系·教师专业发展
重建教师的精神宇宙

著　　者	李政涛
策划编辑	李永梅
审读编辑	卢凤保
封面设计	奇文云海·设计顾问
责任印制	殷艳红

出版发行	华东师范大学出版社
社　　址	上海市中山北路 3663 号　邮编　200062
网　　址	www.ecnupress.com.cn
电　　话	021 – 60821666　行政传真　021 – 62572105
客服电话	021 – 62865537
邮购电话	021 – 62869887　地址　上海市中山北路 3663 号华东师范大学校内先锋路口
网　　店	http：//hdsdcbs.tmall.com/

印 刷 者	北京季蜂印刷有限公司
开　　本	700×1000　16 开
插　　页	1
印　　张	15
字　　数	238 千字
版　　次	2014 年 7 月第一版
印　　次	2024 年 10 月第二十二次
印　　数	81 101 - 82 100
书　　号	ISBN 978 – 7 – 5675 – 2033 – 2/G・7338
定　　价	35.00 元

出 版 人	朱杰人

（如发现本版图书有印订质量问题，请寄回本社市场部调换或电话 021-62865537 联系）

目 录

第一辑　教育的味道

不同的教育，不同的人生 | 3

面向他人的教育，朝向自我的教育 | 5

没有灵魂的教育 | 8

倾听着的教育 | 12

可以呼吸的教育 | 21

教育的味道 | 24

孤寂中的教育 | 27

静默中的教育 | 29

疾病中的教育 | 32

什么是教育之美？| 35

教育呼唤"生命自觉" | 38

社会需要为教育做些什么？| 45

第二辑　在异域中思考

　　徜徉在洪堡大学与世界教育之间 | 51

　　在德国发现儿童研究 | 55

　　用证据来研究儿童 | 57

　　发现程序与发现儿童 | 60

　　用跨文化的方式培育儿童 | 63

　　让儿童在仪式里的表演和模仿中学习 | 67

　　在教育自由与规范之间穿行 | 70

　　影像叙事与德国人的历史教育 | 73

　　中国需要什么样的国际化？ | 77

第三辑　教师的宇宙

　　现场学习力：教师最重要的学习能力 | 81

　　教师的"跨文化能力" | 84

　　重建教师的精神宇宙 | 87

　　开发教师宇宙的无限空间 | 90

　　校长如何修炼价值领导力？ | 93

校长思维方式的转型与变革 | 101

校长需要思考的四个中层问题 | 108

第四辑　研究性变革实践

为育人价值的挖掘和转化而教 | 115

从单元教学到单元类结构教学 | 119

回到语文教学的原点 | 125

关于语文课型研究的几点思考 | 129

做有品质的校本研究 | 136

在研究中创造幸福的语文人生 | 139

做"在中国"的合作教育研究 | 143

第五辑　参悟改革

旁观其外，还是置身其中？ | 149

一个人和她的教育改革 | 152

面对基础教育改革，我们同样需要耐心和从容 | 162

学校变革实践中的六种敏感 | 165

为学校变革寻找"机制之魂" | 170

基础教育改革的关键词应是文化变革 | 172

第六辑　自我重生的历程

一段精神之旅：从漂泊到扎根 | 181

从相遇、知遇到道遇 | 208

等待灵魂的配偶 | 213

与光明俊伟的人同行 | 215

说出"我"心目中的教育常识 | 217

断裂与弥合中的自我重生 | 221

尚未被思想的，还在路上 | 227

后　记　一生为一大事而来 | 231

第一辑

教育的味道

不同的教育，不同的人生

没有人离得开教育，哪怕他从未上过学。不只是学校才是教育的场所，在家庭和社会生活的每一个角落，教育无处不在。

一个人接受什么样的教育，就会有什么样的人生。

在德国柏林的地铁上，我经常看到一种鲜明的对比：德国人，或坐或站，往往手持一本书或电子阅读器，一律安安静静地埋头阅读；罗姆人（即吉普赛人），尤其是儿童，或随意吃喝说笑，或旁若无人地肆意喧闹，相互撕扯追打，而近旁的长辈，只是呵呵地笑着，完全不以为意。一年来，我从未见过一个手持书本的罗姆人。我们当然可以据此轻易地作出判断——罗姆人不重视教育，就如我们认同犹太人重视教育一样。其实不然，罗姆人也有他们的教育，只是他们的教育不同于犹太人的教育、德国人的教育和中国人的教育，也许他们不看重送孩子去学校接受正规的教育，但是在家庭和社区中，总是有他们自己教育孩子的信念和方式。如果孩子在地铁上高声说话，德国家长会马上制止，因为这会干扰到他人，这是德国人的价值观和教育方式。但在罗姆人看来，敢于在众人面前大声说话，是一种勇气，甚至是能干或有能力的表现，这是罗姆人的价值观和教育方式。我不认同罗姆人的教育方式，不代表他们就没有自己的教育。只要有人群的地方，就一定有教育。不同的教育，培养出不同的人，并各自拥有不同的人生。教育之所以重要，无非是因为它与每个人的人生同在。不同的教育，造就不同的人生：有的教育让人获得自由和解放，从而拥有自由创造的人生，有的教育则使人受到束缚和压制，度过的是充满枷锁的一生；有的教育赋予人生以尊严和价值，有的教育则会降低人生的层次——降落到动物和工具的层次……

教育影响人生的力量，绝不体现为成绩、奖状和各种荣誉称号，它们可能会在某一特定时刻影响人生，如升学，但在随后漫长的人生中，它们统统都会像流水一样逝去，如烟云一般消散——我读小学时，曾经把获得的各种奖状贴满了家中的一面墙壁，现在它们早已不知去向……沉淀在我心里的只有满墙的奖状的图景而已。

真正留存心底的是我的父母、我人生不同阶段的老师们带给我的各种价值观、思维方式、能力和行为习惯，他们之于我的教育，使我知道了善恶的标准，如我母亲从小教育我"善有善报，恶有恶报，不是不报，时候未到"。这是极为古老、朴素和简单的道理，然而，越是朴素简单的观念，越是持久。我迄今仍然遵循着这一教导，努力趋善避恶，过一种追求善的生活，并为人生中偶尔的"恶"而胆战心惊。这其实就是以柏拉图、亚里士多德为代表的古希腊哲学家和教育家最推崇的以善为目的的生活。虽然我的母亲只是小学教师，并无多少丰富、高深的知识和学问，我也不完全赞同她的很多明显"过时"的看法，但没有人像我的母亲一样，对我的人生影响那么深远。尽管我曾经在成长的过程中多次"反抗"和试图"逃离"她的唠叨与强制，但进入中年之后的我，猛然发现，我几乎就是行走在母亲当年为我规划的人生轨迹上。我的骨髓和血液里，浸透了她为人处世的标准，她之于我的教育，已经扎根在我的生命之中，牢不可破。

我之所以享有目前的人生，就是因为我是从这样的家庭中走出来的，接受了这样的母亲的教育，也是因为我曾经安坐在不同的教室里，接受过穿梭在我成长历程中的各位老师的教育，他们以各自的方式塑造我的生命，开启了我的人生之旅。如果没有他们的教育，而换为其他人的教育，今日之我，将拥有另一种什么样的人生呢？

由此带给教育者的感悟是，作为教师，思考今日教育的起点，不再是"我们要给学生什么样的教育"，而是"我们要给学生什么样的人生"。

这是一枚硬币的两面。

一面是：你想给他们什么样的人生，就会给他们什么样的教育。

另一面是：你给了他们什么样的教育，就会让他们度过什么样的人生。

教育与人生的关系的真谛，大抵如此。

面向他人的教育，朝向自我的教育

人世间始终存在两种教育：面向他人的教育和朝向自我的教育。这是两类指向不同，但具有内在关联的教育方式。

面向他人的教育，指向于他人，致力于有计划、有目的地影响和改变他人的生命，因此可称为"他向教育"。这是最常见的教育样式，是教育者，尤其是作为职业教育者的教师，每日必做的功课。教育的全部神圣和庄严均来源于此——这是一项改变他人、提升他人生命境界的事业；教育所有的艰辛和沉重也来源于此——还有什么比促进他人生命的变化更新更为艰难持久呢？所以，真正的教育，必定是繁重漫长的"慢教育"。

朝向自我的教育，以自我为教育对象，目的在于自我的完善与发展。古人推崇的修身养性，大致可以归于此类。它主张在处理好"人与自然""人与他人"的关系之余，还要考虑"人与自我"的关系。这是一种"我向教育"，其实就是自我教育，它追求的是自我的不断更新再生。

为什么在"他向教育"之外，还需要"我向教育"？无非是因为"他向教育"具有限度，而"我向教育"拥有独特价值。

习惯了以他人为教育对象的教育者，把对外在于自身的他人的教育视为全部的教育世界，而遗忘了自身的存在，自我因为对他人的关注而被湮没。这种自我意识的缺乏，是我们在日常生活中看到的那些"自我感觉很好"者的通病。其背后的潜在预设是：自我已是无可挑剔和提升的"完人"，因而有资格对毛病百出的他人"循循善诱"，结果往往是"严于律人，宽以待己"。这或许是教育关系不平等的根源，也是某些教育失败的缘由。这类教育者的典型特征是"好为人师"和"毁人不倦"。

很不幸，近来我发现自己也有了"好为人师"的习惯，喜欢对那些不符合我的眼光和取向的人与事，发表"教育式批评"，俨然是被批评者的导师。我在有意无意间将指导和教育自己学生的方式，推而广之。更可怕的是，我发现自己竟然有"好为人师"的乐趣，很享受这个"他向教育"的过程，教育言语间的快感和醺然，时常让我陶醉。现在想来，很多情况下，这些"自我陶醉"背后或多或少的"自命不凡""自鸣得意"，纯粹是"自我享受"，但对作为受教育者的他人来说，可能是一种折磨和痛苦。

由此联想到今日网络上的喧闹，那些在骂战中充满了戾气的语言背后，何尝没有"教育气息"和"教育目的"，以及"教育他人"的冲动和欲望？那些满足欲望的言语，充满了对他人的不屑和对自我的欣赏。我甚至在某些教育网站上，看到教师在互动中相互攻击指责，充斥着"文革式"的话语方式，这让我心惊肉跳，直至心寒。教师本应该是最温暖人心之人，不期然变成了语言的暴徒。从"诲人不倦"到"毁人不倦"的转换，往往在一念和一语之间。

朝向自我的教育，之所以有存在的价值，首先是因为这样的教育，昭示了教育者自我批判、自我改变的勇气、责任和行动。

曾经有一位母亲带着自己的孩子去拜访圣雄甘地，请求他劝说孩子少吃糖。甘地一反常态，沉默不语，随后请这位母亲一周后再来。一周后，当孩子再次被带到甘地面前的时候，甘地开始了他的教育谈话。谈话结束后，满意的母亲忍不住提出了疑问："上周您为什么不教育我的孩子？"甘地的回答简洁有力："因为上周，我自己也在吃糖！"

这种"我向教育"的践行者确信：所有的教育，应从自我教育开始。所有教育的起点，是对自我的教育。我们无法想象，一个缺乏自我教育意识和能力之人，有能力去教育他人；一个从不努力完善自我之人，能促进他人的完善。这就如同一个不热爱读书之人，却到处教育他人怎样读书。遗憾的是，这样的不可理喻和荒唐可笑，在我们的时代并不鲜见。

两种教育的差异，并不意味着它们相互之间的割裂，更不代表我们需要在二者之间进行非此即彼式的选择。教育生活中最日常也最本真质朴的关系，表面上是师生关系，实质上是他人和自我的关系，是"他向教育"和"我向教育"的关系——对教师而言如此，对学生而言亦如此。

教育的过程，是在"他向教育"与"我向教育"之间穿梭或穿越的过程，更是二者之间双向转化的过程：既要把每一次面向他人的教育转化为朝向自我的教育，因为他人始终是呈现并照亮自身的镜子，也要把朝向自我的教育转化为面向他人的教育，自我更新生长的体验和经验，可以由己推人，与他人共同分享。这种螺旋式上升的转化过程，诠释了教育的真谛：教育是他人和自我的生命能量彼此转化生成的过程。

教育之难，难在这种相互之间的转化生成。教师之难，也在于此：在"好为人师"之外，还需要"好为己师"。这样的教师，才是足以让人信服和尊重的教育者。

没有灵魂的教育

据说,古希腊数学家欧几里得的一个学生,曾经一本正经地问他:"我学这些东西能得到些什么呢?"欧几里得沉默片刻,叫来仆人,吩咐说:"给他六个铜板,让他走吧,这是他想要得到的东西。"我不清楚这个学生当时的反应如何,也许他会面红耳赤,幡然悔悟,也许会理直气壮地接过铜板,扬长而去。但这并不重要,因为欧几里得还在,他的大部分不为铜板而学习的学生留了下来。在那个时代里,欧几里得们占多数。他们研究算术是为了观察、思考数的性质,唤起思考的能力,引导心灵超然于变幻的世界之上而把握本质和真理;学习几何学是为了引导灵魂接近真理和激发哲学情绪,以便了解关于永恒存在的知识,进而掌握"善"的本质和形式;学习辩证法是为了找出事物的关系与本质,使人的智慧和能力更趋完善……对于他们来说,如此学习与其说是一种理想,不如说是一种现实——他们生存方式的一部分。然而,对于今天的学生来说,如此学习已经变为一种单纯的理想了,因为欧几里得们已经成为少数,倒是那类学生茁壮成长,排着长长的队伍,大大方方地走到老师面前,摊开双手问道:"我从中能得到什么呢?"

这个问题的归宿在于"什么",前提却是"从中",也就是从知识中。所以,这个问题的另一种问法是:什么知识对我最有价值?

1884年,英国哲学家斯宾塞发表了一篇文章——《什么知识最有价值》,他感到这是一切教育的"问题中的问题",全部教育都来源于它。斯宾塞的回答是:最有价值的知识是科学,因为它最直接地关系到我们的自我保存。这是一个颇有诱惑力的答案,在他之后的教育就变成了对这一结论的充分实践。也正是从那时起,人类的教育开始堕落了。因为对于这样一个形而上学的问题，斯宾塞却给出了一个物质至上的答案，而且人们竟然心甘情愿地接受了。

我并非反科学主义者，但这是荒谬的。我关注的问题是：我们需要什么样的科学知识？现有的科学知识给我们的生活与教育带来了什么变化？有人会毫不犹豫地指出科学知识给我们的日常生活带来了足够的便利、充分的物质享受和种种不可言传的微妙好处。这依然没有脱离书中自有"黄金屋"和"颜如玉"之类的老套路。所以，欧几里得的行为对他们来说不仅是陌生的，而且是可笑的，他们会钦佩那个学生的勇气，并用羡慕的目光遥望那六个铜板，把它视为革命性的象征。但他们忘记了：革命有时能解放人，有时也能毁灭人。有一点是可以得到实证的：那个作为革命者的学生从此就消失了，包括他得到的铜板。

现代教育的革命是从反智慧开始的。现代人追求的是与智慧无关的知识（一种可能使人聪明和精明的知识），它可以为人们带来实利，因而，这个时代流行的是金融、商务、会计、法律、计算机和公共关系学（这是一门有关如何温情脉脉地"骗"人和如何避免被人"骗"的科学）。一个显而易见的道理遭到普遍地漠视：知识不等于智慧。知识关乎事物，智慧关乎人生；知识是理念的外化，智慧是人生的反观；知识只能看到一块石头就是一块石头，一粒沙子就是一粒沙子，智慧却能在一块石头里看到风景，在一粒沙子里发现灵魂。

在柏拉图那里，智慧即指关于"善之相"或绝对的善的知识，绝对的善就是绝对的价值。教育的目的是使人通过"认识你自己"趋向那绝对的善，因此，人要不断地去爱智慧，追求智慧，它能照料人的心魄，实现心灵的转向。孔子之所以鄙视樊迟，在我看来，原因在于樊迟孜孜以求的只是知识（如何种菜之类），与孔子心向往之的智慧相去甚远。可以说，对智慧的热爱和追求是东西方古代文明共同的特征，人类的文明起源于智慧之爱。

但不知什么时候起，这一源头不再流淌智慧，汩汩而出的只是知识。对知识的狂热追求淡化甚至吞没了对智慧的渴望，这是一个令人惊奇的现象，但是由此导致教育界出现的种种现象就不奇怪了：我们每年产出不计其数的教育书籍和文章，教学方法和技巧不断花样翻新；人们花了大量精力去从事没完没了的教学实验，作一些无关痛痒的调查分析；教师辛辛苦苦地工作，结果只是让学生学了大量考试之后很快就被遗忘的知识；学生的学习并不是为了获取最佳发展，而是为了得到他人的看重和考试成绩；我们的素质教育讨论得热火朝天，但如何实施真正的素质教育至今没有搞清楚，结果把素质分割成各种技能技巧的训练和知识的堆集，而与智慧无关。因此，现代教育的目的在于通过特殊智能的训练而胜任某一种职业，从而使教育萎缩为职业的附庸和工具。这绝非真正的教育！

真正的教育应包含智慧之爱，它与人的灵魂有关，因为"教育是人的灵魂的教育，而非理智知识和认识的堆集"。教育本身就意味着"一棵树摇动另一棵树，一朵云推动另一朵云，一个灵魂唤醒另一个灵魂"。如果一种教育未能触及人的灵魂，未能引起人的灵魂深处的变革，它就不成其为教育。

雅斯贝尔斯认为，教育最重要的是选择完美的教育内容和尽可能地使学生之"思"不误入歧路而导向事物的本原，在本原中把握安身立命之感。如果单纯地把教育局限在学习和认知上，即使他的学习能力非常强，他的灵魂也是匮乏而不健全的。从这个角度看，现今流行的教育口号，诸如培养学习兴趣、学得一技之长、增强能力和才干、增长见识、塑造个性等，都只是教育的形式，而非教育的灵魂。

有灵魂的教育意味着追求无限广阔的精神生活，追求人类永恒的终极价值：智慧、美、真、公正、自由、希望和爱，以及建立与此有关的信仰。真正的教育理应成为负载人类终极关怀的有信仰的教育，它的使命是引导和建立学生的终极价值体系，使他们成为有灵魂、有信仰的人，而不只是热爱学习和具有特长的准职业者。对此，北大在任时间最长的校长蒋梦麟先生当年曾说过："教育如果不能启发一个人的理想、希望和意志，单单强调学生的兴趣，那是舍本逐末的办法。"此话今天听来依然难能可贵。

而现今的教育，从课程体系、内容到授课形式，有多少与信仰和理想有关呢？它是有科学而无灵魂的教育。

有灵魂的教育不会排斥科学，相反它能引导科学的发展方向，因为科学的基础和目标不能从科学本身中得到。所以雅斯贝尔斯说："以科学为其直接任务的大学的真正活动，在于它丰富的精神生活，大学借助有秩序的分工合作从事科学的研究，追求绝对真理。"在这一过程中，科学就有了灵魂，成为人类灵魂的重要组成部分。也只有在此时，我们才能同意斯宾塞的结论：科学是最有价值的知识。

科学与民主之所以成为老北大人竭力追求的目标，并不在于科学与民主本身，而在于科学与民主过程中的精神，即蔡元培着力强调的"取从真理""独立不拘之精神"。在这一基础上，北大重建了强调终极价值体系的世界观教育，从而将人的纯粹精神活动与人格置于教育的中心。北大之所以成为莘莘学子的精神圣地，道理就在于此。

然而，中国只有一个蔡元培。"后蔡元培时代"的教育愈加发达，灵魂的声音愈加缥缈微弱。如今的教育并不缺少先进的教学方法和教学设备，并不缺少教育思想和教育著作，也不缺少教育学的教授和博导，但唯独缺少灵魂。那种饱含对生命的终极关怀，对人的自由、公正和生存尊严的追求的教育已经远离我们，被淹没在利己主义、机械主义和实利主义的冰水之中。可以预见，未来浮出水面的将是一群有知识无智慧、有目标无信仰、有规范无道德、有欲望无理想的一代人，这些没有灵魂的人将组成我们的民族，幸耶？灾耶？只有天知道。

倾听着的教育

教育的过程是教育者和受教育者相互倾听与应答的过程。当这一过程被阻断或者处于混乱无序状态的时候，师生之间的交往和沟通就将陷入困境，教育的危机也将随之出现。对此，教育者应负主要责任。作为教育者的教师既承担着培养和发展学生倾听能力的责任，也负有发展并运用自身倾听能力的责任。对于后者，可以认为，倾听受教育者的叙说是教师的道德责任。然而，在日常教育中教师的"失聪"现象并非罕见。这一现象造成的诸多不良后果，迫使我们将倾听对象化，探询"失聪"的根源，审视并追问倾听在教育中的价值和意义。

一、教育"失聪"的表现和根源

当学生的叙说或言说被教师拒绝倾听或有意无意地遗忘、漏听时，"失聪"就出现了。它可以分为不同的类型。从程度的角度看，有全然"失聪"和部分"失聪"。前者几乎对学生的所有叙说充耳不闻，这种教师在剥夺了学生被倾听的权利的同时，也放弃了自己倾听的权利和义务，并且丧失了倾听能力。后者只是有意无意地、选择性地接受了学生的部分言说。就时间的维度而言，有暂时"失聪"和长久"失聪"之分。前者是任何一个教师都会有的现象，人的耳朵不可能总是张开的，它偶尔也会"沉睡"或"休眠"。后者则是一种异常现象，它表明教师长期将学生的言说拒之耳外。从数量的视角来说，又可分为个体"失聪"和集体"失聪"。前者是指一位教师对学生的"失聪"，属于教师"失聪"的个体行为。而当面对着同一个或同一群学生的言说，与其有关联的教师都不约而同地"失聪"

的时候，这就是集体"失聪"，即"失聪"的集体行为。教师"失聪"有以下表现形式。

不健全的倾听（病态的倾听）。教师只倾听那些能满足自我需要（如维护自己的形象和尊严，产生自我成就感）的声音，对那些可能对自我构成威胁的声音却加以排斥和压制。还有，教师有意无意地诱导和强迫学生发出能使他愉悦的声音，这些并非从学生心中自然产生的声音，充满了欺骗和谎言，它们既扭曲了师生的心理，也扭曲了教育本身。

虚假的倾听。所谓"虚假"，是指一种虚假的姿态，即教师摆出一副倾听的姿态，打开了一只耳朵，接纳学生的声音，却让它从另一只耳朵中悄然流出，未让这声音在自己的内心之湖上激起任何涟漪，未能使自身的言行和态度发生任何与这倾听有关的改变。最糟糕的倾听是这样的：教师连一只耳朵也不打开，他只是坐在那里，让学生言说，却并不做任何接纳和回应。这表明，在他做出倾听的姿态之前，已经关闭了耳朵，并将耳朵转向自身。与其说他在倾听他人，不如说是在倾听自我。

错听。对于学生声音的内涵、方向和潜在意义，教师未能准确把握，他要么将"不是"听成了"所是"，要么未能听出这些声音中的象征意义。用语言学家索绪尔的术语来说，教师只听出了"所指"，但未能听出"能指"，他只满足于那些能激起情感和思维泡沫的声音概念，错过了泡沫掩盖下的真实的东西。

导致教师"失聪"的原因有很多，其根源体现在形而上学、技术、制度和能力等方面。教师"失聪"的形而上学根源是笛卡儿的分裂的二元论：人被分成主体/客体、自我/大众、物质/精神、个人/大众等，其核心是主客体的二元论。它在教育中造成诸多恶果。其一，使学生被对象化、表象化和客观化，这意味着受教育者被置于教育者的对立面，这种人为的对立阻碍了双方的沟通。其二，造成了教师的自恋癖。这种自恋癖以自我逻辑和权力意志的相互缠结为基础，它在教师身上的首要体现是自我中心和自我扩张，学生的一切言说都必须围绕教师的自我，他们的声音被强行纳入教师的"听力场"内，接受这个场域运行规则的改造。教师表现出一种强烈的权力意志，试图全面规范、控制和支配学生的教育存在，使自己的声音变成杜威所说的从外部强加的教育目的和教育命令，这也同时验证了福柯所揭示的知识与权力的关系。于是，将自我逻辑和权力融为一体的教师，会认为对学生任何降卑式的倾听，都有可能是对其自恋癖和权力意志的威胁与挑战，因此他关闭了自己的耳朵，转而以"独白"的方式与学生交往。其三，对象化、客观化与自恋癖、权力意志的相互作用，导引出了工具理性。教师以操纵性的工具化的方式来与学生联系，将他们视为达到教育目的的手段而非目的本身。既然学生只是工具，那么工具的使用者就不愿意也不会耐心地去倾听"工具"的吁求。对于使用者而言，他的任务是使用工具而不是倾听它。这基于一个似乎无可置疑的假设：工具有自己的声音吗？

所有这一切将导致教育者对受教育者存在的遗忘。

海德格尔指出人类有两种存在模式，即现存存在和现在存在。前者是一种纯粹的现存，只向自身敞开，后者则是根据我们对于在日常世界中包围着我们的事物的经验以及一般联系而形成的存在模式，这是一种当我们试图联系或理解事物之时，它向我们显示自身，为我们而存在，而不是为其自身而存在的方式。在海德格尔看来，这是一种工具化的方式。当教师以这种方式理解和联系学生的时候，就意味着学生只是为教师而存在，教育因而变成了受教育者向教育者显示其存在的过程，而不是显示作为一个"人"存在的过程。教师通过教育塑造的只是他心目中学生的形象，而不是人的形象。这一塑造的规则和结果也被归属于教育者的自我逻辑体系里。

当教师关注的只是自我的存在和声音的时候，作为一个生命体的教育者的纯粹存在就被遗忘，导致教育过程中"生命的缺席"，即当教育进行时，生命不在场，学生的声音因而被拒斥、遗忘和漏听了。教师对回荡在他四周的生命之维充耳不闻。

存在被遗忘的另一个直接原因是教育者思想中的过分普遍化倾向。教师将学生客观化为普遍性对象的同时，会忽略教育对象的特殊性，即对普遍性的爱好压抑了对特殊性的关注，导致对特殊性的遗忘，进而产生对存在的遗忘。生命的存在之维总是特殊的，当我们试图倾听某一人时，实际上是把他作为一个特殊的具体的生命个体来倾听，倾听是对特殊性的一种承认和接纳。如同一个人不可能抽象地爱人类一样，倾听也不可能是对普遍的人的倾听。

人类的倾听越来越依赖于一定的技术手段，现代工业文明为其提供了丰富的技术资源。但海德格尔却认为，我们仍未在听，相反，我们的听觉却通过由技术控制的工具（如收音机）而趋于衰弱。实际上，柏拉图早就意识到，当我们发明出一种技术以扩大知觉能力时，我们天生的能力反而会因此萎缩和改变。这些带有极端性的观点提醒我们，对技术的过分依赖和沉迷会损害听的能力，会迷失听本身。技术手段永远只是手段，而不是目的，一旦手段被当成目的，听就被遮蔽了。在教育技术日益发达的今天，我们也许该不断地追问自己：真的有在听吗？

教师"失聪"的制度性根源是指一定的社会文化制度、教育制度，包括学校教学管理制度，制约和妨碍了教师的倾听。教师"失聪"的能力性根源表明，教师不是不愿和不想倾听，而是不能倾听，在他的天赋里，缺少倾听他人的能力和技术，他患有倾听无能症。

二、倾听的教育价值

人们往往把倾听能力的问题归结为神经生理学、生物化学和物理学的问题，而且，亚里士多德在《形而上学》中主张：在诸感觉中，我们尤重视觉，因为视觉是知识的首要源泉，并且能揭示出事物之间的许多差异。于是，看拥有超乎听的特权，形成了"视觉中心主义"，然而，听觉的价值和意义远比人们想象得要高。对于教育者而言，倾听的价值和意义体现在以下几个方面。

一是本体论价值。

在列文看来，"我们的听力实际上是一种本体论的器官"，它面向人的生命的存在，是揭示、回忆和思考存在的可能性的重要手段，倾听的任务是领悟被听者，"倾听是一种本体论的领悟"。通过倾听，教师领悟了学生首先是一个生命的存在，而不是物质或观念的存在，相应地施之以对应于生命而不是对应于物（如机器）的教学方法。同样重要的还在于，当教师通过倾听领悟了学生生命存在的内涵和特性之时，他也领悟了自己的存在，这就是列文所说的倾听的相互性和辩证法："当我倾听自己，听我的话，我的语声时，我也能倾听他人，我在我之内倾听他人。反过来，当我倾听他人时，我也能倾听自己，我在我的世界的他人之中，并通过他们倾听自己。我们彼此共鸣应和。"更进一步，倾听就是追忆，追忆自我和他人的存在。有领悟力的教师在倾听学生的时候，也会追忆自己的教育存在和受教育经验，这样的追忆有助于移情的产生和共鸣的出现。

二是道德价值。

倾听是教师的道德要求和道德责任。听觉是大自然赋予人的礼物，但这一礼物在被赋予我们的同时，也附带了一个要求——道德要求。教师能否倾听学生和应答不只是能力与意愿的问题，而且是道德品质的问题。这种倾听的道德要求也相应地向教师提出了道德责任：教师对所有的学生都有责任倾听和应答，有责任用全部的感官潜能去倾听、理解和呼应学生从生命深处发出的所有声音。

倾听发展了教育者的道德判断和道德行为能力。列文创造性地在科尔伯格的道德发展阶段和人类倾听能力的发展之间建立了逻辑性的关联。他证明了听怎样发展了人的基本道德行为能力。这一论证同样适用于作为理性人和成年人的教师，当他履行了自己听的道德职责时，也就相应地发展了自己的道德判断和道德行为能力。

倾听为教师的道德转化提供了可能性。当教师从不会倾听到学会倾听，当学生真实的生命状态在教师的倾听中得以裸露和呈现的时候，教师的注意力可能被集中于同情，他可能会反省并领悟自己的教育过失和不足，原先自大、冷酷无情的一面将由此向友善和仁爱的一面转化。这表明，倾听唤醒了教师的良心和道德感。这样一来，我们可以发现，倾听既具有道德实践的功能，也具有道德价值的功能，它是师德中一个特殊而又重要的组成部分。

三是交往价值。

倾听赋予教师的道德品质是交往和对话中的品质。任何道德生活的基础都是在交往实践中朝向共同理解的目标。如果教师拒绝倾听，使自己的教育变成独白，他实际上是人为地与学生隔离开来，拒绝与其交往和对话。这种拒绝也是对转换的拒绝，因为倾听就是一种转换，就是站在他人的位置上了解对方和自己，就是变换位置、角色和体验。拒绝这种转换，就是拒绝与他人交往。无论如何，听是通过人与人之间的相互交往来实现的。

倾听是在交往中展开的，这是问题的一个方面，另一个且更重要的方面是倾听促进了教师和学生间的交往。它为教师提供了一套以听觉为中心的新的交往模式，改变了以视觉为中心的狭隘的交往结构，并创造出一套丰富生动的交往技艺。

此外，倾听带来的体验将转化为交往体验，这一体验是文字(通过看)所难以传递的，它有效地去除了在交往中将学生概念化和抽象化的倾向。

四是治疗价值。

教师"失聪"的结果远比人们想象得更可怕。罗杰斯通过研究证明，对于某些精神病人来说，多年不被听到，或者不被真正听到的连续经验，是他们患病的根源。各心理治疗师，一个重要任务就是为这些病人提供"被倾听"的机会。

实践表明，教师拒绝或不会倾听会造成学生的心理疾病，教师的主动倾听和及时应答则能有效缓解与防治这些疾病。此时，教师就是治疗者，他的药物就是倾听和应答，教师医术的高明程度取决于他的态度、能力和技术。

三、教育者：倾听什么和如何倾听

教师倾听的根本目的是倾听生命和呼应生命。但生命并非抽象的生命，它具体体现为各种欲望、需求、情感、思想，以及个体生命的差异。

倾听学生的欲望和需求。学生在教育生活中的欲望和需求往往不是通过他们的行为，而是通过他们的声音表达出来的。它可能是一段叙说、一个句子、一个简单的感叹词、一声呼喊，或连绵不断的啜泣。对这些声音所表达的欲望和需求的倾听、理解与应答，就成了教师倾听的重要任务。

倾听学生的情感。对学生情感的动向和状态进行细致入微的把握，并及时加以协调和引导，是成功教育者的重要标志。一个善于倾听的教师，能迅速准确地从学生发出的各种声音中听出愤懑、悲哀、快乐和喜悦等各种情感，同时在教学上作出适当及时的反应和调整。

倾听学生的思想。一个具有倾听意识和习惯的教师不会满足于仅仅倾听学生的欲望和情感，他还善于倾听声音背后的某种思想和观念的萌芽，并尽量认可它们的价值和意义。当学生发现自己那些隐藏的羞于见人的思想被教师倾听并认可时，他们就与教师建立了更深一步的交往关系——思想上的交往。于是，他们对自己充满了自信，真正意识到自己作为一个人而不是作为一个学生的尊严和价值。

倾听学生的疾病。当孩子不断发出暴躁混乱的声音，或者陷入长久的静默无声时，倾听者(教师)的耳朵将变成听诊器和探测仪，去寻找孩子存于肉体和精神上的种种疾病，捕捉到他们的自大、攻击性、抑郁、孤独、痛苦和恐惧。这样的倾听就变成了一种诊断和治疗。

倾听学生间的差异。倾听始终是面向具体和特殊的生命个体的。当各种声音汇集在教师耳边的时候，教师的任务是听出这些声音的差异，听出它们所反映的不同个性和人格。这是一种本体论的差异——存在者与存在者之间、生命与生命之间的差异。这样的倾听是面向具体的倾听，因为他在不同的声调中听出了"具体的人"。

倾听学生与他人之间的关系。作为正在社会化的人，学生的每一个声音，都不单纯是纯粹自我的声音，不是自我对自我的反映和表达。他的声音总是处在与其他声音相互缠绕的关系之中。与其说学生的声音是自我的反映，不如说是对他人与自我关系的反映。因此，教师的倾听对象既是"具体的人"，也是这个"具体的人"与另一个或另一些"具体的人"之间的关系。

为了更好地说明上述观点，试举一例。当一个学生向教师诉说"老师，他们又打我了"时，教师可以从中听出些什么呢？

他的欲望和需求：需要教师的帮助和保护。

他的情感：焦虑、愤怒、不满和失望(上次他们就打我了，老师为什么不管呢?)。

他的思想：打人不好，打人者应受惩罚(最简单的公平正义的思想)。

他的疾病：孤独、恐惧，是肉体和精神上的弱者。

他的个性：懦弱、温和、不合群、依赖心强。

他与他人的关系：紧张、对立（班级内出现了非正式群体，产生了学生与学生之间的不和谐）。

而想要学会倾听，可从倾听所必备的态度入手，它包括以下几个方面。

接纳和平等。一旦教师转向学生，开始倾听，就意味着一种迎接和承纳：不是把学生作为学生来接纳，而是把学生作为一个鲜活的生命来接纳。这种接纳也表明了一种真诚的平等和尊重，这是生命与生命之间的平等，是一个生命对另一个生命的尊重。

专注和警觉。当苏格拉底、苏霍姆林斯基等教师面对学生的时候，他们全神贯注的神情，使他们具有非同一般的人格魅力，那是真正的教育者的魅力。这种专注是将一个生命的所有能量聚焦在另一个生命上，结果是迸发出生命的火花。专注中应包含警觉，对来自学生的每一种声音的方向、特点和隐藏的变化趋势保持敏感。这样的倾听是面向瞬间性的倾听，希望抓住生命发展中那些不可重复的瞬间。缺少了专注和警觉，那些瞬间就会永逝。而教育的机会和个体发展的机会就蕴藏在无数个瞬间里。

鉴赏和学习。既然倾听意味着教师对学生生命价值和意义的承纳，这种价值对于教师而言，就不是全然无关的。一个真正的倾听者，始终会以鉴赏的态度，欣赏每一个被倾听者声音的独特性。这必然也是一种学习的态度，是教师向学生的学习，是成人向儿童的学习。在儿童那里，保留着人的许多可贵品质，保留着人类智慧的原初状态，它们往往被成年人遗弃了。所以，在倾听中，向学生学习是教师倾听时必要的态度。这一学习将会使教师返回自身，充实自身。

执著和冷静。所有有意义、有收获的倾听都是在执著和冷静中发生的。学生从内心深处发出的声音的无限复杂性和烦扰性，是对教师听觉品质的考验。一个执著、冷静的倾听者不会为暂时性的"失聪"和各种听觉挫折所惧，也不为学生声音的无序和混乱所扰，他会在深沉的静默中，坚持不懈地进入学生的心灵深处去倾听他们的呼喊和吁求。

参与和体验。教师应在参与中倾听。他的倾听不是对学生声音的被动地听，而是主动地听，这种主动性在倾听与精神生命的发展之间建立起实质性的联系。这意味着作为倾听者的教师不仅是旁观者，而且是行动者、创造者。他将通过倾听去参与学生的成长，参与创造学生的声音。不过，这种参与的目的不是主宰学生的声音，不是从外部施行控制和干预，更不是对学生发展的替代，而是一种引导和促动，以帮助学生将已有的单调、混乱和僵化的声音变为复调、有序和充满活力的声音。这种参与因此具有了创造性。

参与是在体验中进行的。一方面，教师的倾听注重真实的感受性；另一方面，教师对学生的倾听也构成了教师自身的教育体验，它有助于教育经验的增长和丰富。如此得来的经验是难以从教育理论书籍中学到的。更重要的还在于,教师在对学生的体验倾听的同时,也唤醒了自己的教育体验,使自己能够从自身的体验出发,而不是从某种观念和理论出发,去倾听学生的声音——它们同样来自学生在教育存在中的体验。这是以一种体验去倾听另一种体验的倾听,其中的参与是内在的而不是外在的,它深入到人的本性之中,将学生的存在体验为生命的存在者,其结果如同列文所说的:"就是承认并认识到了他们的不可征服、不可占有;就是将他们视作并听作完全的本质上的他者;就是承认他们的无法克服也不必克服的本体论差异。"

这样的倾听是真正的倾听,它能有效地改变教师的倾听方式:从外在的听变为内在的听,从抽象的听变为具体的听,从观念的听变为体验的听。作为一个真正的倾听者的教师,必定是这样的:他怀着深深的谦虚和忍耐,以一颗充满柔情的爱心,张开他的耳朵,满怀信心和期待地迎接那些稚嫩的生命之音。这样的倾听由于根植于生命的大地,根深蒂固,顺风摇摆,时常静默沉寂,但又潜藏着创造的活力,它的全部目的无非在于:为了在空中绽放花朵,凝结果实。

可以呼吸的教育

从德国归来后，我马上为一场久违的"中国感冒"所席卷，连续不断地咳嗽使我难以畅快地呼吸，偶尔袭来的窒息感几乎让人绝望。当我缓过劲来，一个问题猛然跃出：这只是疾病造成的生理意义上的不能呼吸，是否还有心理意义上的难以呼吸？如果存在，又因何而来？

我从未忘记卢梭的一句话：人生而自由，但无所不在枷锁之中。欲打破缠绕身心的诸多枷锁，不能一味指望他人，自身拥有足够的打破枷锁、赢得解放的力量，或许是根本的出路。

这一番励志性的话语，并不意味着我们可以轻易忽视这样一个问题：枷锁究竟从何而来？

在我生命中所经历的"里尔克热"时期，曾经为里尔克的一幅童年照片所触动，这位天才诗人孤独地站在母亲身前，眼神飘忽忧郁。他的装扮有些奇异，留着长卷发，穿着女式洋装，这是母亲的"杰作"：出于对夭折的女儿的留恋，从里尔克出生到6岁，她都把他当作女孩来教育，强迫他按照女孩子的喜好方式生活，如终日与色彩艳丽的布制玩偶为伴。这种并非与生俱来的"女性气质"，自此伴随里尔克的一生。这是作为教育者的母亲，留给儿子的教育遗产，也是终生套在他身上的枷锁。

同样眼神忧郁的卡夫卡，是另一类家庭教育的受害者。这次的主角变成了父亲。在一封可能是史上最著名的致父亲的信中，卡夫卡回忆了父亲之于自己的"教育史"中的一次关键事件。一天夜里，卡夫卡哭哭啼啼地要水喝，父亲严厉警告数次都没能奏效，气急之下，一把将卡夫卡拽出被窝，拎到阳台上，让他穿着睡衣，面向关着的门，一个人在寒夜中站立……这样教育的后果是，从此以后，卡夫卡确实变乖了，但对父亲的埋怨却与日俱增，他始终不明白，父亲为什么丝毫不顾及他的情感，不尊重他的判断，总是以斥责、诽谤和侮辱横加干涉，丝毫感觉不到自己的话和评价会给孩子带来很大的痛苦和耻辱。卡夫卡以夹杂了哀怨、抱怨和嘲讽的语气对父亲说：

> 你的全部教育都是如此。我想你具有教育天才；倘若被教育者是你这种类型的，你的教育一定很有好处……我小时候，你对我的大声嚷嚷简直就是天条，我永志不忘，它们一直是我评判世界，首先是评判你本人的最重要的手段，而你根本经不起这种评判。由于我小时候大多是吃饭时与你在一起，你的大部分教诲便是用餐的规矩。桌上的饭菜必须吃光，不准谈论饭菜的好坏——你却经常抱怨饭菜难吃，称之为"猪食"，是那"畜生"（厨娘）把它弄糟了。你食欲旺盛，喜欢吃得快，吃得热，狼吞虎咽，因此，孩子也必须赶紧吃，餐桌上死气沉沉，悄无声息，打破这寂静的只有你的规劝声"先吃饭，后说话"，或"快点儿，快点儿，快点儿"，或"你瞧，我早就吃完了"。不准咬碎骨头，你却可以。不准咂咂地啜醋，你却可以。切切要注意的是，面包必须切得整整齐齐，而你用滴着调味汁的刀切，就无所谓了。务必当心饭菜渣掉地上了，而你脚下掉的饭菜渣最多。吃饭时不准做别的事，你却修指甲、削铅笔、用牙签掏耳朵。父亲，请你理解我，这都是些鸡毛蒜皮的小事，它们之所以使我感到压抑，只是因为你……自己并不遵守为我立的许多戒律。

我虽没有卡夫卡的类似经历，但几乎立刻被这种压抑包围了，这是一种令人窒息的压抑。卡夫卡无从选择，只能全盘接受，不能提出任何异议，因为伴随他成长的是不断响彻耳畔的警告——"不要顶嘴"，还有，头顶上同时高高举起的巨大手掌。这是一种鲜明的对比：作为教育者的父亲，只要说到自己的事情，或发布任何教导，可以滔滔不绝；作为受教育者的儿子，在父亲面前说话，却断断续续，结结巴巴，即使这样，还被指责为说得太多了。最后的结果是：

> 我终于哑口无言，开始时可能出于执拗，后来则是因为我在你面前既不会思考，也不会说话了。加之你是我真正的教育者，这影响到了我生活

的各个方面。如果你认为我从来没有顺从过你,这真是让我啼笑皆非的谬见……我要是不那么顺从你,你肯定会对我满意得多。你的所有教育措施无一不中的;我一项也没能躲过;我成为现在这个样子,是(当然撇开先天条件及生活的影响不说)你的教育和我的顺从的产物。

在卡夫卡那里,父亲在教育时所用的手段,如咒骂、威吓、讽刺、狞笑以及诉苦等,从未失灵过,且影响深远。他渐渐在父亲面前噤若寒蝉,完全闭嘴,直到已离他很远,卡夫卡才敢有说有笑。

因为这样的教育,卡夫卡和里尔克一样,成为世界上最柔弱的人,从父母亲的教育而来的形形色色的恐惧,使他们背负了各式各样的精神之轭。幸运的是,他们还有自己的天才和充盈的精神,可以穿透重重裹缚,让创造的奇葩绽放于枷锁之外。更多有类似教育遭遇的人,就没有这样的幸运了,那些捆绑和锁链,遮挡了外在光亮的涌入,内心滋生的是斑斑点点的阴影,并在某一时刻,汇聚为黑云,渐趋笼罩了全部灵魂,在倾轧、挤压中生命失去了本应有的活力。显然,这是一种"坏教育",是令受教育者无法自由呼吸的教育,导致人的个性泯灭,灵光黯淡,活力消亡,直至全部精神窒息而死。

真正的"好教育",是能够让学生自由呼吸,且呼吸自在自如的教育。在这个意义上,所谓"生命教育",就是可以让学生的生命得以健康、自主呼吸的教育,是让学生体验到"呼吸快乐"的教育。生命在于呼吸,没有呼吸的教育,只能使生命终止。可以呼吸的教育,不仅让学生的"精神呼吸"保持适度的活力和张力,还要体现呼吸的"节奏"和"节律",既不要气喘吁吁,也不要时快时慢,紊乱了章法,更不要轻易"早搏",最好的呼吸,应如龟息般有规律地悠长深远。这就是所谓的"慢教育",它必然是使孩子生命成长中的呼吸悠远且深沉的教育。要抵达此境界,教育者需要打破根深蒂固的控制意识、控制欲望和控制习惯,不要试图通过控制,以自己的呼吸方式或节奏来替代孩子的呼吸方式或节奏,更不宜替代他们呼吸,而是放手让孩子在教育活动中自主呼吸,自主找到属于其自身的呼吸节奏和韵律,教师的任务,只是帮助他们实现自主、健康呼吸的目标,除此无他。

这样的教育,就能如里尔克的诗中所言:"童年和未来不再越变越小……丰盛的生命/涌上心头。"

教育的味道

随着年龄的增长，不断回到过去，常常追忆往昔生活的点点滴滴，俨然成为我生活方式的一部分。我不认为，这是一种老化的表现，而是把它视为自身愈加成熟的表现之一：通过回忆，反省已逝去的人生，哪些已然长成，化为生命须臾不可动摇的根基；哪些在行走中渐渐丢失、消散，再也无从寻觅；哪些需要毅然舍弃，扔进时间的黑洞之中，避免为其捆绑和缠绕；哪些依旧值得珍视呵护，继续与我的未来生命之路相伴相随。

所有的回忆都与教育有关。这不仅是因为我既是教育者，也是研究教育之人，时时处处习惯于用教育的眼光审视周遭世界、反观自我世界，更是因为我相信，每个人的生命历程，始终置身于教育的氛围里，哪怕他从未去过学校，从未接受过所谓"教育"。

在人世间，总有一股教育的味道，浸润着每位昔在、今在、将在之人，挥之不去。

教育的味道，首先弥漫在我成长的那间小屋里。我俯身在四处开裂，稍微一动就吱呀作响，且散发着饭菜香味的小桌旁，吃饭时，它是饭桌，做作业时，自然就是书桌了。陪伴在身旁的，始终是我的母亲，夏天，她摇着蒲扇，冬天，她升起炉火，让我稚嫩的脸庞映得通红，最重要的是，她以小学教师的耐心，随时帮我纠正错误，偶尔也会发发脾气，那多半是对我的表现忍无可忍了。

孩子总是喜欢新鲜事物，当我吃腻了家里的饭菜，进而厌烦了部队食堂的水煮白菜猪肉和馒头之后，不知什么原因，跑到我的语文教师家里，为她亲手做的辣椒炒鸡蛋而"欲罢不能"，从此以后，对这道菜的嗜好延续至今。正是在老师那间具有鲜明时代特征的陋室里，我不仅记住了炒鸡蛋的味道，也记住了她注视我的那种温暖，那种亲切的眼神。还有一点，不能不提，在她家里饱餐之后，我更加喜欢上语文课了。

我小学时就读的教室，显然没有今日教室的气派和高科技，无非是一些木制的桌椅板凳，普遍规格不整，粗糙不堪，有的坐上去则晃荡不止。黑板黯淡无光，粉笔灰四处飞散，在阳光灿烂的日子，可以清晰地看到从窗户中射进的光柱中的灰尘，我和小伙伴们，有时会伸出小手，试图伸进光柱里抓握漂浮的颗粒，并为之欢呼雀跃。即使如此简陋的教室，还是有教育的味道的——有教师嘹亮质朴的声音、亲切真诚的眼神，有朗朗书声。甚至贴在黑板正上方和四周斑驳墙壁上的各种标语、口号，尽管掉色，甚至处于半脱落的状态，都无法掩饰教育的味道，在空气中弥漫，在眼神间浮动，在内心里流淌。与之相比，当今那些功能齐全的豪华教室，充满了装修、装潢、装饰的味道，在色彩与功能的拥挤和喧闹中，反而让教育的味道变淡了，一时的惊叹过后，就被抛掷脑后，不大可能像我当年的教室，离开之后，使人怀念不已。它的素朴和宁静，更容易将教育的力量，直捣我的心灵，将教育的痕迹刻印其上。

什么使一处场所、一个空间有教育的味道？是满排的书架吗？是教师或严肃、或温和、或清澈的训导之声，以及挥舞的教鞭吗？是孩子们课桌边跃然欢然的神态举止吗？是组织化、制度化的教室吗？是校园里此起彼伏的童谣、儿歌吗？我们很容易如此猜测，因为人们习惯于认为只有学校才有教育的味道。其实不然，任何一个城市，任何一个乡村，任何一个空间、场所，任何一个角落，都可能散发出教育的味道。沈从文曾经回忆，他的教育场所，不是教室，那恰恰是他所厌弃逃离的地方。在他的自传中，对校园之于自己教育影响的记录并不多，相反，在水塘边，在刑场旁，在小船上，在窄而霉、冷而饿的房子里，在别人的冷眼蔑视中，他受到了最深远持久的教育。他深刻体会到了社会之于自己的教育，所以，这个后半生经常被嘲讽为"书呆子"的人，却在晚年喜欢称别人为书呆子。例如，在书信中，善意地嘲笑孙女小红为"候补书呆子"，其中的担忧隐约可见：如果一个人只会埋头读有字之书，而忽略了无字之书，误将书本视为全部且真实的世界，忽视甚至无视从所处现实世界中汲取成长的力量，那就离书呆子不远了。

在沈从文的视野之外，我关注的却是另一个角度的问题：是不是以教育为目的的场所，就一定会充满教育的味道？如何让一个地方弥漫教育的味道，哪怕它貌似与教育无关？

问题的答案与教育的味道内涵有关：什么样的味道才是教育的味道？我无法用量化、统计、实验等所谓"科学"的方式回答，这种味道有哪些成分，又如何在结构化中运作生成，我只能凭直觉说，教育的味道，一定是生命成长的味道，凡是洋溢主动且健康的生长气息的地方，凡是蕴含此目的的态度和情感，凡是与此有关的事件和行为，凡是摆置有助于生长的物件的场所和空间，就一定是教育栖居之地。各种教育的味道，将在这里发生并汇聚，在回旋、交织和涌动中推导身处其中的每个生命，悄然渐次蜕变再生，通向不断自我完善之境。

如此，教育的味道，愈加浓厚，生命的内蕴也愈加丰厚。因为这样的浓厚和丰厚，城市成了教育城市，村庄成了教育村庄，教育的空间随之四处延伸拓展，教育的力量因之浩浩荡荡，涌流不止。

孤寂中的教育

在我已逝的岁月里,内心曾经多次穿越孤寂荒寒之地。那时,独自一人面对自身的肉体和灵魂,倾听生命发芽的声音,目睹思想的水滴如何一点一点地渗出,滴下,然后弥散于无形。我把这样的精神孤寂,作为自我教育的一部分,也当作自我解放的一种方式,更视为开掘自身生长源泉的必要路径。谁如果不曾经历漫漫长夜的寂寞煎熬,不曾深深浸润于孤苦无依的境地,谁就难以走向真正的成熟——所谓"成熟",不是为人处世的圆滑老道和虚与委蛇,而是在一无所凭中仍然拥有自生长的能力,能够始终保持内在精神力量的自给自足。真正的成熟之人,如同波兰诗人辛波斯卡所言:"拥有的孤寂多过群众和喧闹。"

这样的成熟并不易获取,人们习惯于依凭各种标签或标记,如身份、职务、荣誉、地位和财富等,来展示自己的强大;习惯于制造各种喧哗和骚动,通过夸张的舞姿与嘶吼,以博取关注;更习惯于朝向外在于己的世界,在追逐式的快跑和趋附中,忘记了本己的自我世界。

这些现象表面上只是外在于教育的社会现象,与教育本身并无内在关联。但若以教育眼光观之,同样可以发现"教育存在"的"蛛丝马迹"。

它首先与教育目标有关。教育以"培养什么样的人"为起点和归宿。其中,培养"具有合作意识、合作能力与合作习惯"的人,已经成为各国教育目标的共识之一。这固然重要,但它更多的是一种"面对他人的能力",而"面向自我的能力",同样重要。如果一个人习惯了与他人相处,但却不习惯于独处,与他人同在时如鱼得水,如同获得了光明的照耀,与自我同在时则手足无措,陷于苦闷与黑暗之中,这种缺失即使不是致命的,也是一种障碍:一个不能时常过一过孤寂生活的人,就难以发挥自己的全部智力和才能。由此显现出的问题是：如何不让合作变成对自我空间的排斥和挤压？

所谓"培养目标"，不仅面向学生，也指向教师。在专业成长已然成为教师追逐目标的今天，可能的误区在于：把专业成长视为主要由外界力量推动的产物，诸如"讲座""报告""培训""研修"等我们耳熟能详的词汇，无一不在表达这样的诉求，似乎只有借助外来推力，教师才能获得专业意义上的成长。教育其实是一个寂寞的事业，也是一个孤独的职业，很多问题必须依靠教师独自去面对和解决，尤其是教师面对的是一个个不同的学生，没有一本著作、教材和所谓手册能够解决这些"具体个人"的具体问题，而且解决的过程常常漫长难耐，需要极大的耐心。耐心与孤寂之心总是相依相伴，一个耐得住孤寂的人，更容易有耐心。更重要的在于，对于教师而言，孤寂具有发展价值。要开掘出自身生长的源泉，教师特别需要摆脱对外界的依赖，转而深深沉浸于寂寞之中，以此使生命的根基获得自生长的能量。因此，在我看来，教师专业成长的实质或根底，在于自我精神力量的生长。并不是所有的孤寂，都有促发成熟的功效，一旦失去自生长的能力，孤寂也可能变成对自我生命的消耗和摧残。所以，如何在孤寂中赢得自生长力，让孤寂中的黑暗焊住灵魂的银河，滋生出成长的伟力，把孤寂变成向上生长的正能量，恐怕是每一个从喧闹回到孤寂的人不得不考虑的问题。

但不管怎样，一个拥有了在孤寂中自生长力量的人，就不会轻易随外界的时尚摇摆起舞。这样的教师，就是一位真正有根有基的人，是能够站在自己的根基之上思考和行动的人。他不会责怪外在环境的浮躁，因为如果自我拥有安宁雍容、自给自足的世界，外在的喧闹与我何干？

静默中的教育

今日的教育太喧闹了。走进学校，满墙的标语，满园的横幅，满耳的口号。我们赖以生长的学校，正在变成制造各种热闹活动的场所。这些震耳炫目的喧闹，无非是表明"我们"正在配合种种来自上面和外面的要求，正在与时俱进，紧跟时代潮流，或是宣示学校的自身追求，或是展示学校的所谓"特色"。走进课堂，教师忙于创制各种让学生动起来的活动，努力让教室充满欢笑，让孩子们的身体与教师的话语和谐共振，生怕把课堂变成昏昏欲睡的场所，结果把教学变成了狂欢节，变成了百米赛跑或花样滑冰，学生没有丝毫喘息、沉默的机会。

这一切，已经远离了真正的教育。教育的本质一定是静默的，而不是喧嚣的，因为人的成长，是内在的成长，其过程必然是安静且朴素的，而不是招摇和华丽的。虽然，躁动偶尔会主宰人的心灵，但无法遮掩生命生长的静默本质。不仅是人的生命，任何有机体的生长都是静悄悄的，无论是细胞分裂和繁殖，还是体液的流动或血液的流淌，都拥有惊人的穿透力，但却并无半点声息。生命之芽的萌生、花朵的绽放和果实的生成，都是在静默中完成的，它们从不需要彩旗飘扬，也不需要敲锣打鼓和鞭炮齐鸣，更不需要把喧哗和躁动作为催生素或膨大剂。真正的生命活力的中心是内心，内在活力的源泉则来自静默，如同一首诗所言，"禁闭的唇中含着生存的奥秘"。其实，教育的奥秘也蕴藏其中。如果说"我自静默向纷华"，那么，我们同样能够说"我自静默向生长"，更可以说"我自静默向教育"。真正的教育生活，是需要师生共同体验静默、思索静默、实践静默的生活。

静默中的教育是什么样的教育？

静默中的教育，一定需要静默中的学校。一所学校会不会变成喧闹的市场，会不会变成锦标竞技场，取决于学校是否有对风起云涌、潮起潮落的教育时尚的免疫力，是否有对各种脱离教育本真、追逐外在效应的冲动与欲望的抵抗力，是否有对教育魂魄的持守力或定力。教育在众生喧哗中的失魂落魄、魂飞魄散，是导致教育失去静默、失去内在尊严的根源之一。静默中的学校，因为有了对教育之魂的坚守，而有了底气和耐心。所谓的"慢教育"必定是在长久的静默、坚忍中实现的，必定是环绕并驻足于自己的魂魄而静默不动。那些时常泛起的躁动和嘈杂的教育泡沫，往往是"快教育"的产物，它们在各种炫目的诱惑间跳跃穿梭，从不会安心地栖息于一地。这是我们当下教育的典型图景，也是时代特性的反映，我们所处的时代不只是"活得匆忙，来不及感受"，也不仅是"粗暴且没有耐心"，而且是教育之灵光黯淡、退隐直至消逝的年代。众多喧闹教育行为的走向，只不过是在迎合这一灵光消逝的年代，仅此而已。

静默中的教育，必定需要静默中的课堂。它不强求制造声浪来表明教育正在真实地发生，不会要求学生在大声朗读中思考，在欢呼雀跃中思想，以身体的活跃替代思维的活跃，它转而希望学生拥有静默的意识、能力和习惯，学会在静默中与自我对话、与他人对话。这样的课堂遵循这样的信念：凡是与精神相关的能力，都一定是在静默中养成和提升的。教师的静默，首先是一种态度和耐心，表现为对生命花期到来的安然静待，不催促，不张扬，更不威胁、恐吓；教师的静默，也展现为不急于抢在学生前面提问、质疑，避免匆忙间对学生的表现作出评价，他会主动从课堂的中心退隐，转而把学生推上教学舞台的中心，他只是在静默中观察、点拨和微笑……这样的教师，是既有静默之心，也有静默之能的教师。

静默不等于课堂上全然的不言不语，无声无息，无所行动。何时发声、引发并沉浸于外显对话之中，又该何时静默，保持言语、行动和静默之间的张力及尺度，是教育艺术，乃至教育智慧的一部分。但所有的外在行动，都将回到静默之中去，因为所有的生长都是静默中的生长，教育中的各种评价无非是对各种生长外在表现的探究。

对学生而言，在静默中体会天地间万物万人之事理，是美好的事；对教师来说，能够在在静默中促发孩子们的生长，是幸福的事。学会进入静默，保持静默，是教育的源泉，也是生命成长的源泉。有静默的教育，才会成为有智慧灵光的教育，静默的创造力，就是教育的创造力。这样的教育，就是"渊默而雷声"的教育。

我始终心怀期待：有朝一日，能够享受静默降临的教育，刹那间，静默美如斯。

疾病中的教育

我曾经指出，"受教育就是受苦"，"学习是一种劳动"。此言一出，即刻遭遇各种言之凿凿的"反驳"或"驳斥"，似乎有要我为那些在"应试教育"中受摧残、受煎熬的孩子承担责任的意思，使我在惴惴然中有了负罪感。我很能理解他们的"义愤填膺"，但显然，批评者误解了我的意思，他们把"实然判断"（受教育和学习的过程，离不开各种劳苦），当成了"应然判断"（受教育就应该受苦），并且低估了"受苦"之于教育中生命成长的价值。至于这样的反驳——"学习并非劳动，若是劳动的话，学校就该给学生付报酬了，学校就在违法使用童工了，天下的中小学校长、老师都该坐牢"，就更让我心生不安，恍惚间自己也离监牢不远了。我眼中的"劳动"，无非是辛劳和艰苦的活动而已。我对此的感知，并非来自批评者所依据的《新华词典》，而是源于自身的学习体验和成长历程。

随父亲从部队转业回到江西老家后，水土不服致疾病丛生，尤其是在初三这一面临升学考的关键时期，突患耳疾，彻夜痛苦难眠，连续打针吃药，依然迟迟未愈，绵延数月之久。校长建议母亲让我休学一年。这不是我期待的结果，便断然拒绝，随后开始了与疾病的抗争：一边捂着耳朵，含着眼泪，一边看书学习……在我多病的少年时期，类似的艰辛痛苦并非偶然的插曲，也绝非只属于我个人的体验。我亲眼目睹来自农村贫寒之家的同学，冬天买不起手套，长了满手的冻疮，流脓流血不说，一旦天气稍热，即痛痒交加，但他们同样咬着牙，用颤抖的手翻阅着书本，一笔一画地写着作业。我无法用"欢乐"或者"快乐"这样的词汇，去描绘他们彼时彼刻的学习历程。对于这样的学习者，我只能发自内心地表达感佩之情，正是从他们身上，我知道了什么叫"吃苦耐劳"，理解了为何"学习是一种艰苦的劳作"。我不相信,有人从小到大的受教育和学习之路,始终洒满阳光,快乐满溢,既轻松又闲适,从不曾体会到学习之苦。如果这样的人存在,那一定说明爱迪生错了,他说过"天才就是百分之一的灵感加上百分之九十九的汗水"。

如果"天才"都需要百分之九十九的汗水,我这样的"庸才"又该如何?

从对他人受苦受难的"旁观",到其后自我生命历程中的诸多艰难的"亲历",使我对佛学所谓"人生八苦""悲以润慧"等涉及"苦难与人生"的关系之语,有了更多的感同身受,也由此悟出:快乐更多的是一种人生追求,"快乐教育"则是教育理想的一部分。

正因为这样,我才会对史铁生所言——"不断的苦难才是不断地需要信心的原因",有惺惺相惜之感。在《病隙碎笔》中,这位在困难中炼成的杰出作家,描述了疾病的苦难体验之于他的生命意义:

> 生病也是生活体验之一种,甚或算得一项别开生面的游历……生病的经验是一步步懂得满足。发烧了,才知道不发烧的日子多么清爽。咳嗽了,才体会不咳嗽的嗓子多么安详。刚坐上轮椅时,我老想,不能直立行走岂非把人的特点搞丢了?便觉天昏地暗。等到又生出褥疮,一连数日只能歪七八扭地躺着,才看见端坐的日子其实多么晴朗。后来又患"尿毒症",经常昏昏然不能思想,就更加怀恋起往日时光。终于醒悟:其实每时每刻我们都是幸运的,因为任何灾难的前面都可能再加一个"更"字。

我相信,醒悟之后的史铁生,即使不是脱胎换骨,也必定是与以往之他不一样的生命了。如此一来,他的患病,就有了成长价值,因而具有了教育价值:任何有助于生命成长的体验,都具有教育价值。这一价值既是史铁生"我向教育"的体现,也可能表现为"他向教育"。至少他的疾病体悟给予我以特殊的"教育",我不仅将更加珍惜健康时的生命,也会因此学会在患病中变得安详和从容,把疾病中的呻吟,变成疾病后的笑声——尽管,这并不容易。

如果说,有人群的地方就有教育,我们同样可以说,有故事的地方就有教育,因为有人群的地方就有故事,包括有关疾病的故事。

美丽、聪慧的女子崔雅，三十六岁时邂逅了心理学奇才威尔伯，一见钟情后喜结良缘。然而，在婚礼前夕，崔雅却发现罹患乳癌，于是这段浪漫美好的姻缘，转化为两人共同挑战病魔的故事。西方古语有言："万事都互相效力，叫爱神的人得益处。"万事也包括疾病和死亡。这两者带给他们二人的益处，是对生命和死亡的感悟，以及在相互超越中消融。他们共同把疾病变为人生的大修行，在修行中放下"旧我"，走向"新我"。这不但让他们的爱情被灌溉得更加灿烂如花，也使人之所以为人的意义得以放大彰显。拥有修行意义的疾病，因此变成让人得以学习及超越的媒介。在我看来，疾病对他们而言，同时也是一种教育媒介：自我教育和彼此教育对方的媒介。

这样的教育，让崔雅感悟道：痛苦不是惩罚，死亡不是失败，活着也不是一项奖赏。

他们之于我的教育，是让我顿悟：有疾病的地方，也有教育。

这绝非对疾病的赞美，它只是表明：只要有教育的眼光，就能发现教育的伟力。教育的力量，无所不在。

什么是教育之美?

一旦我们把教育和美放置在一起,一句话便会跃然而出:
美是教育的名字。

这一"美名"不是由命名而来的,不是外在赋予的产物。美是教育内在的本性,从教育产生之日起,美就与教育如影相随,无所不在,如同教育世界中的空气和水。

当教师在灯光下伏案备课,认真钻研教材和研究学生,眼神沉迷且坚定之时,美开始悄然滋生了。

当教师站立于讲台之上,用温暖、亲切、充满期待的目光,触摸那些稚嫩且纯真的眼睛,用自信和优美的体态、神情,用迥异的风格,或柔美或刚强,或朴拙或灵巧,或粗放或精雅,但无一例外地发出富有教育力量的声音,展现各种古往今来的真理、知识和人世间的道理的时候,美降临了。

当教师克服各种困难,用教育的智慧传递生命的能量,用果敢的行动呵护处于危险中的儿童,竭力促使那些花骨朵似的生命拔节般地生长,花朵般地绽放……在这一瞬间,美呼之欲出了。

当教师结束一天的教育历程,安坐于书桌边,静思默想今日的收获和失落,并用语言、文字和行动展开自我反思、自我重建……此时此刻,美随之涌现了……

美既是教育生活中的"日常",也是教育的最高境界。谁在课堂上,在教育生活中展现了美,创造了美,谁就进入了教育的极致。教育的极致就是美。

然而,到底什么是教育之美?在宇宙自然、社会人世间广为弥漫的美的世界中,教育美究竟独特在哪里?

教育美独特的根源在于教育的特性。只有对教育特性有了透彻的把握，才会直抵教育美的核心。在理解教育美的过程中，任何美学的经典概念和理论，任何已有的对美的认识，都无法替代对教育本身的探讨。为此，我们需要现象学的态度和方式：回到实事本身。从实事而不是概念和理论出发，教育美的"真容"才可能得以浮现。

教育美的实事就是"教育"这种社会活动的特性。它是一种面向生命的实践，即"生命·实践"。

教育与生命须臾不可分离。教育始终是为了生命，教育之美由此而来，教育与生命最大的姻缘就是美，任何一方离开之日，就是教育美消逝之时。

教育中的生命与实践也有天然的联系。人类的实践样式多种多样，在政治实践、经济实践、伦理实践、艺术实践等之外，为什么还需要一个教育实践？就在于它不可或缺：这是一种致力于促进生命成长和发展的实践。人类所有的实践都与生命有关，但只有教育实践是以生命的成长和发展为指向与目标的实践活动，它所做的一切就是为了把所有的资源都转化为促进生命成长和发展的力量。教育之美，归根到底是一种实践之美，更是"生命·实践"之美。

与教育和生命的关系一样，生命与实践的联系不是一个主体和客体的对立关系，不能用美学界一度流行的审美主体和审美客体之分套用在教育之美上。《传习录》中曾有一段话："先生（指明代王阳明——编者注）游南镇，一友指岩中花树问曰：'天下无心外之物，如此花树，在深山中，自开自落，于我心亦何相关？'先生曰：'尔未看此花时，此花与尔心同归于寂。尔来看此花时，则此花颜色，一时明白起来。便知此花，不在尔的心外。'"在由美贯穿的教育、生命和实践的三重关系中，没有审美主体和审美客体之分，而是互相决定、互相倚重：实践必然与生命有关，教育活动中生命的实践方式就是促进成长和发展，这不仅适用于学生的成长发展，也适用于作为教育者的教师的成长发展。教育之美永远在教育、生命和实践不分彼此的、内在融合的关系之中涌现。因此，美在教育实践，美在生命实践，美在生命成长。最重要的教育之美，就是生命成长之美。

教育美不是不可触摸的想象之美、玄妙之美和空幻之美，而是实践之美，是平实之美，如同炼钢工人的操作之美，厨师的烹饪之美，足球队员的运动之美一样，它一定不是抽象的，而是具体的，具体而微到每一个日常的教育细节。

虽然，教育美无处不在，但它并不会自发产生，更不会自发转化为教育的力量，变成教育的内在基石，它需要教育者的自觉珍视、创生与呵护。

呵护教育美的首要责任者是教育者。要想激发、创生并呵护教育之美，教育者首先要成为美的教育者。而能否成为美的教育者，取决于教育者对待生命和人性的态度。最美的教育者，是能呵护人性，尊重人性，并善于挖掘、转化人性的教育者，是对人的生命具有悲悯、仁慈和爱心的教育者。这种对生命和人性的态度构成了教育美的温床。教育之美绝不止于操作和活动等外显之美，它始终与人性、与灵魂等与人之为人的内在品质有所关联。教育者的使命就是"成人之美"，成就人性之美。

呵护教育美的前提，在于教师要明白人性美的内涵和教育美的标杆或标准，能持守教育美的立场。教育即"生命·实践"，它既有积极意义，也有消极意义。不是所有的教育都是好教育，并非所有的"生命·实践"都是好的实践，都能产生积极的结果。理想的教育之美认定：教育之美，是成长之美，美在真实、健康、主动地成长。无需教师的存在和教育的力量，人依然会成长，教师的责任就是为学生确立成长的标杆，营造适合成长的氛围，让每一个学生都拥有"生命自觉"，让学生的生命自己活、自主成长。这是人性的一部分，每个人都只能自己去活，而不能被替代着活，人具有主动成长和发展，主动向善求善的潜能，这也是人性之美的源泉和根基。学生在主动去活的过程中将逐渐丰富自身的成长体验。教育之美得以激发、创生之后的最大价值是，增进教师和学生对教育艺术与成长之美的体验，而不是制造关于这些概念的语言定义。

呵护教育美的关键是践行。它需要教师在日常的教育教学中用行为细节来创造和展现教育之美。美在行动，美在细节，这是对教育之美为实践之美的最好诠释。如此一来，教育美就不再只是书本中的美，黑板上的美，只供思想者玄想清谈的美，它最终要落到教育实践的土壤之中开花结果。美的曙光，因此而在教育世界中徐徐展现，美与教育成就了永不分离的"大事之姻缘"。

命中注定：教育，就是为这样的"大事之姻缘"而来的。

教育呼唤"生命自觉"

每个教育者都不得不承认：我们正处在一个激荡的教育改革时代。每个人都被挟裹在改革的潮流之中。但是否有人思考过：自己身处其中的教育改革到底应该从哪里改起？改革的前提和起点是什么？答案可能是多种多样的。

有人认为，应该从体制和制度改起；也有人说，要从课程和教学改起；还有人认为，应该从策略和方法改起。但在笔者看来，这些都不是真正的改革起点，真正的起点应该是新的教育价值观和价值取向的提出与确认。毕竟，体制与制度、课程和教学、策略和方法，都不过是改革"形而下"的具体表现，在它们背后，是"形而上"的价值取向，这种取向决定了改革的方向和结果。不同的价值取向会带来完全不一样的结果。大家都熟知一个故事：两个人同时到工地上搬砖，一个人一边搬砖一边想，每搬一块砖能得多少工钱；另一个人在搬砖过程中，想到的是，他在造一座美丽的大厦……多年后，专注于工钱的人，还在工地上搬砖，继续为那点儿可怜的工钱而流血流汗；憧憬着美丽大厦的人，则成了一个成就非凡的建筑师。显然，两个人结局的差异缘于价值取向的差异。同样地，教育改革成功与否，也取决于我们对于价值取向的反思与再造。

如果我们认为教育改革的价值取向在于改进和提高教育之事的效率，那么改革就可能着眼于教育制度、教育教学的策略与方法；如果我们认为价值取向在于改变教育之人的观念和思想，那么改革就可能着眼于新观念、新思想的普及、转化和渗透……如果教育改革是一片汹涌大海的话，价值取向就是海面上的灯塔，让参与其中的人，能够在灯光的照耀引领下前行，让改革的每一项具体措施，都能沿着正确的方向转化为校长和教师的日常行为。在这个意义上，价值取向就是改革实践者的光和盐、水和面包。它无处不在，无处不显示其独特的作用。只是，我们当前教育改革的价值取向应该是什么？

"生命自觉"，是叶澜教授最早提出来的。她说："时代呼唤生命自觉，生命自觉是'新基础教育'追求的核心价值观。"很多人认为，这只是当代中国众多改革实践中的一种价值取向，但笔者认为，这种解读，其实看低了这个概念的普适性，降低了它的意义高度。它应该是整个教育改革的价值取向，它决定了体制和制度、课程和教学以及策略和方法的方向与具体措施，是这一切的基础，以及衡量改革是否正确的标尺。什么是生命？生命兼有自然、社会和精神等多重属性，是充满活力的不断生长变化的有机体。

什么是自觉？自觉是人的生命成长和发展的基本取向，它强调人的生命发展主要是内在动力主导和自主推进的结果，而非缘于外力的促进，即非"被发展"，"主动自觉发展"也因此成为人之为人的基本特征。其中，自觉之"觉"，兼有"觉知""觉悟""觉解"之意，指向对自我生命、对他人生命的领悟，以及对个体生命所处外在环境的觉知和觉解。

有"生命自觉"之人，至少具有三大特征。

一是拥有对自我生命的自觉，即"明自我"。他能够自觉确立人生信念，自觉化解人生的困惑和困境，既能够自觉体认到自我生命的独特和与众不同，也能够清楚知晓自我生命的局限和限度。有此自觉之人，必定有主动策划自我人生的能力，他知道自我人生的不同阶段应有什么样的发展目标，他会不断调整目标和发展路径，他明白何时该主动舍弃什么，又该追求什么。

目前，新课程要求开设人生规划与设计的课程，很多学校不知从何处入手，更有很多人把它当作了提前的职业选择。笔者以为，这样的理解过于浅显，其实这门课程最重要的，就是让学生"明自我"，让他们去自觉体认自我的独特和自我的局限，并以此为基础规划自己的人生。

二是拥有对他人生命的自觉，即"明他人"。他具有对他人生命的敏感、尊重和敬畏，敢于主动承担对他人生命的责任。他不仅有明确的责任意识，而且还有相应的承担责任的能力，更有把责任意识和责任能力转化成人生习惯的自觉性。像汶川大地震时，学生的一些表现就体现出了他们对他人生命的尊重和敬畏。但在教育实践中，我们对让学生学会"明他人"的培养带有偶然性，或是意识并不清晰。我们应该把"明他人"作为一个公民的底线伦理之一来培育。

三是拥有对外在环境的自觉,即"明环境"。他会自觉捕捉所处的生存环境,无论是家庭、班级、教研组、年级组,还是学校、社区和城市等内含的有利于其生命成长的优势资源,都会被他理解与运用。他也会敏锐地反思和发现所处环境对自身发展的各种不利因素,从而自觉规避和消解。同时,他还能够主动参与环境的改造,从不对环境抱怨,而是主动介入环境、改变环境,担负起自己的责任。

培养具有"生命自觉"的人,是这个竞争异常激烈的时代给教育提出的新期待和新希望。以色列曾经做过一个实验:召集了几百名乞丐,给他们提供了三样东西,一是几百元钱,二是一套西装,三是一把蒲公英的种子。结果接近90%的人要了钱,扬长而去;近10%的人穿走了西装,乐呵呵地离开了;只有不到1%的人取走了种子,悄无声息地走了。多年以后的跟踪调查发现,那些要钱的人,还是乞丐;穿走西装的人找到了工作,成了蓝领甚至白领;而拿走种子的人,个个成了百万富翁,做了老板。为什么有如此巨大的差异?关键就在于他们对自己的生命有着不同的认知取向和感觉:要钱之人想到的是收获,而且是不劳而获;穿西装之人想到的是改变,因为有了一套像模像样的衣服,再去找工作,就可能有了改变自己命运的机会;而拿种子之人想到的是机遇,因为蒲公英的种子是极为特殊的种子,哪怕下一场小雨,都会抓住这个机会,快速地完成整个生命的历程——发芽、开花、结果。因此,这样的人绝不会放过任何一个机遇,他们总是主动寻求和创造发展自我的机遇。

其实,这样的人就是一个具有"生命自觉"之人,他们能够适应时代的挑战和需要。毕竟,那个等着别人给你机遇、靠着别人的肩膀去发展的时代已经无可挽回地逝去了,一个需要每个人主动自觉地学、用、创的时代,已经不可避免地来临了。如何培育学生的"生命自觉"?关键在学校。学校是育人的基本单位,它的首要职责是将以"生命自觉"为核心的当代主流价值取向传递给学生,变为学生生命发展中的内在构成,这同时也是当代学校的文化使命。要完成这一使命,学校文化也应有所变革,创建基于"生命自觉"的新型学校文化。上海明强小学、深圳滨海小学等学校率先将"生命自觉"化为学校文化变革的源头活水,其共同的信念和策略是:将"提升生命价值,培育生命自觉"确立为学校文化的核心精神,用"生命自觉"来引领学校的内部管理改革、领导团队发展和教师专业成长，使"生命自觉"成为学校文化更新与重建的助推器。笔者曾深入这两所学校，从中清楚地看到它们相较于没有"生命自觉"文化的学校的最根本特点在于：学校中每个人的生活方式都发生了根本的变化，作为"文"的"生命自觉"已经"化"到他们的日常行为和思维方式之中去了。从这样的学校中走出的人，就是当今时代最需要的"生命自觉"之人。

基于"生命自觉"的学校文化追求，并不必然带来有"生命自觉"之人，价值取向建立之后的重大任务，就是把"生命自觉"的价值取向渗透、转化到教育活动、教育管理和领导活动等方方面面的工作中。

首先，将"生命自觉"的价值取向转化为日常教学目标。无论是何种学科，什么样的课堂教学，都应把在学习、沟通、互动、对话中培育学生的"生命自觉"的意识和能力，作为基本的教学目标。也要将"生命自觉"的价值取向渗透到教学内容的选择之中。基于"生命自觉"，在教学内容的选择上，应为学生提供更多的有助于实现生活世界和个体经验世界相沟通的内容，选择更多的有助于了解和体察自我生命、他人生命和外在环境的内容。还可以通过教学内容重组、校本课程开发等方式，让学生有自主、自觉参与教学内容选择和教学的机会。例如，让学生自觉参与到校本课程开发的进程中，把自身日常学习探究的成果主动与教师和同学分享，使校本课程开发不仅成为教师的事情，也成为学生积极参与的创造平台。正是在这一次次的积极参与中，学生的"生命自觉"才可能从意识变为能力，进而变为一种习惯。这种习惯足以让学生受益终身。

其次，以"生命自觉"的教育教学方式培育"生命自觉"。它追求的是通过具体的教育教学过程，来达成受教育者的"生命自觉"。这样的教育教学方式需要不断接受以下追问和反思：学生在教育教学中自主、自觉了吗？什么样的教育教学方式有助于打开束缚学生"生命自觉"的各种枷锁，有助于培育和引发学生自主、自觉地学习与思考，有助于使自主、自觉不仅成为学生的一种意识，更成为学生的一种习惯和能力？走出课堂，学生是否依然还能以自主、自觉的心态、习惯和能力去应对一切人与事？显然，开放、平等、互动、交往、对话式的教育教学是回答上述问题，帮助学生通向"生命自觉"的最有效方式。其中的主要途径是将课堂还给学生：把时间和空间还给学生，让学生有更多的属于自己的时空思考和实践；

把提问权、质疑权和评价权还给学生，让学生有权和更多的机会，对教师、同伴和教材自觉提问、质疑与评价……

再次，在班级活动中，将学生的生命发展权还给班级，使学生真正成为班级的主人。为此，需要将"生命自觉"融入班级文化建设、班级岗位建设与小干部培养、班级主题活动的开展等多项工作中去。在此基础上，重视学生在校日常班级生活的价值观重建，引领学生从"被发展"转向主动发展，从依赖走向自立和独立。同时，关注学生在班级中的生活质量，通过设计和开展日常、系列、整体性的班级活动，使"生命自觉"成为学生班级活动中的内在有机构成。为此，要特别关注学生在班级活动中的成长需要，通过系统调研和深入分析，形成生命自觉成长的全程意识、综合意识。可以基于"生命自觉"，围绕同一主题在不同时期、不同年段逐渐提高要求，形成纵向系列，同一主题横向扩展，形成多维度教育活动的横向系列，在纵横交织中培育新型班级文化，使"生命自觉"成为班级文化的魂魄。

最后，我们还要将"生命自觉"的价值取向转化、渗透到教育管理和领导过程中去。基于"生命自觉"的核心价值观，管理者在领导教育改革时，应该反思：教育（如学校教育）现有的管理体制、机制和制度是否满足培养"生命自觉"之人的需要？是培育了"生命自觉"，还是压制了"生命自觉"？如果是后者，我该如何改变和重建，才能达成理想的目标？这一层面的改变和重建的核心载体是学校管理制度，重建的方式是把"生命自觉"之魂附在制度之体上，使教育制度从管人、限制人、束缚人的制度转变成促进师生自觉发展的制度，成为具有培育"生命自觉"价值的制度，避免教育制度设计中的魂不附体、魂不守舍。例如，围绕教师评价制度，在教师有效学习的评价问题上，不再仅仅局限于把教师完成学校规定的学习任务的质量作为评价的主要标准，而是把教师是否有自主学习的意识、能力和习惯，尤其是将学习内容应用到日常工作中的转化意识、转化能力和转化习惯，作为评价的重要标准。因此，有的学校就尝试重建教师听课制度，把出去听课回来后是否主动面向全组甚至全校老师上样板课或改进课，作为考核教师学习是否有效的标准。要培养学生的"生命自觉"，作为教育者的教师首先要有"生命自觉"。学校领导者的重大责任，就是通过培育教师的"生命自觉"，改变长期存在的教师"被管理""被规划""被研究""被读书""被写作""被展示"等种种形式的"被发展"的局面。

有效的措施有三：一是了解和解读教师的成长需要，包括研究需要、学习需要等，调研要具体到不同类型、不同层次的教师，避免以"抽象了解"替代"具体了解"。二是基于教师的成长需要，设计研究制度和学习制度，确保所有的制度都能满足教师的成长需要。这样就能够把学校变革的过程，变成发现、唤起、满足和提升教师的各种成长需要的过程，如此才能对准教师的心弦，提升教师的"生命自觉"。如上海明强小学的"幸福教师工程"创建中的系列学习制度设计，从教师自觉进行生涯设计和养成自觉读书习惯入手，满足和提升教师的自我规划需要和学习需要，进而培育教师的"生命自觉"。三是设计系列化的活动，培育教师"生命自觉"的意识和习惯。例如，深圳滨海小学开设的"生命自觉讲堂"和"教学分享会"，在教师职业信念的自觉建构中，营造出了教师共同主动参与的精神家园。

对于教师而言，他的"生命自觉"，具体体现在他对培育学生"生命自觉"的体认和自觉实践上。有着"生命自觉"的教师，会自觉地从生命的角度研究学生和发现学生。他深知，教育之难就难在培育"生命自觉"的道路上横亘着各种或显或隐的阻碍，如家长的放纵娇宠，教师的替代和强控制，学生依赖盲从的习惯等。教师面临的重大任务，就是了解什么因素阻碍了学生"生命自觉"的形成，进而寻找相应的策略去破除这些阻碍。例如，在寻找制约学生"生命自觉"萌生和发展的因素时，教师要有清晰的自我意识，尽可能地从自身寻找可能存在的问题，思考：我的哪些教育言行束缚了学生的"生命自觉"？我应自觉在哪些方面作出改变，才能更有利于学生"生命自觉"的培育？……

教师的"生命自觉"，也体现在对教育外在环境的自觉体察上。他会以"生命自觉"的眼光，判断环境的教育价值，选择性地吸收和转化环境中有利于培育"生命自觉"的各种资源，自觉地在外在环境和教育教学之间搭建起内在沟通的桥梁，自觉开掘家长和社区中的教育资源，主动实现从家长资源、社区资源到教育资源的创造性转化；他也会自觉利用媒体的力量，通过主动与媒体记者沟通，发出学校教育者真实的声音，以这种方式对社会环境产生来自学校的影响。他不会在教育碰到障碍或者面临失败之时，抱怨环境，将责任推给环境，包括推给家长和社区，他会从容地通过种种调整，重建教育和环境之间的关系。

教师的"生命自觉"，还体现在自觉地重建自我的精神生活上，通过自主、自觉的学习和研究来丰富、完善自我的精神生活。他深知，在给予学生丰富、博大、优雅、有品位、自主、自觉和强健有力的精神生活之前，自己先要有同样甚至更高品质的精神生活，使自我在具有自主、自觉的态度和意识的基础上，拥有丰沛的情感生活，即基于"爱的精神生活"，爱教育，爱学生，爱自我，爱学习，爱研究。教师的精神生活体现为教师广博的文化生活，表现为教师丰厚的文化底蕴和宽广的精神视野。这样的教师，能培养起学生的质疑气质和批判精神，但又从不缺少对历史的温情和敬意；他会向学生展现一个独特的学科世界，但从不拘泥于所教学科，而是和学生一起将精神的触角不断向更高、更远的世界延伸，实现不同学科世界的融通。这样的师生关系就不再是一般的传道和受道的关系，而是结成了一个牢不可破的精神共同体。这样的精神生活从何而来呢？

要点之一，便是教师要充分吸收各种资源，进而实现对这些资源的创生性占有。最常见的形式是阅读和听课，教师最需要做的不是认真记录书中观点和课堂中执教教师的方法，也不是在校内的交流会、分享会上把看到和听到的说出来，而是将收集到的各种丰富资源，基于学生实际和自身实际，重建之后在自己的课堂上"做"出来，把别人的资源变成自身精神重建和实践创生的内在资源。在此过程中，教师才会逐渐体认到教育这一事业对于教师个人生命的最高价值，才会自觉去完善自我、创造自我、实现自我生命价值的提升，从而把教育的过程变成同时培育学生"生命自觉"和自我"生命自觉"的过程，变成滋养学生生命和自我生命的过程。这一过程昭示着以下观念："生命自觉"并非生而有之，它是在教育者、受教育者、外在环境，天、地、人、事的互动融通中生成的，这一过程需由教师和学生共同完成。当"生命自觉""化"在学校变革实践之中后，学校的教育文化将呈现出新的状态：基于"生命自觉"的课堂教学和班级建设逐渐成为学校生活的常态，师生的价值取向、思维方式和行为方式渗透出"生命自觉"的气息，更重要的是，学校中的每个人都可能由此生成一种基于"生命自觉"的眼光和视角，观世界，看他人，思自我……

我希望，通过所有同行者的努力，用"生命自觉"的价值取向引领教育改革，这不仅意味着"生命自觉"被确立为当代教育改革的价值坐标，更意味着"生命自觉"将化为当代师生成长的内在力量，成为贯穿其一生的绵绵不绝的生命动力。

社会需要为教育做些什么？

有学生在体育课上玩耍，不慎自己摔倒，造成眉骨挫伤并轻微骨裂，家长送孩子去医院动了手术，术后打电话给校长："我儿子明天出院，请你们学校明天派人带5万元到医院，如果不来，我们就在各大媒体上曝光，而且，你、班主任、体育老师都要承担法律责任！"面对家长的威胁，校长该如何抉择？教师又该如何面对？接下来，将会发生什么？

有老师在课堂上，因为学生做出了出格行为，且屡教不改，忍无可忍时爆出粗话并动了手，立刻被学生"记录在案"，结果家长大闹校园，"攻入"校长办公室静坐，直到处理教师的结果公布……

有家长让孩子随时携带录音笔，甚至微型摄像机进入课堂，随时随地地把教师的语言和行为录制下来，"以备不时之需"……这说明，在信息技术媒介发达的今天，其功能和使用范围已经超出了我们的想象。

有领导为了迎合"领导的领导"或某些"重要活动"的需要，当然，大多数是与领导的"业绩"和"脸面"相关的活动，要求学校派学生参加，不惜停课，学生变成供领导表演和展示自我的道具。

有单位以"评估""检查"的名义，穿上各种制服，可以随时进入学校，校长和教师只能躬身迎接，笑脸相迎，有时不得不中断正常的教育教学。

今日的学校教育，已经被迫处于聚光灯下，时时处处接受大众的审视，稍有不慎，即招致家长的愤激、媒体的批判、舆论的抨击，各种对教育的围观、对教师的围剿、对学校的控诉此起彼伏。

我不是为师德低下的教师和犯错甚至犯罪的教师辩护开脱，毫无疑问，这类教师必须承担自身本应承担的责任。但是，我也必须指出，任何职业都有"败类"，这些败类总是人群中的"少数"，不能让整个群体为

"少数人"的错误"埋单",不能由此失去对教师职业的敬畏与尊重。我还想强调的是,教师也是人,有人的情感,有正常的人性需要,尤其是被理解、被尊重、被宽容、被呵护的需要。"为人师表"既是教师的"标杆",也是教师的"束缚":他愤怒的时候,不能流露;伤心的时候,不能流泪;有需要的时候,不能得到满足。他永远需要充满耐心、和颜悦色,"奉献""牺牲"成为他的宿命。总之,他必须克制、克制、再克制,甚至压抑、压抑、再压抑……

我更想提请大家注意的,是社会大众对于教育和教师的习惯性思维——总是强调我们的学校教育,要满足家长的需要,满足社会需要,常见的提问方式是:今天的教育,适应不适应社会发展的需要?如果不适应,是否需要改变,又该如何改变?但很少去反思:今天的社会发展,是否适应教育的需要?是否适应学校和教师的需要?更少去思考:在对教育品头论足、说三道四之余,可以为今天的学校教育做些什么?能够为备受煎熬的教师做些什么?社会的政治、经济、科技、文化需要作出什么样的改变,才能让教育更完善、教师更幸福——享受只有教师才能享受到的职业尊严和幸福?

学校教育也为这种习惯所同化和捆绑,朝思暮想并孜孜以求的是:自己如何服务于经济发展的需要、科学技术发展的需要、文化发展的需要?或者,如何服务于领导的需要、家长的需要、媒体记者的需要?但很少有勇气反问:你们如何适应并满足"我"的需要?你们应该给教育提供什么样的服务?

教育和教师,为什么不能向社会表达自己的诉求?为什么不能展现自己的需要?为什么总是用外来的标准来衡量自身?

社会为何总是用政治的标准、经济的标准、技术的标准来裁度教育?为何不能用教育的标准衡量教育?为何不能用教育的标准来衡量社会——究竟什么样的社会才是"好社会"?

没有"好教育"的社会,一定不是真正的"好社会";一个不能适应和满足教育发展的需要,只会向教育索取,但却不努力对教育作贡献的社会,一定不是理想的"好社会"。

这说明,古往今来,整个社会都存在一种普遍性的缺失,即"教育尺度"的缺失。这是造成当下教育弱化、教育无力、教育危机,乃至教育失败的根源之一。

解决之道可从改变原有的提问方式和惯性思维入手：从问"社会需要教育做些什么"，转向问"社会需要为教育做些什么"。如此提问、思考并解答的人越多，我们的教育就越有希望，我们的教师就越幸福，我们的社会就越美好。

第二辑

在异域中思考

徜徉在洪堡大学与世界教育之间

当我尝试用文字记录在德国访学一年的收获时，突然感觉到了语言的限度。即使叙述的只是如此短暂的时光，语言的苍白乏力依然暴露无遗。

最先跳跃而出的景象，是德国的雪景，那是我抵达柏林后的第一个早晨收到的第一份礼物。虽然白茫茫的雪景与国内的并无二致，但由于空间的移置换位而有了不同的意义，德国气息和德国味道四处弥漫渗透。我的德国学术之旅，就从这一场雪开始了。

在漫天飞舞的雪花中，我来到了柏林洪堡大学，这是我将安身栖息一年的场所。黑格尔曾言，没有洪堡大学，就没有光辉灿烂的德意志文明。黑格尔本人也出自这所大学，除此之外，哲学家费希特、叔本华、谢林、马克思、恩格斯，神学家施莱尔马赫，法学家萨维尼，文化批评家本雅明，政治家俾斯麦，以及包括爱因斯坦、普朗克在内的一大批自然科学家等精英人物，要么在此任教，要么求学于此。对于德国人来说，"洪堡"既是大学创设人洪堡兄弟的姓氏，也是德国历史文化传统的一部分，更是德国大学精神的象征——无论是"研究教学合一"，还是"对科学的探求"和"个性和道德的修养"，以及对"寂寞与自由"的追求，都对德国乃至世界大学教育影响深远。洪堡大学也因此成为"现代大学之母"，是霍普金斯大学等诸多大学效仿的对象。我的合作导师汉茨教授曾经告诉我，在一次会议上，校长对全体教授说："你们，身为洪堡教授，是终生的荣耀……"

中国人的"洪堡记忆"与蔡元培有关。这位当年的洪堡大学留学生，为洪堡大学打上了深刻的中国烙印，如今的洪堡大学图书馆专门有一排书集聚一处，共同的主题是"洪堡、蔡元培与中国教育"。一代代的中国学人，沿着他的足迹纷至沓来，并积淀凝结为"洪堡情结"。当我每每用言语和目光触及"洪堡大学"这一校名，尤其是第一次目睹洪堡大学行政楼墙壁上所刻的马克思的名言——"哲学家们只是用不同的方式解释世界，而问题在于改变世界"时，滋生出的不只是亲切，更是敬意了。

我对自己的洪堡大学访学之旅的目标定位，在于"把握和进入德国教育学术的传统与前沿，与中国教育学，特别是'生命·实践'教育学实现衔接和转化"。在中国教育学的创设过程中，以康德教育学、赫尔巴特教育学为代表的德国教育学，起到了奠基作用，用"魂魄"二字形容其地位也毫不为过。

在洪堡大学与德国教育学的首次"亲密接触"，是参加汉茨教授的一位博士生的论文答辩。论文以"德国、加拿大留学生的文化认同比较"为主题，作者是一个德国小伙子，他一边工作一边读书，论文写作前后历经五年才完成。答辩过程中，他全程站立，侃侃而谈，不时面露微笑，丝毫没有怯场、拘谨的神色。坐在对面的三位教授也沉稳有度，在提出质疑、表达观点的间隙，不时翻阅论文——我在旁边偷眼望去，映入眼帘的是论文中那些五颜六色、密密麻麻的批注。

用"严谨""认真""古板"等来形容德国人，是我们的习惯，这也是德国著名教育学家本纳先生留给我的第一印象。第一次见到他，是在华东师范大学（以下简称"华东师大"）的一次报告现场，本纳先生的报告基本上是照稿念，这种讲法让我心生疑惑：这不是"照本宣科"吗？后来聆听了更多的德国教授的讲演，才略有所悟：他们力图让自己的言说有根有据。当我在洪堡大学附近的一家咖啡馆与本纳见面时，他的表情明显比在中国作报告时生动鲜活，须眉皆白的他阐述观点时甚至会手舞足蹈，使我恍惚间有了错觉：这是不是另一个本纳？同样的疑问也发生在布因克曼教授的就职仪式上。为新任教授安排就职典礼，并由"新人"作一个小时左右的学术演讲，随后是所有来宾集体合影并有一个冷餐会，是洪堡大学的传统之一。作为本纳教席继任者的布因克曼，那天讲演的主题与"教育现象学"有关。他给我的感觉也是不苟言笑、中规中矩，偶尔透露出的幽默也很快为更幽深的学问所压制和湮没。据选他课的中国留学生反映，该教授的作业和考试要求严格到"冷酷无情"，大家都抱怨连天，暗生悔意。但在有些特定场合，他是特别放松的，如谈及自己的妻子儿女时，他的眼神陡然会充满柔情,幸福之意在绽开的笑脸上荡漾。我对他的访谈,是在当年本纳先生的办公室里进行的。整个访谈之轻松惬意,我们彼此在很多观念上的默会契合,甚至息息相通,大大超乎我的意料。我在访谈结束时的一句感叹绝非恭维之语:"您是一位纯正的德国教育学教授。"他微笑不语。

  从这些德国教授身上,我感受最多的是"真""情"二字,学术的广度、宽度、深度和厚度无需多说,更打动我的是在他们的眼神和行为细节中展露出的"求知""求真"的学术情怀。在他们那里,"为学术的人生"和"为人生的学术"已然不分了。在他们身上,我还看到了一种开放与保守之间的张力。大学的开放精神,不仅体现在没有校门、围墙,也不只体现为所有人,包括流浪汉、乞丐等,都可以进入洪堡大学浏览和借书,洪堡大学的校园卡、上网号可以在全德国任何一所大学通用,更体现为一种包容、大气的胸怀,所以他们的眼光和视野是世界性的,绝不会拘泥于某国、某门、某家和某派,而是在综合中变得融通或贯通。但任何开放都有自己的限度,所谓"保守",并非"因循守旧"之意,其底蕴是对某种精神传统与核心价值的一以贯之的坚守或持守,其背后是对传统精髓的敬畏、尊重与呵护。

  德国教育学并非完美无缺。一年的置身其中,我先后借阅浏览了 200 余本书,购买了 200 余本德语著作,扫描了近 20 年间数百篇有代表性的德语和英语论文,勾勒了德国教育学的"学术地图",涉及德国教育学术界各学科领域有代表性的期刊、出版社,有代表性的流派、人物、著作及其联系方式,这些努力使我了解了学术意义上的"德国传奇",同时也消解、打破了"德国神话"。通过发现德国教育学界的"所见"和"所不见",一个更加真实全面的德国教育学因此得以显现。

  在离开柏林之前,我在洪堡大学面对 100 多位德国教授和学生发表了学术演讲,并与他们进行了长达一个多小时的互动交流。德国师生充满了对中国教育(学)历史与现状的好奇,但他们的提问,虽然不能用"幼稚""简单"来描绘,但至少让我"见证"了西方人对中国教育(学)的无知,也让我看到了两国教育学研究上的差异。

  例如,在教育理论与实践的关系上,德国教育学要么在书斋和文献堆里,梳理教育的历史,构思教育的理想,畅想教育的未来,让各种创意风暴在头脑中呼啸，要么到中小学去，以旁观者和打捞者的身份，捕捞各种资料，转化为各种论文和著作，但对实践本身的改变袖手旁观，漠不关心，因为他们一直没有脱离韦伯有关研究者必须"价值中立"的信念。即使有学者强调要关注实践，把实践作为理论创生的源泉，也只是抽象地言说和思考，且仍旧是用理论与实践脱离的方式言说理论与实践的关系，进而把这种关系变成名词性的书本中的关系。相比而言，中国教育学界已经走出了自己的道路，这是一条"上天入地""顶天立地""知行合一"式的理论与实践双向转化之路。长达20年的"新基础教育"研究是这一道路的发掘者、开创者和代表者之一。

  我们当下所急需的是如何实现"中国元素，国际制造；中国经验，国际表述"，即如何把中国经验变成世界经验，变成他国同行可以理解，更可以转化运用的经验。在此过程中，我们最需要强化的是"中国自信"和"中国自觉"。面对作为先行者的德国教育学，乃至世界教育学，我们首先是"倾听者""学习者""对话者"，但不能止于此，我们还可以成为"竞争者""创造者""贡献者"。我们不能满足于永远只是"跟从者"和"取经者"，还要有成为"超越者"和"传经者"的勇气与信心。

  实现这一理想的难度可想而知，它需要的是几代人持续不断的努力。

  无论路途有多遥远，对于这样的未来，我始终充满了期待……

在德国发现儿童研究

来到德国已有一个月,这是我第三次来到这个国家。与之前最大的不同是,这次我主要不是以旁观者的身份,以猎奇的态度,以游览的方式,走马观花一番。以往我对德国文化和德国教育的观感,大多是这种方式的产物,或多或少存在着散漫浮漂的特征。这不符合德国文化的特质:理智、审慎和精细。这毕竟是出产哲学家的国度,是出产奥迪、宝马、奔驰等做工无可挑剔的物质产品的国度。

我要在这里驻留一年,不是急匆匆地旅游,而是慢悠悠地生活其中,沉浸在里面,如鱼入水中,用自身的血液和每一个细胞感知切实的冷暖。各种对德国的想象和神化逐渐退去,一旦我以理智的态度看待追求理智的德国,真实的德国就浮出水面:这里也有不遵守规则的现象,闯红灯、随地丢烟头者比比皆是;德国人并非个个长着古板的面容,阳光灿烂的笑脸随处可见,他们也不缺幽默和丰沛的情感,日常生活中和电视上笑声飞扬、骂声不断、泪水满溢……一切与人性有关的品质,德国人同样有;大部分国家和社会都有的毛病,德国社会一样不缺。

德国童话和神化的破灭,并不意味着我们放弃对这个民族优良文化传统的敬畏、尊重和学习,而要坚守理智的态度:不走极端,不轻易肯定,也不轻易否定,尽量不做"德国人都是……"之类的全称判断,最好不用"据说……"的模糊方式表达看法等。

我对德国教育的认知,最初是从图书馆和书店开始的。当我以柏林洪堡大学访学者的身份拿到图书馆借书证时,内心鼓胀着激情的风暴,我终于可以进入这座德国大学中最大的图书馆了。进馆当日,我特地身着正装,里面套了件新衬衫,以示隆重之意,这是我个人教育生涯中的一次庆典，我在这里开启了自己的又一次继续教育之旅，青年时代的豪情重新浮现：从今天开始，横扫洪堡大学图书馆……

首先打动我的是图书馆的"读者情怀"：每一层楼都有的自助复印扫描室、电脑查询台、阅读室等各种设施，以及虽然有些严肃但总是有着真挚面容的馆员等，都是基于读者的角度安排的。我尤其欣赏的是每层楼窗边的一排排有独立椅子的书桌，桌上有台灯，有插座，有暂时离开时可以摆放于桌面，以提醒他人的暂停休息提示卡……冬日的德国下午四点多就开始天黑了，当暮色逐渐涌出，在窗外四处弥漫，打开台灯，全身沉浸在明亮宜人的灯光里时，我非常渴望此时有人问我：你现在幸福吗？

在检索文献的第一天，我就发现了一个很有意思的现象，"教育学"区域里关于儿童的研究太丰富了。不仅体现在成架成排的书以各种方式聚焦于儿童或学生，而且，我翻阅《教育学杂志》这本德国最顶尖的教育学学术双月刊，发现20年来直接或间接涉及儿童、青年、学生等教育对象，以此为每期主打的选题，至少有10个以上。如1996年第3期的主题就是"童年"。同时，几乎每期都有与儿童研究或学生研究相关的学术论文或评论。另外，刊载于这本杂志之上的图书广告和评论中，涉及儿童研究的著述也时有所见，其中一本书让我怦然心动：《写给教师的儿童研究手册》。这是一本指导教师如何进行儿童研究的实用手册。编者在书中以具体可行的研究方法，呼应了《教育学杂志》某期（以"未来教师的必需能力"为主题）中提出的核心观点：教师要有研究儿童的基本能力，而且这种能力也需要与时俱进。

类似的情况也出现在书店里。作为书店的"骨灰级"淘客，我一向敏感于书店对某类型图书摆放的方式，如果它以集中醒目的方式摆放，那么这种书不仅体现了书店的导向，也透露出读者需求的热度。在柏林最大书店四楼的教育学专架中，我发现儿童研究类型的图书触目可见……

与之相比，中国图书市场从不缺少儿童书籍，但一直缺少儿童研究书籍，尤其缺少从象牙塔中走出，走进一线教师日常生活，能够在教学中具体运用转化的儿童研究成果。为此，在这方面，发现德国教育，学习德国教育，可以成为我们努力的方向。

用证据来研究儿童

当我试图去发现德国教育时,首先浮现于脑海中的问题是:发现什么?可供我发现的对象有很多:德国的教育体制和制度,德国学校中的领导与管理方式、课程设计、教学过程和方法、教师专业发展的要求与途径等,其中一个个的人物、事件、细节,如同海面涌起的浪花和满天的星斗让我在惊奇中捕捉、揣摩……然而,可能的结果是发现了一些耀眼的珠子或碎片,可供赏玩闲谈,仅此而已。这些珠子或碎片的背后,是否有可以贯穿始终、联结成网的东西?它们背后的基础和根基何在?这才是我最需要关注的地方:凡是与基础和根基相关之物,才最有可能留存下来,成为我们自身的教育资源,转化为我们在变革中成长和发展的力量源泉。

这个源泉就是德国人的逻辑:教育逻辑和文化逻辑。它们支配着德国教师的言谈举止,催生了他们的教育行为,凸显出德国教育和中国教育的诸多差异。这些逻辑自然也渗透在儿童研究之中。它们的具体表现之一就是讲证据。

我在同济大学参加德语培训时,有老师反复告诫我们,在德国的公众场合发言,尤其是学术交流时,最忌讳的表达方式是"据说",这是以"模糊思维"著称于世的我们常用和喜用的表达方式,我们有时会引以为自豪:"难得糊涂"。但这在德国人那里是一种不可思议的说法。他们在言说中不允许出现"据说"这种含糊其辞、捕风捉影式的说法,言说者必须明确"据什么说"(出处在哪里)、"据何时而说"(什么时候的说法)。在德国人看来,"据说"无异于"胡说八道"。有一个经常在德语培训课堂上训练的"考题"——图表分析,它要求从一开始就要亮出该图表的出处,以此表明自己的分析有据可查,不是道听途说。这就是德国教育逻辑和文化逻辑中的"证据逻辑"与"实证逻辑":思想和观点的表达要有根据,要有切实可靠的出处,要有信实的牢固基础。

所谓"证据",包括历史证据和现实证据,它们共同构成了对"实证"之"实"内涵的解释:历史上的真实和现实中的真实。

就历史证据而言,德国的儿童研究者特别看重已有研究文献的查阅,他们不相信有那种可以凭一己之力从头而来的研究,他们总是努力地探究针对儿童研究领域的某一个问题,已经有谁作过什么样的思考,形成了什么样的成果,自己如何在此基础上继续推进,把别人的研究成果作为自己的研究起点。所以,相关论文的参考文献和注释之长常常让人感叹不已,有时甚至超过正文。反观我们的研究文化,到处弥漫的是不讲出处,没有依据、根据因而没有证据的所谓"儿童研究"。教师要真正成为所谓"研究者",首先要掌握的基本功就是做文献综述。我曾经给参与"当代教师新基本功丛书"编写的部分中小学教师作者,作过"如何做文献综述"的座谈和专题报告。我发现这是教师最薄弱、最需要弥补的研究能力之一,包括一些已经成名且"据说"很会研究的教师。他们同样缺乏研究的"历史依据意识",往往把文献综述视为大学教授、博士的学究之事,与己无关,因此几乎不看前人或他人对儿童研究的成果,完全凭自己的经验来思考,花了很多力气,做的却是重复他人的工作,自以为是独具特色的创造,其实在几年前甚至几十年前就已经有了。这样的研究用"坐井观天"来形容并不为过。

现实证据强调研究者要直面当代儿童的现实状态,在现实中把握儿童的现实,而不只是在书本中把握现实。为此需要通过现场观察、访谈、问卷等多种方式来发现真实的儿童。这对于中小学老师而言,貌似不是问题,实则不然:日常中的现实不等于研究中的现实,有现实感不代表真实的现实,更不代表有研究现实的能力。我参加过一所学校的调研,当涉及学生状态时,在场的教师只能讲述各种故事或事件,无法清晰透彻地展现学生的实际状态,面对我们的具体问题,他们要么张口结舌,要么语无伦次,似乎让人感觉到他们对自己学生的了解还不如我们这些外人。如何透析和把握纷繁复杂的儿童现实,学会不被现实表象迷惑,跳出现实来穿透现实,进而把经过审慎思考后,重新结构化的现实作为教育思考和行动的依据,是每日被现实包裹束缚的教师研究者亟待提升的研究能力。

无论是历史证据，还是现实证据，都需要有数据来支撑。德国教育科学协会每隔四年会出一个专辑，总结近期教育科学研究与发展的状态，名为"德国教育科学统计报告"，每个部分的评述都以翔实的数据资料为依据。同样，许多儿童研究的论文，也充满了让人眼花缭乱的数据分析。虽然不是所有的问题和现象都能数据化，不能将科学研究等同于数据化，但没有数据作为证据的儿童研究，至少在德国儿童研究者那里，不是有说服力和可信度的研究。传统的德国儿童研究主要是在医学和教育学范围之内，后来逐渐被教育心理学和发展心理学取代，但对数据的强调却始终如一。

用两大证据来思考和研究儿童，对于整日操心于具体教学事务的教师而言，也许要求过高，这的确需要专业的研究训练和研究能力。但无论如何，用证据来支撑对儿童的思考、研究和发现，其背后的严谨、审慎、细致和踏实的研究态度与工作方式，对于致力于成为研究者的教师而言，却并非可有可无，"大胆假设，小心求证"这一当年胡适先生倡导的研究精神并没有过时。毕竟，我们面对的是活泼泼的生命，出于对他们的生命成长负责的态度，一点都马虎不得，模糊不得，更糊涂不得。

发现程序与发现儿童

来德国之前,"据说"德国人办事有板有眼,严谨有余,灵活不足,有时让人肃然起敬,有时让人摇头不已……然而,一切只是"耳闻"而已。终于,我到了现场,有了"目睹"的机会。我去柏林银行办储蓄卡,这在中国是件很简单的事情,可以一步到位,在德国却变得非常复杂,需要以下几个步骤:第一步,先到银行预约登记。德国银行没有什么柜台,存取钱直接到柜员机上操作,其他事情就必须到总台预约,在指定时间由银行人员一对一服务。第二步,工作人员拿出一张表格,里面有十余个可供选择的项目,如以往办卡的经历、办卡目的或用途、希望获得的服务项目等,工作人员现场逐条解释并询问,客户需要当场作出选择。第三步,客户提供证件号码、邮箱、电话等个人信息后,双方签署协议书,客户的亲笔签名还会被扫描到电脑中保存。第四步,银行在三天内按照客户提供的地址邮寄银行卡密码。第五步,在十天内银行把银行卡和相关材料(我收到的材料有84页)寄给客户本人。第六步,收到银行卡后,客户必须到银行再次在另一份文件上签名确认,这同样需要预约。整个流程走下来,客户至少需要跑四次银行,任何一个环节的缺失都可能导致往返次数的增加。在焦头烂额中我忍不住问德国工作人员:办一张简单的储蓄卡有必要如此复杂吗?在我们中国,当场就能拿卡开卡,简单得很!她带着标准的德国式严肃表情,给了我一个同样标准的德国式回答:对不起,这是我们的规则和程序。我哑口无言,欲哭无泪……

仔细回味整件事情的经过,可以品味出德国文化中的程序逻辑,所谓有板有眼、古板固执都与程序有关,这是一个极为讲究程序且固执于程序的民族和国家。这并不意味着中国人做事就不讲程序,只是"中国程序"

不同于"德国程序"。

圣诞节前夕，我在洪堡大学的合作指导教授汉茨先生，邀请我和他的学生、同事参加圣诞聚餐，餐叙期间有一个简短的赠送礼物的仪式，由汉茨教授亲手给每个人发放礼物。程序是这样的：先发给他的德国同事，再发给我们这些来访的中国教师和学生。显然，这是一套先内后外的程序。中国人的程序截然相反：由外而内，必定先送给外国客人，再给本国人。这种程序决定了中国人对外国人总是比对自己人要好，有时好得让人羡慕嫉妒恨……不管怎样，关注程序和破解程序，可能是破解一个民族和国家的文化逻辑或文化密码的一把钥匙。对待程序有何种态度，按照何种程序思考和做事，就会造就什么样的文化逻辑，乃至教育逻辑。相对而言，我们的程序意识容易受到人情等主观因素的影响，改变已有程序是常态，这也导致很多规则和程序只是写在文件里、贴在墙面上供人看的，真正有用的是"潜规则"。德国人对程序的坚持、坚守和固执则是另一种常态，他们的程序更多地体现出外在程序、规则和内在程序、规则的和谐一致。

若以教育的眼光看待程序，可知其教育意义和对教育者提出的要求。

其一，教育者需要有清晰明确的程序意识，意识到程序之于教育、之于儿童生命成长的价值。在他看来，掌握教育规律，在一定程度上，就是掌握教育程序。没有合理的程序，就没有合理的教育。只有拥有恰当的教学程序，才会有好课、好教育，才会有儿童生命的健康成长。他因此会将"程序研究"作为儿童研究的核心内容之一，不断聚焦一个核心问题：什么样的教育程序最适合、最有利于儿童生命健康、主动地成长与发展？

其二，教育者需要有发现程序、破解程序和构筑程序的能力。对于儿童研究而言，最需要关注的是与儿童生命有关的两大程序。第一大程序是儿童生命自然生长和发展的内在程序，如同花期一般，何时发芽，何时开花，何时结果，都有其相对固定的程序，不可轻易逾越。逾越必须的程序就是违背教育规律。这些程序在儿童心理学、教育心理学和发展心理学研究中已有相对明确的结论，需要教师去学习、领会和运用。第二大程序是促进儿童生命成长的教育教学行为的外在程序。它们与教师日常教学有关，如何基于儿童的生命成长程序，找到恰当的教学程序，是教师应有的基本功。在这个意义上，教师就是教育教学程序的编码员或软件工程师，要让儿童登上预定的教育目标山顶，教师必须学会设计帮助儿童攀登的程序：第一步做什么，登到哪里去？如何从第一步跨越到第二步？需要给儿童什么条件、什么支架，他才能顺利跨越？每一个程序都不是绝对的和唯一的，总是充满了各种可能，对这一个或这一类型儿童适合的程序，未必适合于另一个或另一类型的儿童，在这个生命成长阶段适合的程序，在另一个阶段可能就全然失灵，教师需要在各种可能中选择最适当的程序。正因为如此，教育才是充满了各种可能性的事业。在此过程中，教师特别需要回答的问题是：在儿童生命成长的过程中，哪些教育程序必须坚守不渝而不可跳过？哪些教育程序则需要与时俱进，逐渐更新换代或者忽略不计？教师特别需要具备的能力在于：面对儿童生命的内在秩序，构建促进内在秩序运行和发展的外在秩序，进而使内外秩序达成互动生成。这可能就是"教育力"的核心所在。谁拥有了这种把握生命成长的原有秩序并创造新秩序的能力，谁就能真正发现并进入儿童的生命世界和教育世界，谁就是真正的"教育专家"。

用跨文化的方式培育儿童

来到一个陌生的国度，让人最担心的是不适应，诸如气候不适应、饮食不适应、语言不适应等，它们都与文化有关。文化是一个人人都在谈，但很可能人人糊涂的东西，很容易变成虚无缥缈、玄而又玄之物。但文化却是实实在在的。如果把文化理解为一种生活方式，包括价值观念、思维方式和行为方式，就意味着它与每个人有关，是我们每天的日子和活法。世界上之所以有如此繁多的文化，在于人类有如此多样的生活方式或活法。当不同的活法遭遇之时，由差异而来的冲突和矛盾，以及由此而生的文化不适便自然而生。

一位德国人在上海同济大学教德语，回国后写了一本书，里面充满了对中国文化的不解和抱怨，其中写了一个被广为流传的故事。一日，他乘公交车，到车站时已见多人在等候，他询问旁边一妇女某某路车走了没有。中国妇女很认真地给了他一个很中国化但却让他相当不能理解的回答："可能走了。"他困惑的是：到底走了还是没有走？为什么是"可能走了"？这一故事背后体现了中德两国文化中思维方式的差异。德国人习惯的思维方式，是西方"确定性"思维方式的代表，它认定：A 就是 A，B 就是 B，A 与 B 不能混为一谈。因此，走了就是走了，没走就是没走，不存在"可能走了"这一说。但中国人习惯的是不确定性思维，往往 A 中有 B，B 中有 A，喜欢"包容乃大"，凡事都留有余地和弹性，这都需要某种"模糊"来实现。当"精确"遇到"模糊"，双方的文化不适就理所当然，且屡见不鲜了。

类似的文化不适同样体现在教育生活中。人的成长和发展的过程，就是对某种文化及其所体现的生活方式的习得和积淀成型的过程。与以往相比,当今时代不只是多元文化静态共存的时代,更是多元文化不断加速动态流动、交织和融合的时代。当我坐在洪堡大学的图书馆或教室里,常常为之感叹的是:周遭之人,有亚洲面孔、欧洲面孔、非洲面孔……常常听到的是由德语、英语、法语、西班牙语、意大利语、韩语、日语,当然,还有我们亲切的汉语共同汇聚成的语言交响乐……具有不同文化背景的人齐聚在一个空间内学习和交流,彼此如何在相互适应中共生共长?这并不是一个简单的问题,现实遭遇到的文化不适远比书本中的理论复杂,而且随处可见。中国人常为德国人诟病的是喜欢随地吐痰、在公共场合喧哗等,但德国人也有让我很不适应的生活习性,例如很多德国人,包括一些美丽动人的女生,在安静的图书馆里,会极为小心、轻声细语地说话,但同时又旁若无人、安之若素地大声擤鼻涕,随后把纸巾一卷,随手塞入口袋里……在冬天,明亮的图书馆大厅里,各种擤鼻涕的嘹亮之声此起彼伏……不知这是否就是欧洲人推崇的优雅?

若以文化不适的眼光看待教育与儿童成长,可以发现:儿童成长中的身体不适常为教师和家长所关注,但成长中的文化不适却易被忽略。德国教育者们很早就注意到这个问题。德国虽然不像美国那样是个典型的移民国家,但近些年来随着移民的逐步涌入,新的移民文化兴起,进而形成了移民教育和移民教育学,它既来自对历史的洞悉——人类历史始终是移民的历史,一部移民史就是一部教育史,也有对现实问题的关注——一个孩子在班级生活中,面对的不再是操同一口音、有同一种生活习惯的同学和老师,随时都可能与土耳其人、中国人、韩国人等成为学习伙伴甚至生活伙伴,会接触到完全不同的文化,没有哪个时代的儿童会经历此时代如此丰富的文化多样性,经历并感受到如此多的文化冲突……那么,跨文化背景下的儿童如何和谐相处?教师如何帮助儿童搭起跨文化的桥梁,以解决儿童日常学校生活中的文化冲突和文化不适?教师该如何面对有不同文化背景和文化诉求的家长?教师又该如何调节自身的文化不适?……

上述问题在中国同样存在。一直被人关注的"流动儿童",是另一种意义上的"移民",他们面临的就是一种跨文化的处境:在新的地方、新的学校、新的同学群体中,与新的异域文化相遇。而城市儿童也需要与这些来自不同文化背景的同学交往,双方或者多方之间的文化适应和文化融合已经不再是书本中的理论问题,而是普遍且急迫的现实问题。在当代,跨文化已经成为学校文化和学校教育中的基本问题，成为教师日常教育教学绕不过的普通问题。

这一问题的解决，首要在于认识到跨文化的无处不在以及其独特的教育价值。跨文化不只是一种外在于儿童的背景，它根植于儿童生命的内核深处，与儿童成长的全部历程相伴相随。每个人的生命旅程，既是生物意义上的旅程，也是一种文化意义上的旅程。每个儿童的生命发展，都以各种方式经历其特有的跨文化之旅，这一旅程从他们具有不同文化背景的父母开始，逐渐在中小学和大学进入高潮：那是一个极具文化差异的生命成长空间。我时常回顾自身的个体生命历程：在陕西出生，在河南部队里生活了13年，感受到了部队那种五湖四海的文化，接着回到祖籍江西成长了10年，历经中学、大学、中学教师、团委干部的生活，随之到上海读硕士3年，毕业后到北京工作10年，又返回上海读博士并定居，在此期间，我跨越并且感知和体认了所谓"海派文化"和"京派文化"，如今又浸润于遥远的德意志文化……这一独特的跨文化之旅，赋予了我生命的独特——真正的独特一定不是某一单一要素的独特，而是跨越多种因素、多种构件综合形成的独特。基于个体的跨文化体验，我总是建议上海家长把孩子送到北京或北方，跨越感受一下北方文化的厚重与大气，又建议北京家长送孩子到上海或南方生活，跨越体验南方文化的敏感与精细，不要让已有文化成为制约儿童生命发展的障碍，不要让已有的文化成为儿童生命成长的"监狱"，要帮助儿童学会不断地"越狱"，不断打破"旧我"，走向"新我"。也正是基于这一认识，我总是以诚挚恳切之心，告诫民工子女大量融入的学校校长和教师，不要害怕文化差异和文化冲突，不要想当然地把流动中的民工子女视为"弱智儿童"和"问题儿童"，他们身上具备城市儿童不具备的"文化优势"，这是一笔宝贵的教育文化资源。

当今全球化背景下，世界教育中的理想新人，是有宽广的文化视野和文化胸怀之人。然而，个体生命的成长时常有走向文化狭隘和文化偏执的风险：只拥有、了解或接受一种文化，不了解，也不愿意了解，更谈不上接受其他文化，因而固执于已有文化并封闭于其中，对异域文化怀有歧视甚至仇视的态度。这种偏执的另一面却是：在接受一种新文化的过程中，又轻易草率地丧失自己的文化之根，没有文化立场，因而没有文化根基。

这可能就是跨文化处境下的当代教育面临的挑战：要有文化自信，但不要有文化自大；要有文化谦卑，但不要有文化自卑；要有文化宽容，同时又不失文化立场……问题在于：如何把握这个度？

当代德国兴起的跨文化教育对此已经做了大量研究，其中最有价值的是有关"跨文化能力"的研究，这一概念横向上包括交流意愿、乐观开放的态度、倾听他人的能力、移情能力、学习能力（包括学习其他语言的能力）、自我适应调整的能力和社会团队合作能力等，在纵向上则进一步分为初级能力、中级能力和高级能力等不同层次。围绕着这一核心概念，众多德国教育者和研究者提出了许多被普遍关注的跨文化教育问题：什么样的跨文化教育最有利于儿童健康、主动地成长和发展？需要何种跨文化的课程与教学，帮助儿童尽快适应跨文化的处境，形成跨文化的能力？我们要给予不同年龄阶段的儿童何种相应的跨文化教育？教师需要何种跨文化教育教学的能力？

所有问题的背后都预设着一个教育目的：充分利用当代丰富的文化差异资源，在不同价值观、思维方式、行为方式的跨越、衔接、对话和沟通中生长出教育的力量，培育具有跨文化素养和能力之人。在当下，这种新生的教育力量，已经逐渐从边缘变成主流，从前沿变成核心，在广为弥漫中呈现出不可阻挡之势。

让儿童在仪式里的表演和模仿中学习

仪式在学校教育生活中无处不在，升旗是仪式，晨会是仪式，教学中学生起立向老师致礼是仪式……"仪式研究"早已是教育学界的世界性课题。国内的教育者和教育研究者大多体认到仪式的教育价值，但仪式如何日常化地促进和影响儿童的成长与发展，仪式与教师的教育教学行为和专业能力的发展又有何关联等问题，在中国的研究中尚处于荒漠地带，而这恰恰是德国教育界的重要议题。与我们相比，德国教育者更加意识到仪式的普遍性和日常性，更为重视仪式对于儿童成长的具体价值，更多关注教师创造仪式的专业能力。

在众多相关研究中，"柏林仪式研究"颇具典范性。这项研究以柏林某所小学为田野样本，持续研究近十年之久。这所学校学生不多，只有340名儿童，但文化背景多样：一半孩子以德语为母语，另一半来自20多个国家，是典型的跨文化学校。在项目主持者，来自柏林自由大学的沃尔夫教授的带领下，德国学者选择该学校的部分学生，对其日常生活中的仪式和仪式化进行持续跟踪，并得出一个基本结论：具有表演性的仪式和仪式化形塑了儿童生活，儿童在仪式中通过表演和模仿进行文化学习，进而获得实践知识。

这一研究的突破首先在于，扩展了我们对仪式存在范围及功能发挥领域的认识，打破了以为仪式只存在于学校中的成见，使我们意识到儿童在家庭、同伴群体和媒体等多个社会化领域中同样被各种仪式包围。

例如，家庭生活中的早餐就是一种仪式。儿童从小在早餐仪式中习得语言，获得角色感，内化必要的规范；全家度假也是仪式，这是德国家庭文化特别看重的"度假仪式"或"旅行仪式"，他们总是把尚处在婴儿期的孩子带出去，带到阳光下，带到森林里，带到大自然中，带到地铁站、火车站等人声鼎沸之处。我时常会在旅行途中目睹德国人举家出行的热闹场景：母亲推着手推车，车上躺着吸着奶嘴、咿咿呀呀嘟囔不停的幼童，前后走着活泼乱跳的哥哥、姐姐，一律自己背包，父亲则站在家人身边，神情轻松，面带微笑，一副沉着冷静的指挥官模样。最让我动心的是躺在车上的孩子，衣裳单薄，在风吹、日晒、雨淋中露着胳膊和小腿，不似中国家长把孩子包裹得严严实实。与之对应，在德国，以及欧洲其他许多国家的城市雕像中，也常常会出现父母和孩子或携手，或拥抱，或相互抚慰的家庭群雕。这改变了我对西方人家庭观念不强的刻板印象。儿童从小浸润于日常化的"度假仪式"中，获得的不仅是身体对寒暑的抵抗能力，也不只是丰富文化的体验，而且能够感知并逐渐内化自身在家庭生活中的责任和义务。

　　在当下信息技术媒介盛行的年代，媒体中的仪式也成为德国教育者重点关注的话题。他们特别重视"伙伴群体中仪式化的媒体安排"，强调无论民族和种族如何，儿童都可以从德国电视节目的各种仪式中进行学习。儿童借助于广告、脱口秀、影视剧等不同媒体仪式化模式，根据需要选择图像，可以构建出属于自己的"电影画面"，这种构建过程本身就是儿童成长的一部分。德国学者的研究表明，电视节目所传播的仪式化模式持续不断地侵入儿童的记忆，并得以再现和重构。除电视外，使用电脑的仪式化行为也日趋得到重视。有德国学者开始研究电脑课程和学习活动的仪式化形态。这些研究的共同目的，无非是挖掘作为当代儿童成长基本环境的媒体的仪式内涵及其教育价值。

　　儿童如何在各种仪式中学习？表演、模仿是最基本的手段和方式。我一直以来所持的基本观点是：教育过程，就是作为教育者的教师表演，学生模仿的过程，儿童始终是在观看他人表演、自我表演和模仿的过程中成长的。这一观念在"柏林仪式研究"中也得到了印证。研究者以一组8~12岁的女生为研究对象，她们准备在暑假期间演出南美曼波舞。第一步是观看录像带，观察他人的表演，表演内容是具有德国和非洲双重血统的男歌手被几个年轻女子围绕，他对她们或迎或拒，态度不同。第二步是观看之后的模仿学习。第三步，在专门搭建的舞台上，这些正值青春期的女孩子，模仿录像带中那些年轻舞者的动作，为家长、老师和同学表演。

这种以舞蹈为载体的表演-模仿的过程，促进了这组女生的成长：她们既领会了曼波舞的特点，也向众人表明自己不再是小孩子了。

在沃尔夫看来，儿童的模仿行为是一种具有"生产性"的行为，并不是打印机打印照片式的机械重复，作为模仿者的年轻人需要积极主动地进行模仿。他同意亚里士多德所言——人是模仿的动物，同时主张表演能力是人之为人的基本能力，它只有通过模仿来习得。也就是说，人既需要表演能力，也需要模仿能力。以学会踢足球为例，如果只有对足球的兴趣，也理解足球的规则，是远远不够的，只有通过模仿，如对他人踢球姿势的模仿，才能真正会踢球。不仅是足球，很多场合下，儿童都是通过"身体"去学习表演和进行模仿的。通过"柏林仪式研究"，沃尔夫发现，模仿的出发点往往是"想要像别人一样"的愿望。在模仿过程中，儿童将自身的渴望投射于想要模仿的他人身上，同时"拷贝"他人的行为，并在模仿过程中将其内化，使之成为自己内心形象世界和观念世界的一部分。模仿过程不仅包括"面对面"交流的人，也包括地点、空间、对象事物、想象中的事物、行为、情境和事实等。通过模仿过程，儿童可以在家庭、学校、媒介等环境中习得各种价值、观念和规则等。

在学校生活中，最重要的模仿过程除了发生在师生之间外，也发生在学生群体之中，年龄小的向年龄大的学生模仿学习，落后的向优秀的学生模仿学习，年龄大和优秀的学生也通过向他人表演和被他人模仿而强化提升自己。

"柏林仪式研究"更重要的启示在于：把仪式及其过程中的表演-模仿，与教师的专业能力联系了起来。他们主张教师需要有意识地创造并运用仪式来营造校园文化和教学氛围，这应该成为教师的一种基本能力，即"创造仪式"的能力。其中，学校中的"就餐仪式"得到德国教师的普遍重视，他们尝试在第一次课间休息时和学生们一起吃早餐，而且还利用午餐等就餐场合，精心建构出具有教育氛围和教育价值的"仪式细节"，如在就餐前，以敲锣为号，开始数分钟的静默，在静默中学会感恩，培养耐心，想象如何在就餐中与他人在互助中和谐相处等。所有创造出的仪式都是在提出并回答一个问题：什么样的仪式最有利于儿童的学习和成长？

在教育自由与规范之间穿行

自从改革开放打开国门之后,来自西方的教育思想与经验,源源不断地涌入我国,使我们有了审视教育和再造教育的另一种眼光。德国教育属于西方教育的一部分,与他国共享一些最基本的教育价值观和教学方式,但同时,又拥有自己的教育个性。原因很简单:它是德国,不是英国和美国,也不是法国,德国的教育世界来自德国的文化世界,德意志文化作为根基和底蕴渗透于教育之中,透露出典型的德国特征。若以中国和美国为参照系,这一特征就是:比中国更自主自由,比美国更严谨规范。

在幼儿园里的德国孩子,从1岁开始就自己吃饭,2~3岁自己穿衣服、穿鞋,学会照料自己。老师即使就站在旁边,除非迫不得已,从不插手。这是一种朴素的教育理念:让孩子做自己能够做的事情,尝试做还不会做的事情,大人不要包办代替,不要让替代成为教育者的习惯,更不要让依赖他人成为孩子的习惯。

比让孩子自主行动更重要的是,让孩子自主独立思考,给予孩子充分自主选择、自主表达的权利和自由。

从幼儿园开始,孩子就有自主选择的机会,中午是否午睡,不午睡的儿童是去游泳,还是去天文馆参观等,都由孩子自己决定。对孩子来说,幼儿园就是"游乐园",不是一个"学习场所",孩子没有任何学习任务,教师也没有任何教学任务。德国幼儿园的老师恐怕很难想象,中国幼儿园开设的那些名目繁多的学习课程……让儿童享受童年,让儿童过儿童自己的生活,这不仅是德国教育,也是整个西方教育的共同理念。

进入小学后,小学生们依然十分轻松,每天中午一点半就放学了,而且没有任何家庭作业,所有作业都在学校课堂中完成。作业也很轻松,作业量甚至都可以由学生自己来选择，量力而行。与美国类似，学生在课堂上有充分的提问权，整堂课很多时候就是围绕着学生提出的问题来讨论。老师也会提出自己的问题，但尽量不提供唯一答案，不轻易作出对与错的判断，而是让学生自主发现各种可能的答案。学生在教学中最常做的事情，就是基于自己选择的某一问题，广泛搜集材料，然后面对全班同学作报告，台下"观众"或提出各种稀奇古怪的问题，或进行质疑，表达不同观点，或提出各种建议，让报告者心悦诚服……不仅是在教学过程中独立思考，在班级管理中也时有体现，如遇到某些问题，班长需要主动跟校长交流，学生决不会对校长言听计从，总是在交流中提出自己的想法。他回来还要面对全班同学的质询。这样的班级仿佛就是"议会"，每个学生都是"议员"，都有权利向"总统"（校长）、"总理"（班长）、"内阁部长"（其他班级干部）提出质疑，表达诉求。

学生拥有的种种自主自由，不是没有边界的自由。德国的文化传统中对秩序、规则和严谨的追求，也弥漫于教育过程的每一个环节。德国中小学教师也会定期举行各种研究会议，但他们的研究会议不是我们中国以"教研组"为单位的"教材教学教法研究会"，而是"学生行为研讨会"。他们不是特别看重学生成绩，但却对学生的行为规范问题尤为关注。这种规范意识表现为教师会对学生提出各种行为规则，比如时间规则，吃饭时间严格限定在一个时段内，时间一过，餐具即刻收走。在什么场合穿什么衣服，也有严格限定，体育课必须穿指定的运动服和运动鞋，且要有专门的用于放置衣物的运动包，谁不遵守规定，一步也不能踏进运动场。对严谨的追求，从小学生的教材设计就开始了，在教材后面，往往有2~3页的参考文献作为附录，这不仅是为了方便学生课后阅读和查阅，更是表明每本教材所提供知识的"合法依据"在哪里。德国人最忌讳"据说"之类的抽象含糊的概念，他们一定要说清楚："据从何来？"

对自主自由和严谨规范的双重追求，也体现在教师的行为上。德国教师属于公务员，有很高的法律地位和社会地位。他们可以根据学生数量和实际状况自主选择课程与教材，自主选择教学方式，他人哪怕是校长和局长也不能干涉。

教师们的"严谨"或者"古板"，是德国人特有的文化基因。在一节小学数学课上，整节课就是让学生拿着直尺划直线，可班里有20个学生，教务人员只提供了 10 把直尺。如果是中国老师，可能会有所变通，用厚书本的书脊或硬纸板等其他东西替代直尺，但德国老师绝不允许这样做，他会坚持找到另外 10 把尺子，直到每个学生都有真正的直尺可用才开始上课。这也是德国人根深蒂固的确定性思维：A 就是 A，B 就是 B，不能混为一谈。所以，他们不会把学生带到游戏房上课，也不会让学生在教室里玩游戏，因为游戏房是游戏房，教室是教室。

这就是教育中的文化和文化中的教育，只有从文化的意义上，我们才能对一国之教育、一国之教师和学生的日常行为有透彻的了解。这同时意味着，任何教育教学改革，若没有相应的文化变革，包括价值观变革、思维方式变革和行为方式变革，要想成功是难上加难。所以可以说，教育改革就是文化改革。

影像叙事与德国人的历史教育

来自德国的汉娜，与来自乌克兰的兄妹阿布拉夏、茉莉萨，都是音乐神童，他们在乌克兰度过了一段美好的音乐生涯，情谊深厚，一起成为苏联官方指定的表演嘉宾，即将前往国外巡回演出。出发之际纳粹突然进攻苏联，两个家庭的命运陡然逆转：德国家庭受到苏联警察的通缉追杀，亟欲脱身返回德国，茉莉萨说服家人冒着被清洗的风险收留他们全家。但当德国攻陷乌克兰后，保护者和被保护者的角色发生了颠倒。热爱古典音乐的德军少校亲赠汉娜一把名贵的小提琴，更主动提议栽培她的音乐才华，但对乌克兰兄妹的威胁却与日俱增。汉娜父母在女儿的央求下，竭尽所能挽救两兄妹的命运，特地筹备了一场"领袖"寿宴音乐会，邀请乌克兰神童表演，以此作为"赎身"的条件。演出之前，茉莉萨看穿了德国少校的残忍无情，内心备受煎熬，在舞台上情绪失控，出现了差错，台下的少校微微一笑——他之前已经对乌克兰神童宣布了规则：只有表演时不出现任何差错，才可能活下来……多年以后，阿布拉夏和汉娜再度相见，当年的神童已是白发苍苍，垂垂老矣。幸存的阿布拉夏，战后放弃了他钟爱的音乐，从此寂寂无闻。

这是电影《神童》中的故事，当片尾音乐逐渐消失直至不闻的时候，我突然意识到这不是苏联或者如今的乌克兰拍摄的电影，它出自德国，是德国人拍的反思战争和控诉纳粹暴行的电影之一。

为什么德国人会拍这种自揭伤疤的电影？且一而再，再而三？

来德国之前，听闻德国对"二战"历史的反思和多次郑重其事的道歉。从战后阿登纳公开谴责纳粹暴行，到1970年勃兰特在华沙向犹太受难者的"惊世一跪"，再到1990年德国政府发布官方正式道歉公告，德国已然形成领导人为当年大屠杀罪行的"道歉传统"。在"二战"欧洲战争结束57周年之际，德国前总理施罗德要求德国人认识纳粹的历史和了解欧洲的友好邻国："德国人需要有自我反省的自信"，记住"因战争与独裁而死的人们，德国人屠杀的600万名犹太人，以及德国在与苏联和其他欧洲国家作战时数以百万计的受害者"。现任总理默克尔则在一年一度的"大屠杀纪念日"发表谈话，宣布德国对纳粹罪行"永久担责"。

这一切都仅是"听说"而已。当我到了德国现场，亲身感受到德国人对"二战"历史的反思与行动，我最关心的是：德国人以什么方式，让道歉和反思成为代代相传，深入民心的"传统"，并且转化为日常具体的行动，而不只是政治家具有表演性质的空洞宣示？

除了制定法律、金钱赔偿之外，德国采取的最重要方式就是国民教育。德国教育法明确规定，学校教育的首要目的，是培养学生抵御纳粹意识形态的思想观念和行为。为此，历史教科书中必须包含有关纳粹暴行的内容，这是必不可少的教学重点。德国还与波兰、法国等当年受害国合编历史教科书，如2006年法德合编的高中历史教科书出版发行，其中描述了"二战"期间纳粹德国侵占法国的历史事实。

德国人没有将这种历史教育局限在学校之内，而是以各种方式，将"不堪回首"的历史变成"不断回首"的历史，将对"二战"历史进行反思和批判的教育，从学校教育变成社会教育，变成针对所有国民的每天都在发生的历史教育。

1996年，在时任总统赫尔佐克的倡议下，德国政府将奥斯维辛集中营解放日，即1月27日定为"纳粹受害者纪念日"，也称为"国际大屠杀纪念日"。而每年的5月8日，则被德国政府确定为"德国投降日"——没有哪个国家像德国这样把自己国家的投降，对他国的侵略屠杀作为纪念日并举行仪式来纪念。同时，更多的纪念物在不断修建之中，德国不仅在柏林市中心建立了犹太人大屠杀纪念碑群、纪念馆、信德人和罗姆人受难纪念园，还在德国中部城市埃尔福特新建立了一家特殊的纪念馆，展示"二战"时期的工程师和建筑师如何与纳粹合作，为奥斯维辛集中营遇难者建造焚尸炉的过程。

这一切都以影像为载体持续进行"历史还原"。

尽管，我早已通过各种媒介无数次看过勃兰特在波兰犹太人受难纪念碑前下跪的照片，但当我作为外国旅行者来到柏林标志性建筑——勃兰登堡门，无意中走过附近一家纪念馆，亲眼看到"惊世一跪"的巨幅照片，悬挂在橱窗里的时候，我还是感受到了震撼……此时，柏林的天空灰蒙蒙的，与黑白照片的沉重色调形成了某种微妙的对应。我相信，每天凡是经过这里的世界各地的游客，都会和我一样，不由自主地把目光投射到这里，感受德国的忏悔和良知。

每到投降日和屠杀纪念日，德国的主要电视台就会集中播放与那段历史有关的纪录片、电影和新闻……在纪录片中，专业历史学家以德国式的严谨细致，不厌其烦地为当今的德国人叙述那段历史是如何发生的。在电影中，则通过讲述故事和刻画人物的方式进行反思。如我看过的《希望与反抗》，叙述的是德国兄妹二人参加反纳粹组织，到大学里散发传单，事发被捕，最后被判斩刑的故事。最打动我的是"妹妹"在审判过程中与法官的数次辩论，这不仅是对战争合法性的辩论，而且是对人性、正义和良知的辩论，是对罪恶的反抗式宣言，以及面对死亡的勇气。这使我联想起诗人策兰的名句："死亡是来自德国的大师！"在新闻中，直播德国议会当日活动成为电视台的固定节目：请当年幸存的受难者在议会上演讲。我和电视机前的无数观众共同接受了德国式的历史教育：目睹默克尔总理和她的全体阁僚与议员，在下面恭恭敬敬地聆听，重新进入那段历史……

另一种有关"二战"的历史影像，最为独特，那就是非德国人拍的盟军与德军作战的电影。在"投降纪念日"期间，德国的电视台里播放了德语版的好莱坞大片《拯救大兵瑞恩》，我和许多德国人一起，再次观赏美国大兵，也就是当年德国的敌人如何战胜德国人、完成拯救大兵的任务。在德国重看此片，有着非同一般的复杂奇妙的感受。

德国的电视台播放此片之时，正是日本挑起钓鱼岛争端之时。不由得使我将德国与日本作对比。我不知道日本的电视台是否会播放类似的电影，也不知道日本人民在纪念广岛核爆炸之外，是否也会把当年日本投降日定为纪念日，我更不知道今天的日本青少年一代是否了解德国人如何忏悔和反思其在"二战"时的罪恶。我唯一可以肯定的是：日本还没有，将来也不会有"大屠杀纪念日"。

日本的电视台不太可能播放一部类似于《拯救大兵瑞恩》和《希望与反抗》的电影，也很难有一部反映中国抗击日本侵略并最终获胜，或日本军队所犯罪恶的电影和纪录片,在日本国家电视台隆重播放。日本的"二战"电影更多是在悔恨和美国打仗,却罕有反思对中国、韩国等国的侵略。

日本的"二战"历史教育已经缩减成了广岛核爆炸纪念日,甚至缩减成了一年一度的"靖国神社"纪念仪式,这在德国是不可能发生的,我们无法想象德国人会把当年跟随希特勒屠杀犹太人的战犯遗骨,集中放于专门开设的纪念馆,以为国捐躯的"英雄"身份被后人年年去吊唁。

但这样的荒谬却在日本变成了现实,变成每年一度上演的"奇景"。如此这般的历史教育已经对世界人民造成了一种误导:日本人民在"二战"中的形象,俨然只是战争的"参与者"和"受害者",而作为"侵略者""施暴者"的形象却逐渐模糊,以致被遗忘。

我们完全有理由预测,因为这样的历史教育,未来一代代日本人很可能将刻骨铭心于广岛、长崎的原子弹带来的毁灭性灾难,却不知道日本带给中国等受害国人民的痛苦,日本民众将拥有牢不可破的"广岛、长崎记忆",但却没有"大屠杀记忆"和"慰安妇记忆",甚至有意识地通过教育消除这些记忆。我甚至想,完全可以拍一部纪录片,记录日本战后如何在历史教育中刻意涂抹和遗忘当年的罪恶。

与德国人的真诚和勇气,即勇于正视历史、勇于反思和勇于承担责任相比,日本民族骨髓里的虚伪和懦弱一览无余。

当下日本所欠的不是官员口是心非的"道歉",而是客观、公正、理性和负责任的历史教育。在这方面,越来越多的日本历史学家和教育学家出现了不该有的失声与缺席。德国历史教育带来的最大启发是:最重要的道歉方式,不是政客圆滑的说辞,而是像德国那样,将历史事实转化为真实客观的教科书,转化为电影、电视等影像作品,以教育渗透于日常生活的方式让一代代人铭记。

但无论日本怎么样,影像时代的中国教育者,有必要以影像的方式,做好我们自己的历史教育,不要让"谬误"和"遗忘"发生在教育领域,这是我们不可推卸的责任。

中国需要什么样的国际化？

中国教育发展中的"中西之争",是不断被提起的"老"问题。当一个问题反复在不同时代被提及,无非有两个原因:要么是一直没有彻底解决的棘手问题,要么是贯穿于所有时代且所有人都绕不过去的基本问题。"回归与开放""本土文化与外来文化"等都是"中西之争"这一基本问题下的具体表现形式,而"国际化"或"与国际接轨"则成为我们时代讨论上述问题的标志性范畴。

对于国际化,今天已无需讨论"要不要"和"为什么"的问题,如何理解和推动国际化,为其确立理想的价值"标杆"和实施策略,才是关键所在。

对于中国教育而言,理想的国际化有三大特点。

第一,有中国自觉和中国立场的国际化。

中国教育在走向现代化的过程中,时常显露出不成熟性的特性,集中表现为把引入外来文化的过程变成"舍己为他"的过程,淡漠甚至遗忘了自身的特殊性。"中外情形有同者,有不同者。同者借镜,他山之石,固可攻玉。不同者而效焉,则适于外者未必适于中。"当年陶行知所言,依然适用于今日,同样适用于未来。有中国自觉的国际化,需要教育者对于当代中国面临的现实难题和特殊问题有敏感,有尊重,有体认,有透彻的把握。在借用任何来自异国他乡的教育理论和经验之前,先用踏踏实实的心态,扎扎实实的行动,发现、分析并解决属于"吾国吾民,本乡本土"的问题。基于"中国问题"或"中国难题"的国际化,才是有根有基的国际化。它同时表明的是一种中国立场:一切发生在中国的国际化,都是处在中国现场、中国田野的国际化,如同《黄河边上的中国》作者曹锦清所言——"坐在中国身上研究世界的东西",其眼光是"从内向外看",而不是相反。那些没有"坐在中国身上",因而无视中国教育真实的生存状态和真实需要的研究与实践,都可能成为浮萍和泡沫。避免这种危险和困境的出路,无非是返回:"返回国情,返回历史,返回实证"。

第二,有全球视野和跨文化眼光的国际化。

与以往不同,今日中国教育面临的特殊时代语境,来自为电子媒介所推动的信息化和全球化,在此背景下,中国已"无所逃于天地之间",不可能回归到孤岛式的封闭状态,也不存在那种在退守一隅中做独善其身式回归的可能性,这种回归无非是一种"挣扎",但不管怎么"挣扎",只是"垂死"而已。中国教育与其他国家的教育同样面临的现实问题在于:如何把全球化从真实的挑战变成真实的机遇,在跨文化的互动交流中,以"深度参与"而不是"旁观者"的姿态,参与到国际教育的各种事务之中,培养出与全球化背景相适应的理想新人?这是中国教育者无法回避的时代使命和责任。我们开始需要以人类的眼光,而非只是中国人的眼光,面对和回答两个问题:对于今天这个伟大时代中的人类教育与发展,中国教育应该,以及可能作出什么样的贡献?我们何以贡献出教育领域中的"中国经验""中国思想",为他者所分享和运用,从而从过去的"取经者",变成今天的"传经者"?这可能是中国教育赢得世界尊重的必经道路。

第三,有转化意识和创造能力的国际化。

国际化之"化",有消化、融化和转化之义,且存在两种可能性:以他国思想和经验来"化"中国,结果中国个性被"化"得消失不见;反之,以中国来"化"他国的思想和经验,把别人的变成自己的同时,还保有自身的独特性。后者是有中国自觉和中国立场的"转化",它不只是"国际化",更是"化国际"。"化国际"不是做简单的加减法,而是一种创造性的综合融通能力,即李泽厚所言的"转化性创造"能力,这也是当代中国教育者最需要形成和发展的能力。

第三辑

教师的宇宙

现场学习力：教师最重要的学习能力

在教师的经验财富中，教学记忆必不可少。对记忆的唤醒和诉说，是教师自身重建的重要途径。"教育叙事"就是唤醒教学记忆的一种方式。

有一年，我到上海某区教师进修学校给教师上课，这是继续教育性质的培训，教师轮流参加，获得学分，凭此学分晋升职称。第一天上课，我走进教室时感觉很不好，有一些不正常的举动弥漫在课堂上，如一些女教师是带着毛线来的，一边织毛衣一边听课。长年所受的宽容教育，使我渐生"宅心仁厚"之情，对人总往好处想：她们可能是想把我讲的每一句话，都织进毛衣里去。但这种不好的感觉不会很快烟消云散，任何一位教师上课，如果台下学生集体织毛衣，都不是一件幸福美妙的事情。我那天终于没有忍住，说了一番发自肺腑的话："教师是做什么的？是在课堂上教别人爱学习、会学习的人。这是我们天天要做到的工作，但我们自己呢？我们自己爱学习、会学习吗？如果我们自己都不爱学习，也不会学习，有何脸面和资格去教学生爱学习、会学习？如果此时此刻，学生就坐在教室里，亲眼目睹他们的老师一边听课一边织毛衣……"

我的话音一落，她们先后表现出不同的表情：吃惊，茫然，不屑，漠然……当时，我的感觉是心痛，为他们的学生心痛，为学生的未来忧心。也许多年以后，走出校门的同样是一些麻木、漠然的面孔，里面藏匿的是冷酷的灵魂。乌申斯基曾言："在教育中，一切都应以教育者的人格为基础，因为只有人格才能影响人格，只有人格才能形成性格。"教师对学生的教育影响力，归根结底是人格影响力。人格不是抽象的，教师的一言一行、一举一动都是人格的具体体现。是否热爱学习、善于学习，也是教师人格的一部分。那种对学生大谈学习，自己却不爱学习的教师，是没有教育人格的教师。学习是为了丰厚教师的积累。如果说年轻时比的是聪明，而后比的就是积累，一个教师积累的厚度和深度，决定了他职业生涯的长度。教师需要有三大积累：阅读积累、实践积累和写作积累。能否实现积累，不仅取决于时间、精力的投入，更取决于习惯，尤其是有无阅读习惯和写作习惯。许多成功教师的秘诀是：在极为艰苦忙碌的教学之余，养成了阅读习惯和写作习惯，有了"学习自觉"。而有些不成功的教师，只会抱怨自己多么忙和累，没有时间和精力看书学习。新儒家代表人物牟宗三，年轻时学过文学、社会学、法学等，但这些学问都逐渐从他的生命中流逝了，最终他的治学落脚到了哲学。晚年，回顾这段学术历程时，他感叹道："不是自己生命所在的地方，就没有真学问出现。"那些使他激动过的学问为什么一个个地从生命中流走了？只因为它们没有进入他生命的内核，不是生命所在的地方。在教师的学习历程中，什么地方是教师生命所在的地方？需要什么样的载体来安放教师的求知热情？那就是"教育现场"。教师的学习能力，最重要的是现场学习力。

中小学教师不可能再像大学生、研究生或高校教师那样，可以坐拥书城，在书斋和图书馆中学习，他们大量的时间是在教育教学的现场。对教师来说，至少有四种类型的现场。

——教师自己每天的教学现场。我们能否把自己的教学现场作为学习反思的对象，让这样的教学日日滋养自己？

——同行教师的教学现场。如其他教师的公开课、研讨课、观摩课现场等。我们能够从中学到什么？

——学校教研组、备课组日常教研活动现场。这是教师参加的最日常性的活动，包括集体备课、读书沙龙、专题研讨等多种活动形式。这样的学习活动到底对我们的教学有多大的提升？

——各种培训、讲座现场。如何避免"听的时候很激动，听完很平静，回去很麻木，一动也不动"？

同样置身于上述现场之中，不同教师的收获会大不相同，区别在于每个人的现场学习力不同。良好的现场学习力表现为专注力、捕捉力和转化力。有这些能力的人会带着两种东西进入现场。

一是钉子。我曾经陪同叶澜老师去听课。听课过程中，我的手机短信、电话不断。她马上提醒我，既然在听课现场，就要全神贯注。她听课时，手机处于关机状态，听课笔记从头记到尾，她牢牢"钉"住教师和学生在课堂上的一举一动，不放过每一个细节。这就是专注力。

二是钩子。努力把现场中涌现的有用资源"钩"出来，此谓捕捉力。把有价值的东西"钩"到笔记本上和自己的脑海中，依然不够，还要"钩"到日后的教学过程中，变成具体的教学行为，这叫转化力。教师要把听到的上出来，把上出来的说出来，把说出来的写出来。这种转化力是教师现场学习力中最关键的能力，它集中体现了教师学习的宗旨：为转化而学习。这种具有现场意识和现场自觉的学习，是最符合教师职业特性的学习方式：为现场学习，在现场中学习，回到现场学习。

教师的"跨文化能力"

多年前,我曾经去过上海浦东的一所九年一贯制学校,这所学校的教师来自全国各个地方,不像当时上海的很多中小学,普遍都是上海本地人,"阿拉"之声每天都在学校办公室里回响。这所学校大为不同,湖北、湖南、江西、四川、辽宁、吉林等地的"外地"教师占了近70%。由此,我们可以想象:一所主要由上海本地教师构成的学校,和一所教师来自五湖四海的学校相比,会有什么不同?这种差异之于学校管理、学生成长,之于教师专业发展,又会带来何种影响?

上述问题一直在我心中萦绕不止,直到我来到德国之后,才有了相对明确的答案。

与中国的中小学教师相比,德国中小学教师的跨地域性更为凸显,教师不仅来自德国各州,而且来自世界各地:美国、法国、意大利、波兰、土耳其、日本……更有意思的是,教师既有胸前挂着十字架的基督徒,也有整日吃斋念佛的佛教徒,还有披着头巾的穆斯林……当然,这些文化背景悬殊的教师,还需要面对来自不同文化圈的学生。

这是一种现在看来"奇异",但未来终将变得普通平常的学校文化景观,进而将重构教师文化的结构与内涵。

对于教师而言,这种变化带来的最大挑战在于:无论是作为教学对象的学生,还是作为合作对象的同事,都从遥远陌生的地域、国度、民族和种族而来,他们不再是书本上、电视中的远观对象,而是进入了自己日常的教学生活,需要每天与其面对面,那么,教师是否作好了充分准备,是否有相应的能力顺利与这些迥异于自身文化背景的人交往互动?

在应对这一挑战的过程中,一种衡量教师专业能力的新指标或新要素自然生成，这就是"跨文化能力"，它在德国教育界日渐升温成热点。

教师的"跨文化能力"，首先表现为对来自不同文化背景的同事与学生的态度：是尊重还是歧视？是接纳还是排斥？是一视同仁还是有所选择和侧重？这里体现出"跨文化"与"多元文化"的差异。后者承认文化具有多样性，但仍然可能为各种文化划定等级层次，扬此抑彼；前者则更强调不同文化之间的平等，以及对其他文化一视同仁的尊重，避免将某一文化置于优越、优先的地位。德国学校乃至整个德国社会，特别敏感并警惕于任何有意无意间为学生贴上某一固定文化标签的行为，努力避免将某一种族、民族，或某一信仰的学生凸显出来，尽量淡化学生之间、教师之间的文化差异，转而强调普适性的文化价值。

支撑这一平等、尊重态度的是教师对其他文化样式的理解。理解"他者"的文化是尊重的前提。如果对异己文化丝毫不了解，何谈尊重？部分西方人看待当代中国文化与教育时普遍存在的问题便是：从未来过中国，也没有深入了解过中国，只是通过西方媒体颇具倾向性、选择性的片面报道，便对中国肆意评论和贸然指责。理解的方式，不只是阅读，教师还在课堂上，与学生一起通过角色扮演、教育戏剧等不同方式，在表演中理解感悟他国他族的文化。有这样一幕戏剧场景：班里来了两位新老师、三位新同学，新老师是韩国人、俄罗斯人，新同学来自伊朗、墨西哥和以色列，请他们分别对某一国际事件，如叙利亚冲突发表看法，随后共同设计一个圣诞聚会。表演者着重表现合作过程中出现的诸多摩擦、冲突，其中不仅有新老学生之间的合作，也有两位新教师之间、新教师与老教师之间的合作。表演结束后，作为旁观者的其他同学对此表达自己的观点和建议。这一表演的过程，被德国教师视为一种跨文化学习的过程。我去过的德国洪堡大学，每学期都会安排外国新生进行跨文化培训，基于跨文化场景的表演是一种最常见的培训方式。

只有针对"他者"文化的良好态度和深入理解，依然不够。教师"跨文化能力"中最核心的是沟通对话的能力和合作的能力。对于教师来说，跨文化已经不只是一种"工作背景"，更是一种"工作能力"。由于文化涉及价值观、思维方式和行为方式，所谓学校里的"文化冲突"常常表现为教师之间、师生之间的价值观冲突、思维方式冲突，以及行为方式冲突。这些冲突是深处跨文化漩涡中的当代教师心态失衡、焦虑不安的根源之一。因此，是否能够以及如何与自己观念不一致、行为方式差异很大的同事和学生在沟通中合作开展教育教学工作，是衡量当代教师素养的基本尺度之一。它要求教师学会在跨文化中教学，在跨文化中促进学生成长和自身发展。这一要求，对我们中国教师似乎还是一件新鲜事物，但在不远的将来，必将成为考核教师的基本指标。

  当下中国教师首先遭遇到的最普遍的跨文化情境，是大量民工子女入学后带来的城市文化与乡村文化的差异与冲突。不少教师想当然地形成了一种教育教学预设：城市文化高于农村文化，城市儿童优于农村儿童。因此，许多教师在教学设计的学生分析中，习惯于分析农村学生学习过程中存在的问题和障碍，但对这个群体相较于城市儿童的学习优势视而不见。这表面上是"教学习惯"，实质上却是"文化习惯"，且渗透于教师的潜意识之中。除此之外，越来越多的中国学生走出国门，进入异国他乡的学校就读，产生了各种各样的文化障碍和文化冲突。在中国的教师如何为这些学生作好"文化适应"的准备，帮助他们尽早形成"跨文化能力"？有此意识和眼光，并主动承担相关责任的中国学校与教师并不多见。这提醒我们：欲培养学生的"跨文化能力"，需先从教师自身的跨文化意识与能力的生成开始。

重建教师的精神宇宙

以理论生产和知识生产为业的人，常常会忽略现实，或者以理想的现实替代真实的现实，这似乎成为我这样的大学研究者的习惯。但随着教育田野现场的长期浸润，对教师日常生存方式体认的加深，我开始有了对一种乌托邦式冲动——以抽象的冥想替代具体的现实——的警惕。教师周遭面对的是坚硬的现实，它常常让我们无奈地发现理念的虚幻甚至虚妄，它总是轻易地击穿各种以理想的名义刻意炮制的光环和泡沫。

然而，这并不意味着，我们可以鼓励甚至纵容教师容忍自身面临的现实，认同并屈服于现实。一个只能委身于现实，并且将现实作为遮羞布的教师，既是现实的奴隶，也违背了教育的特点：它是面向未来的事业。眼中只有现实的教育者，从事的必然是没有未来的教育，带来的一定不是真正的教育。同时，也有悖于教师的职业使命：教师是以改变学生的现实生命为业的人。

改变"他人现实"的人，首先需要改变"自我的现实"。每一个自我都是一个宇宙。从日本学者河合隼雄那里，我们发现了"孩子的宇宙"："是不是每个人都知道，在每个孩子的内心，都存在一个宇宙呢？它以无限的广度和深度而存在着。大人们往往被孩子小小的外形蒙蔽，忘却了这一广阔的宇宙。大人们急于让小小的孩子长大，以至于歪曲了孩子内心广阔的宇宙，甚至把它破坏得无法复原。"教师的阅读和研究，首先是对孩子宇宙的阅读和研究。在阅读和研究中对孩子宇宙的发现、呵护与创生，理应是教师职业使命的内在构成，也逐渐成为当代教育常识的一部分。然而，是不是每个人都知道，教师的内心也拥有自己的宇宙，它的辽阔和深厚同样让人尊重和敬畏？我们不应因对孩子宇宙的遐想而忽视了对教师宇宙的眺望，不应因对孩子宇宙的阅读而淡化了对教师宇宙的阅读。其实，教师对学生的阅读和研究，从来不可能与对自身的阅读和研究分开。教师在日常的专业生活中，不要忘记了对自身宇宙的审视和思考。所谓教师的"教学勇气"，首先是反思和重建自我宇宙的勇气，是在不断拓展自身宇宙的边界中存在的勇气和自信。教育世界中应避免的不在场，不只是学生宇宙的不在场，还有教师宇宙的不在场。教育中最重要的关系是师生关系，师生关系则是宇宙与宇宙之间的关系，是大宇宙与小宇宙的交融与转化的关系，是两个宇宙间双向滋养、双向构建的关系。

日常教育生活中常常展现出这样的场景：教师的目光总是朝向外部世界，想对外在于己的他人生命有所作为，仿佛他的一生就是为外部生命的宇宙而存在的一生，但很少朝向内部自我的宇宙，很少意识到教师要对孩子的宇宙有所作为，必须首先对自己的宇宙有所作为，要对孩子的宇宙有所创生，必须从自我宇宙的创生开始。一个不愿和不对自己的宇宙有所作为的教师，不会是一个值得信赖和托付的教育者。一个始终停留在生命的过去时和现在时的教育者，怎么可能持续改变他人的现实？怎么可能带给他人以未来？教育中最可能发生的事情是：孩子的宇宙因为教育而变得越来越宽广，教师的宇宙却变得越来越狭窄和封闭……

改变对自身的宇宙麻木和冷漠的现状，重新发现、审视自身的宇宙，学会不断在岁月的流逝中回望自身的宇宙，成为教师必做的功课。教师的自我反思应聚焦到：随着时间和空间的延伸与拓展，随着与孩子宇宙的交融，自我宇宙的深度和广度是否也随之有了清晰可见的变化与发展？

对教师宇宙的发现和重建，不能仰赖他人，只能寄希望于自身。教师宇宙之谜的解开，在教师宇宙的发现和重建中必将经历的精神难题、精神困顿和精神地震带来的精神创伤的疗治，最终都在于对自我觉醒的期待和努力，而不在于对他人唤醒的依赖和等待。谁也不会否认，教师拥有自己的宇宙，前提却是他是否愿意认识自己的宇宙，是否有守护和扩展宇宙的意识与能力，是否真正成为自己宇宙的主人。在这个意义上，所谓教师的专业发展，归根结底是属于教师自身的事情，不是任何一个外在于教师的领导、专家和培训机构的事情。

认识自身宇宙的基本方式仍然是阅读。在阅读孩子的宇宙中阅读自身，在对外部一切与教育有关的有字之书与无字之书的阅读中返回自身宇宙的世界。教师宇宙世界中一切博大和丰富的诞生，一切生命的灵动与生动，都有赖于具有高度、广度和深度的阅读。如此，在沉重与艰辛的日常教育生活中，在时常迸发的苦痛呻吟中，教师拥有微渺的希望的光亮才有可能，获得优雅、富有品质的灵魂才有可能。教师的专业发展，无非就是把种种可能变为现实——这注定是一个艰难的需要长期自我投入的事业。

有了对自身宇宙的阅读、发现和重建，有了新灵魂的灌注和扎根，教师所经历的教育时光就不再是琐碎、平庸、烦扰和平面的代名词，从此有了新的内涵，打上了新的印记。教师的内心书房中，从此同时安放着孩子的宇宙和教师的宇宙，它们在彼此交融中实现了宇宙之间的相互转化和创生。

开发教师宇宙的无限空间

当我落笔写这篇文章的时候,已经知道有危险潜伏其中:我很可能遭遇"理想化"的指责。即使如此,我依然不会放弃理想,依旧甘愿冒着被拒斥的风险,表达我对教师这一职业及其发展状态的理想。有三大原因给了我言说的勇气。

原因之一,教育是一个面向未来的事业,这早已成为共识。既然是面向未来的事业,就必须拥有与之相应的理想,理想总是未实现的,指向未来的应有之态。教育是一项需要理想的事业,理想是它的动力所在,魂魄所在。所谓"教育目标""课程目标""教学目标",都是教育理想的具体表达。凡是与教育有关的人与事,都不可避免地带有理想的气息。这自然包括教师,教师不仅是帮助学生树立理想、实现理想的人,教师自身也需要追求理想、践行理想。我们无法想象,一个没有理想的教师,会教出一群有理想的学生。

原因之二,有理想,不等于理想化,理想化遭人诟病的症结在于把理想与现实割裂开来、对立起来,似乎理想的提出是以远离、放弃现实为代价的,理想需要在"不食人间烟火"的真空中才能生成。如果非要把理想变成一种主义,即"理想主义",我们也只能说,它应该成为"现实的理想主义",这种理想是在扎根现实的基础上诞生的,不是虚无缥缈、漫无根基的理想,而且它不会屈从于现实,不是向弊端丛生、漏洞百出的现实献媚的产物,它追求的信念是:使理想更实在的同时,使现实变得更美好。

原因之三,作为曾经的中学教师和如今长年浸泡在中小学教学实践中的研究者,我对当代教师的生存与发展的现实有一定的了解。在我看来,当代教师面临的最急迫的现实，不是物质的现实，而是精神的现实。物质的现实可以由政府和他人来改变与拯救，精神的现实却只能依靠自己来改变和救赎。这里面有一个他救和自救的区别。物质的现实，包括教师的薪资、职称和各种荣誉头衔，属于不可或缺的"物质生活"，对这种生活的追求是生命常态，也构成了教师发展前行的动力。有没有和具有什么样的物质现实，对教师的生活质量有着显而易见的影响。目前，教师的物质生活已经有所改善，但还远远不够。物质层面上的理想如何变为现实，理应成为教师的发展目标之一。但如果这就是教师日常生活现实的全部，就背离了教育的真谛和教师的真谛。在我所了解的部分教师群体中，日渐弥漫的是懈怠、颓废和迷惘的气息：该涨的工资涨了，该有的职称有了，该赢得的荣誉也拿到手了，该有的都有了，后面的日子怎么过呢？精神的现实，指向教师的精神生活，包括精神生活的品质、品位和品格等。比较重要的精神品质有勇于自省的态度，敢于迎接挑战甚至创造挑战的精神，自觉学习和发展的习惯，以及由此带来的丰富、丰沛、丰盈的精神储存和精神能量等，其中的要义就是自我更新的意识、能力与习惯。在根本上，教师职业是特别需要自我更新的职业，因为每天面对的学生都是不一样的，每天走进的课堂也是不一样的，正如人不可能两次踏入同一条河流一样，教师也不可能两次走进同一个课堂。教育生活的变动不居、复杂多变，学生成长发展的变幻莫测，都不断给教师的更新与发展带来新机遇、新挑战。所以，教师发展在精神的意义上是一个永无止境的过程。

然而，上述言说很容易变成理想化的一厢情愿。我在参与教师培训和教育改革中时常触碰到的坚硬现实是，部分教师已经没有了自我更新的意识、勇气和能力。也许这样的教师该有的都有了，参加培训只是为了学分和完成任务而已，那么这样的"有"，恰恰体现了他们的"无"。当他们不再有学习的欲望和需要，不再有发展自我的意愿，作为教育者的灵魂随之开始蜕变和淘空，肉体生命在延续，精神生命已经提前终止。这是精神发展意义上的"无"，抑或"虚空"。以改变他人的现实为己任的教师，首先需要改变自我的现实。每一个自我都是一个宇宙。在不断变幻生成的学生宇宙流中，如果教师的宇宙凝固、僵化和荒漠化，教师的精神生命便将失去自我再生、发展的能力，其结果必将是教师世界的寂灭。

一个对物质现实满足而停留在生命的过去时和现在时的教育者，怎么可能持续改变他人的现实？怎么可能带给他人美好的未来？在这样一个日渐庸常和庸俗、势力和功利的年代，教师如何改变对自身宇宙麻木和冷漠的现状，成为从不满足于精神现实的人，成为不断自我更新之人，拥有灵魂的广度和深度？不能仰赖他人，只能寄希望于自身。教师宇宙发现与重建的关键，在于自我的终身教育，在于把自我更新与完善变成一种生活方式。

校长如何修炼价值领导力？

要弄清什么是校长的价值领导力，必须先弄清文化以及学校文化的内涵。对于文化，我有两个基本的认识。

第一，文化就是人的生活方式，就是人的活法，而生活方式最核心的一点即人的价值观或者价值取向。一个人有什么样的价值观、价值取向，就会有什么样的行为，就会走出一条什么样的生活之路与职业之路。

我曾看过一个材料，日本松下公司创办第一年就做了一个 250 年的发展规划，它的创办人讲，松下公司是一个培养圣贤之人的地方，最好的产品是人，电器只是附带的。也许正是这样的价值取向，才使松下公司历经多次经济危机，依然基业常青。

文化的力量首先是一种价值的力量。此外，作为一种文化的生活方式还包括思维方式和行动方式。

第二，文化就是"文"和"化"的融通、转化。对于校长而言，"文"就是自己的办学思想和对教育的理解等；"化"就是通过管理，把"文""化"到学校的每一项工作中去，"化"到中层干部以及师生的日常言行中去。所以，文化就是"文以化之"和"以文化之"。

那么，什么是学校文化？学校文化即学校师生和领导者有特色的生活方式，有特色的价值观、思维方式和行为方式。

总之，价值观是学校文化的核心和前提。校长的价值领导力，即校长对某一核心价值的理解、运用、转化和创造的能力。其中的关键词是"转化"。

那么，校长的价值领导力具体表现在哪些方面呢？

一、对社会主流价值的理解力和把握力

校长的一个重大责任就是把社会的核心价值、主流价值通过学校传递给我们的下一代。在我看来，当代社会的主流价值包括：民主、科学、和谐、发展、自主、自觉、尊严、幸福等。校长有义务、有责任理解和把握当代社会的主流价值，并将其渗透在学校的办学之中。

二、对当代基础教育改革中主流价值的选择力和执行力

在改革的时代，校长必须在多种价值取向中作出选择。

我比较认可的当代中国基础教育改革中的主流价值有以下三个。

1. 学生立场

何谓学生立场？第一，学生立场不等于以学生为中心。以学生为中心与原来的以教师为中心一样，都将教与学割裂开来、对立起来。这是一种非此即彼的思维方式。事实上，教与学是一个整体，所以现在我进课堂，既不单纯看教，也不单纯看学，而是看教与学互动生成的质与量。第二，它意味着学生的实际状态成为教育教学的起点和出发点，成为教学目标制定的依据。第三，它要求我们关注学生的成长需要或者发展需要。以上三点构成了学生立场。

2. 成事成人

过去我们管理"事"的意识很强，但很少考虑"事"成了，"人"成了没有。比如，课题做完了，规划做好了，但学校干部、教师的思维方式、价值观、能力有没有因为做这个"事"变化了、发展了？

3. 培育"生命自觉"

这是我近两年讲得很多的一个话题。

我有两个研究生毕业后做了猎头。他们发现，特别优秀的顶尖人才无论从事什么职业，都有一个共同特征——非常自主、非常自觉，他们从不用上司催促，总是会主动寻找新的工作任务。这样自主、自觉的人，可能就是我们这个时代最需要培养的人。

在我看来，"生命自觉"主要包含以下几层意思。

一是"明自我"，即对自我的生命自觉。孔子很早就告诫我们，人在一生的不同阶段都要学会"明自我"。比如，所谓人"三十而立"，不仅是

说人到 30 岁要成家立业了，更是说，人到了这个岁数，自己这辈子要追求什么、有什么人生信念，要自主、自觉地"立"起来了。

北大著名学者钱理群先生曾提到一个观点——教育就是立人。这句话我部分赞成，部分不赞成。因为教育的最终目标应该是从"立人"开始，而以"人立"结束，即让学生能够自觉地站立于宇宙、自然、社会之间。

对于教师而言，什么叫"明自我"？就是要学会规划自我的职业生涯。现在很多学校都让教师做三年、五年的发展规划，这一点非常重要。规划自我的前提就是"明自我"，就是要明白，作为一个教师，自己的优势在哪儿，劣势在哪儿，潜势又在哪儿。

二是"明他人"，即对他人生命的敏感、尊重和敬畏。著名企业家余世维有一次到泰国去，住在世界十大著名酒店之一——东方大酒店。他很好奇，这么小的国家怎么也有这么著名的酒店？他办完入住手续后上楼，电梯门打开，已有服务员在门口迎接他了："欢迎您，余先生。"他一愣，这位服务员怎么知道自己姓余？后来他发现，凡是他碰到的服务员，都知道他是余先生。感觉不错！第二年，余先生又住进这家酒店，头一天吃早餐，就有服务员过来问候："欢迎余先生第二次光临本餐厅。"这让他大吃一惊。接下来服务员又说："请问余先生，您还想不想坐您去年坐过的那个靠窗的位置？要不要点去年点过的那份菜品？"余先生点了一份泰国本地的菜，问服务员："请你告诉我，里面黑的是什么？"服务员向前两步看了一眼，然后退后两步，告诉他是什么。余先生又问："请你再告诉我，里面红的是什么？"服务员又向前两步看了一眼，然后退后两步回答是什么。这个酒店从来不写"以客人为本"，但他们的价值观已经变成每一个员工的行动。我想，这才是实实在在的对他人的尊重，实实在在的以人为本。

三是"明环境"。一个有环境自觉的人首先会主动挖掘环境中的有利资源。我在华东师大给校长、老师上课的时候会经常问一个问题："你们到华东师大这么长时间了，有谁逛过校内的书店（这个书店是上海市教育类图书最全、最新的一个书店）？"其次，他会对环境中潜藏的对自己发展不利的因素保持必要的敏感，能找到它、规避它、化解它。

如果一个人既能"明自我"，也能"明他人"，更能"明环境"，他就是一个有"生命自觉"的人。

三、对本校主流价值的提炼力和变革力

一个校长进入一所学校后有两大任务：第一个任务是继承学校的传统，不要做革命性的改革家，不要匆匆忙忙就颠覆和否定传统，因为没有传统就没有根基。第二个任务是在传统的基础上再造新传统。这样的校长功德无量。

传统是什么？传统的核心就是学校的主流价值。那么，我们怎样提炼出属于自己学校的主流价值呢？来看几个例子。

上海明强小学是一所百年老校，他们从校名入手，提炼学校的主流价值。他们将"明强"理解为"两明两强"，即"明事理，明自我，强体魄，强精神"。清清楚楚，极具特色。

江苏常州第二实验小学的主流价值是八个字，即"研究实践，体验成长"。这是他们从学校参与的"新基础教育"特别强调的两个关键词——"研究"（研究性变革实践）和"成长"（生命的真实的成长）——中提炼出来的，即从"新基础教育"的核心价值中延伸、创造出来的，同时，它也是对教师日常教学改革以及管理变革经验的一种提炼。

上海华坪小学倡导"和而不同，乐而不松"。"和而不同"强调大家要有主见、不能盲从，"乐而不松"强调不要松弛、"和谐融通"，最终实现"快乐成功"。由此他们提炼出学校的主流价值、文化特色——"和乐文化"。

每个校长都应该想一想：自己的学校最核心的文化传统是什么？能用几个字把学校的主流价值提炼出来吗？

四、对主流价值的渗透力和转化力

校长的价值领导力最终体现为对学校确立的主流价值的渗透力和转化力，体现为"文以化之"或"以文化之"的能力。这在校长价值领导力中是最核心、最重要、最关键的因素。渗透、转化的基本路径包括以下几个方面。

1. 语言化

有研究发现，当代中国政府官员起草的文件，以及很多学者著述的文章，都是典型的毛泽东文体。毛泽东是20世纪影响世界的十大人物之一，他的影响之一体现在语言上。20世纪六七十年代，中国人的语言方式和

表达方式常常与毛主席语录、毛泽东文选直接相关。当你用一个人的语言表达自己的思考时，他语言中蕴含的价值观也就渗透到你的头脑中去了。

我曾到重庆的一所小学调研，上午校长介绍学校在教学变革中的几个历程、几个板块，下午我们召开骨干教师座谈会，我发现，那些教师讲的一些概念和上午校长讲的差不多，这说明，校长的语言变成了教师的语言，教师已经在不知不觉中学会用校长的语言方式和概念表达自己的经验。这就"化"进去了。

2. 视角化

我们每个人都会戴着一副"眼镜"看世界、看教育、看课堂、看学校，甚至看自己的人生。我们出去听报告、参加会议，就是去学习、掌握新的"眼镜"，即看问题的新视角。如果学校的干部、教师能够学会用校长的"眼镜"看问题、策划和评价自己的工作，那么，这位校长就做到了渗透和转化。

3. 体制化、机制化和制度化

校长要把主流价值观"化"到学校的每一项工作中去，先要在管理体制、管理架构上实现转化。比如，现在有些学校把原来的德育处改为学生发展部，以体现学生立场；有的学校把原来的教务处、科研室并成课程教研室，以强化课程意识、课程领导力与执行力，同时把科研"化"在教学中，使其日常化。这就在体制上、管理架构上体现了主流价值观的要求。

接下来要在机制上渗透主流价值观。"新基础教育"先后提出学校要创设四大机制：一是校长负责和民主参与的治校机制，二是分工合作与协作推进的实施机制，三是评价反馈与激励完善的发展机制，四是常规保证与研究创新的动力机制。

最后要关注制度。制度与机制不同：机制是学校运行管理中的魂魄，而制度是让机制能够顺利运行的载体或抓手。所以机制是魂，制度是体。制度是从理念到行动的中介。校长要让干部、教师、学生把学校的主流价值观或核心理念变为行动，就必须从制度抓起。什么样的学校制度是好的制度？那就是有魂魄、能够把主流价值观渗透其中的制度。什么样的学校制度是不好的制度？那就是魂不附体或魂不守舍的制度。

如何在制度中渗透、转化我们的主流价值观？比如，怎样的制度设计能体现民主的价值观？我们是这样做的：一是方案制订的"全员制"；二是项目决策的"表决制";三是计划实施的"部门制";四是监督评价的"述职制"。就拿监督评价来说,一个学年过去了,怎么评价干部做得好不好?不是写一个报告总结一下就完了,"述职制"要求的是"研究性述职"或"答辩性述职",全体教师现场提问,这样就把述职的过程变成了研究的过程。民主的价值观通过这样的制度设计实现了转化和渗透。

再举个例子,怎么通过制度体现协作的价值观?每个"新基础教育"的实验校中都有不同的梯队,那么,怎么才能让不同梯队之间形成互动、协作的关系?我们的做法是:每周有一天上午安排各梯队的互动。第一节课,由第三梯队的教师,尤其是新教师上课,其他教师听课。第二节课,上课的教师自己反思。第三节课,第二梯队的教师出场,同样的内容。第四节课,所有教师聚在一起,第三梯队的教师先说课、反思,第二梯队的教师再评第三梯队的课,并说自己的课,最后第一梯队的教师出场,既要点评第二、三梯队教师的课,还要对第二梯队教师的评课作出点评。这样,各个梯队即充分地协作、互动起来。

现在我非常关注教师的"有效学习"问题。最近我们提出要提升教师的"现场学习力"。什么叫"现场"?教师上课,即在上课的现场;听别人的研讨课、观摩课,即在听课的现场。中小学教师大量的时间是在现场中,所以"现场学习力"的提升至为关键。

笔者也是经常在现场的,我常提醒自己,进入现场要带好两个东西:第一,带好我的"钉子",牢牢地钉住上课教师的语言点和思想点,不要让我的注意力轻易地分散。第二,带好我的"钩子",把上课教师的价值观和思想"钩"出来,"钩"到我自己的课堂中去。提升"现场学习力"光讲道理不够,要靠制度。比如针对教师在校内听本校老师的课,我们设计了一个制度,即听课后要做到"三个一":至少发现上课老师的一个亮点,指出一个缺点,提出一条改进建议。学期末检查教师的听课笔记,看有没有落实"三个一"。而校外听课制度就不能是"三个一"了。校外听课,教师往往是听完课后回到学校给校长和老师讲一讲就完了,经常是"听的时候很激动,听完很平静,回去很麻木,一动也不动"。怎么解决这个问题呢?我们设计了一个制度:听课教师回来后,要上两种课中的一种。第一种叫样板课或典范课,即如果外校老师的课上得不错,那么可以照葫芦画瓢,给全组甚至全校老师上课,而且要讲出那位老师的课好在哪里、自己为什么欣赏。第二种叫改进课或移植课，即觉得外校老师的课不错，但不一定适合自己，因此就不能照葫芦画瓢，必须改进后再上课。这就是实现转化的过程——把听的上出来、做出来，不能光听不做。这就是制度的价值。

4. 团队化

通过团队的打造来渗透和转化学校的主流价值，是一个非常重要的途径。现在很流行打造领导团队、教研团队、教师团队等，但有的学校的"团队"不像真正意义上的团队，更像一个团伙。那么，团队和团伙有什么差异呢？我认为团队有四大特征：第一，认同性。干部、师生达成了一种价值的共识。第二，自主性。每个干部、教师都能自主地遵循学校的主流价值观，都能在校长不在的时候自觉地做好分内的事情。第三，思考性。比如一年过去了，反思一下，如果学校改革的绝大部分策略、措施都是校长自己想出来的，那说明学校还没有形成团队；如果很多措施都是教职工提出来的，那说明有很多个大脑共同思考学校的发展，这就形成了团队。第四，协作性。即团队有协作的制度，大家有协作的意识、协作的行为。

总之，当学校所有的团队都能共同言说、理解、运用校长的观点或理念时，校长的价值领导力就得到充分的实现了。

5. 环境化

环境化就是校长要把学校的主流价值观"化"到学校的物质环境中去。这需要校长具备对环境的敏感。

上海建平中学原校长冯恩洪给我讲过一个故事。2000年他到广州出差，入住著名的白天鹅大酒店。进酒店前，他不由自主地把被风吹乱的头发捋一捋，把卷起的裤脚放下去。这时他突然想，自己为什么要这样，又不是去相亲？他观察到，周围的很多人都跟他一样，进酒店大门前，都要把自己修饰一下。为什么？带着这个疑问，他走进酒店，又发现了一个问题：刚才在外面还随地吐痰的人不吐痰了。为什么？他悟出了一个道理：酒店里面的环境异常整洁和优雅，人处在这样的环境中，行为必然会受到约束。这就是"环境即课程"的道理。

他反思，为什么学校三令五申，要求学生不要随地吐痰，但效果始终不佳？第一，建平的校园环境是清洁工打扫的，学生不会珍惜。第二，建平的校园环境还不足够整洁和优雅。因此他回到学校后就开始了物质环境的建设。

再举一个例子,《中小学管理》曾刊登北京白家庄小学的校长写的一篇文章,其中谈到他们是如何将学校的核心价值观——"尊重",转化到学校的环境设计中的。第一,学校的墙壁、楼道,处处都从孩子的视角设计,而不是从成人的视角设计。我们都知道"让学校的每一面墙壁都说话",但说谁的话?我们说的常常是成人、名人的话,这当然有必要,但还要说学生的话,甚至家长的话。这就体现了对学生的尊重。第二,让孩子们来参与学校环境的设计。这样做就能体现和渗透学校"尊重"的主流价值观。

6. 课程与教学化

通过校本课程的开发,把校长的、学校的主流价值通过课程体现出来。比如要坚持学生立场,那就要把它渗透到教学中,尤其是体现在教学设计中。因此,"新基础教育"教学设计的方案,第一项是教学目标,第二项就是教学目标制定的依据,其中的重点就是在教学设计中如何渗透、转化学生立场。

校长思维方式的转型与变革

当一位校长有了自己的核心价值观,也有了相对丰富的管理经验,什么是制约其发展的瓶颈?思维方式。如果对不同校长的管理水平和管理风格作一下对比,表面上看是价值取向、管理策略和方法的差异,但在根子上是思维方式的差异。任何学校价值观和价值转化的策略都是校长思考后的产物,是运用思维方式的产物。有什么样的思维方式,就有什么样的管理方式。如果把思维方式界定为"人们思维活动中用以理解、把握和评价客观对象的基本依据和模式",那么,校长以什么样的"基本依据和模式"来思考学校的日常工作和推进学校的变革,就显得至关重要了。如果"基本依据和模式"都错了,可能导致管理意义上的"满盘皆输"的灾难性结局。

所以,校长的专业发展,不能不提思维方式的发展,学校变革,也不能不提思维方式的变革。

加拿大教育改革研究专家迈克尔·富兰认为:"我们需要一张不同的处方,以便抓住问题的核心,或者说到达另一个山头。一句话,我们对教育变革需要有一个新的思维方式。"

改变已有的思维方式,拥有新的思维方式,并不是一件轻而易举的事情,对于任何人来说,这都是一个巨大的挑战,如同联合国教科文组织前总干事马约尔所指出的那样:"在朝向我们的生活和行为方式的根本变革而前进的过程中,在其最广泛意义上的教育起着一个决定性的作用……我们要接受的一个最困难的挑战将是改变我们的思维方式,使之能够面对形成我们世界的特点的日益增长的复杂性、变化的迅速性和不可预见性。"这一挑战将贯穿于学校变革和校长专业成长的全部历程。

人类已有的思维方式可谓五花八门，哪些是我们理想中的好的思维方式？其"好"与"不好"的标准何在？在我看来，标准不在于"新"与"旧"，不在于"西方"与"中国"，不在于"大师""名人"和"普通人"，而在于"适合"：是否适合学校的变革和校长的发展？那么，什么样的思维方式是最适合当下学校转型性变革和校长专业成长的思维方式？

在我看来，整体综合式思维、关系式思维和过程式思维等，是当今校长在日常管理中最需要的"好"的思维方式，它们各自的相对面则是校长最需要转变的"不好"的思维方式。

一、从点状式分析思维到整体综合式思维

在发生学的意义上，点状式分析思维在人类早期认识阶段就出现并被使用了。这是一种比较幼稚和初级的思维，同时也是一种下意识的非理性思维。这种思维最显著的特点是就事论事、点对点，不能发现不同事物之间的内在联系，做到由此及彼，更不会进行逻辑推理，做到举一反三。

从具体形态上来看，点状式分析思维是一种片面的思维方式，只看到了表面上的、零星的东西，而没有往深处追究，探求事物的起源和真实本质，对以往成功或失败的事情不清楚原因，在处理相同或类似问题时就像以前没见过一样，以往的经验根本不起作用。这种思维认识往往让人走入误区，只是照搬前人的模式，喜欢"拿来主义"，而没有自己的主见和创新。"攻其一点，不及其余""只见树木，不见森林"，是对这种思维方式的特征的最形象、最恰当描述。

在学校文化改革实践中，叶澜曾经指出，有的校长习惯于将"特点"当成"特色"：学校有球队获得了某级别的冠军，学校就成为体育特色学校；学校有文艺团队获得了文艺演出的某某奖，学校就因此成为艺术特色学校；学校组织了一场声势、规模都很大的教研活动，学校就是具有教研特色的学校。在叶澜看来，特色是特点的弥漫和渗透，特点如果不弥漫和渗透在学校改革的各个领域，只能是"点"而不是"色"。但在现实的改革过程中，仍然有不少学校管理者热衷于"点"的放大和炫耀。

点状式分析思维在教师的教学改革实践中也屡见不鲜。教师的教学改革较多地停留在对教学"点"的精雕细琢上。例如，教师在进行教学设计

时，常常只关注所教学生目前所处的年级特征（如三年级），却很少进行前顾后盼，很少想到三年级的教学如何能够在二年级的基础上提升，又如何能够为四年级的教学奠定基础，结果使三年级这个点孤立于其他点。教师在一堂课中常常撒豆子般或天女散花般提出很多问题，但问题与问题之间却彼此孤立，没有明显的内在关联。

作为一种思维方式，整体综合式思维强调整体的视角，它主张把某一部分始终置于整体的背景框架中进行思考，要求用整体来说明局部：仿佛你必须道尽万事万物，才可说出其一；仿佛你必须对整个体系作出概要的说明，始可以阐明一个新的思想。它强调整体内不同要素的综合融通，而非不同要素的累积叠加。这种思维方式强调，如果只关注基础教育改革中的某一视角、维度、方面，或某一细节，很容易丧失对改革整体的把握。

这种思维方式要求校长设法把学校变革中的每一个方面和每一个细节，都放置到整体的社会生态与教育生态的现实背景下，放置到历史和当下共同构成的教育改革时空背景下，给予其定位和属性的诊断分析。在回顾美国 20 世纪基础教育改革的历程时，康茨在《中等教育和工业主义》一书中指出，根本的问题是美国的教育改革从来没有真正面对工业文明社会的现实，一直是一个修修补补的过程，最好也不过是一个处理表面现象的过程。康茨强调，一所学校不能仅仅通过决议而具有社会进步意义。教育改革如果不接触社会的底层和社会生活的源头，那么只能是另一种学究式人物感兴趣但肯定要夭折的教育实验。

整体综合式思维的出现，打破了已往教育改革中的已成传统的点状式思维与割裂式思维，它反对将学校的教育改革与社会改革割裂开来，不再孤立地看待学校的教育改革，不再只考虑课堂当中和校园里发生的事情，或只着眼于改变课程本身，而是力求将学校的教育改革中，每一种活动和每一次哪怕是细小的改革，都放在整个社会文化背景中加以考虑。

这种从整体来观照或透析细节及细节间的联系，以及将细节整体化的思考方式，对学校的变革和校长的专业发展有着重要意义。

第一，它意味着校长要能够在具体的背景、环境条件下认识具体问题，需要在当代中国社会转型的整体背景下认识学校改革问题，需要在学校转型的整体目标下认识学校管理改革的独特性，需要在学校管理改革的整体中，认识具体的制度建设、文化建设等方面的具体价值。校长需要在各项具体的改革工作中，认识到它与整体的关系、它与背景的关系，将具体的工作置放于整体的背景之中。

第二，它意味着要在整体与部分的联系中，认识相互之间的关系。整体的改革形态，不是各个部分的简单拼凑，不能把对总体或系统的认识还原为对组成它们的简单部分或基本单元的认识，而是要意识到整体是部分有机综合的结果。整体对部分也是通过精神、制度、文化等多种方式整体地影响的，两者之间处于积极的对话状态。因此，校长要善于将自己的工作融入学校转型这一整体工作之中，要看到自己的工作对于当代中国社会转型的积极贡献，要在整体策划的基础上，具体策划、组织各个领域的改革。

第三，在整体综合式思维的指导下，校长还需要意识到"整体大于部分之和""整体小于部分之和"等新思路，尊重整体的独特性和部分的独特性。整体对部分的影响，是渗透在部分的工作中的，而不是抽象地规范、压制。因此，校长需要将整体意识渗透到具体工作之中，并密切关注整体层面的基本问题、核心问题，不因各类纷繁的学校工作而丢弃整体，又不因外部整体背景的影响而丢弃自己作为"部分"的独特。这样一来，校长就能在学校管理改革中，通过把握各项工作的共同指向与相互之间交互作用、动态生成关系，来抓住学校管理中根本性的问题；改革才不会是散乱的，才会凝聚成一股力量，有内在的神韵和整体的风格；在与外部教育行政部门、社区的交往中，校长就能始终保持自身的独特性，以自己的独特去丰富、影响"整体"。

二、从割裂式思维到关系式思维

割裂式思维是学校管理中最常见的思维方式，它将本来具有内在关联的要素，彼此割裂成两个互不相干的要素。

例如，将成事与成人彼此割裂，是常见的现象。学校管理者常常满足于给教师和学生布置任务，然后对任务是否完成给予监督考核，重在事情完成了没有，但对于承担任务之人有没有通过做事实现自身的发展，即"事情成了，人成了没有"的问题却不加考虑。

又如，在创建新型学校文化的过程中，有的校长聚焦于学校物质文化，有的校长则关注学校精神文化，有的校长孜孜以求的是学校制度文化，他们没有意识到这些文化彼此之间的关系，很少想过如何将物质变精神，精神变制度、变行为等。

与割裂式思维相连的是二元对立式思维。它将原本充满线性与非线性、确定性与随机性、偶然性与必然性、简单性与复杂性的混沌世界进行拆零式分析，将相互联系、相互渗透、相互包含的复杂世界分解为动与静、快与慢、虚与实、阳与阴、高与低、大与小、多与少、生与死等互不相容的两极，然后加以非此即彼的一元处理，割裂了事物之间的复杂联系。在一定程度上，二元对立式思维由割裂式思维方式而来，是将割裂后的不同要素或不同维度对立起来，形成非此即彼的对立关系。杜威很早就对这一思维方式进行过深度批判，但它在今日学校管理中依然十分盛行。具体表现在社会与个体、教师与学生、传统教育与现代教育、西方教育与中国教育、教育理论与教育实践，以及基础与创新、效率与公平、理性与非理性、主观与客观等多种关系中。

例如，就教师和学生的关系而言，在 20 世纪 90 年代，曾经一度讨论很热烈的话题是：在教育教学中到底应该是以教师为主体，还是以学生为主体？不少人认为，传统教学是以教师为主体的，结果带来的是以教师为中心，教学改革应该从打破这一观点入手，转而提倡以学生为主体，即教学以学生为中心。这实际上就是将教师与学生、教与学对立起来，形成要么以教师为中心，要么以学生为中心的非此即彼的关系。

又如，就新课程改革提出的多种具有相对性的概念而言，某些理解者和实施者容易陷入以下二元对立之中。一是将新旧课程与教学范式完全对立起来，用新课程及其教学的观念、内容、方法否定旧课程及其教学的观念、内容、方法；二是将知识获得结果与知识获得过程对立起来，以为新课程强调知识获得过程，结果本身就变得不重要了；三是将探究性学习与接受性学习对立起来，以为新课程主张探究性学习，接受性学习就完全失去意义了；四是将学生的主动性与教师的主导作用对立起来，以为新课程强调学生的自主学习，教师的主导作用就应该被悬置；等等。

在这种对立中，新课程被简单化、形式化、标签化。

此外还存在着诸如"知识与能力""体验与技能""课堂开放与有序"等各种对立。

要解决割裂式思维、二元对立式思维及其背后的实体式思维带来的各种弊端，运用关系式思维是一种可能的选择。这种思维方式不再把任何客观的事物仅仅当作没有自身结构的、孤立抽象的实体(实物个体、粒子、孤立的质点等)，而是从内外部结构、联系、系统等关系状态来深入把握它的存在形态，从结构上动态地理解存在，理解对象，从运动、相互作用、联系和关系，即"存在方式"的意义上来进一步把握丰富、深刻、动态的现实。

例如，在关系式思维的视野下，师生关系是一种本原的存在，师生身份的差异决定了师生关系，师生关系决定了师生身份的差异。一旦这种关系解除，则双方的师或生的身份不复存在；同样，师生身份差异失去，师生关系同时丧失。如离开了学生的学，教师的教则不复为教；反之亦然。

又如，对于书本世界与生活世界的关系而言，以关系式思维审视，这两个世界原本为同一世界，生活世界并非全部的生活，书本世界也非纯粹的书本。生活是教育的原型，由书本加以"提升"；书本则是对生活的解读，是向学习者敞开着的、重新建构了意义的文本。书本世界"脱离"生活世界，不是本意，也非必然，而是现代课程由于受理性主义支配，将公共性知识、客观知识抬高到不适当的高度，使其神圣化的后果；传统教学中所主张的教学要联系实际，也仅仅是为了帮助学生理解抽象，而不是认识生活世界本身就充满知识和需要知识。从1994年开始的"新基础教育"改革和新一轮课程改革的理念与实际操作，都体现了"从科学世界向生活世界回归"这一世界性趋势，这种回归，在目标上意味着培养会在生活世界中生存的人，在内容上意味着突破科学世界的框架约束，在范围上则意味着打破学校课程的有限疆域，形成"课程生态学"视野。

三、从结果式思维到过程式思维

顾名思义，结果式思维关注的是事情的结果，是以结果为起点和终点的思考方式，结果的状态成为这种思维方式衡量一切的指标和参照系。在中国基础教育改革的过程中，结果式思维有诸多具体表现。

例如，校长在推进学校改革，形成学校特色的过程中，注意力放在形成什么样的特色，获得什么样的品牌成果上，却很少考虑特色和品牌形成的过程到底对学校的改革与发展有何价值。所谓"锦标主义""形式主义"就是这类情形的典型表达。

又如，20世纪90年代以来，"科研热"和"校本研究热"在基础教育界兴起，很多学校以主持或参与各级各类课题研究为荣，有的学校门口挂上了各式各样的课题实验基地的牌子。在做课题的过程中，考核和评价的目标，聚焦于发表多少论文或著作，可以获得什么级别的科研奖励等。一旦论文发表，奖励拿到，就刀枪入库，马放南山，万事大吉。

再如，当代课堂教学改革倡导开放和互动生成的教学，但教师仍旧满足于呈现开放和互动后的结果，即让学生呈现思考、质疑和讨论后的结果，随后对学生的答案和成果进行评价、反馈，却很少关注学生思考问题、解决问题的过程。这种开放只"放"出了学生的答案，没有"放"出学生如何获得答案的过程。显然，这是一种浅度或浅层开放。

与结果式思维相对的是过程式思维。过程是它的参照系和思考支点。过程式思维假设"过程对于改革具有不可替代的重要价值"，因此它将过程看作教育改革的本质特性，倾向于在思考改革的时候，不仅要思考改革什么，还要思考如何使改革发生。由此，它颠覆了传统的实体式本质主义思维，颠覆了教育改革一蹴而就的结果式思维方式。

主导过程式思维的是这样一种预设：学校变革是一个充满了不确定性的过程。具体而言，学校变革是一种制度创新与变迁的过程，是一个复杂的由多种过程组成的过程系统。学校变革作为一个过程系统，具有生态学特质，它的变化发展具有非线性特质，任何一个"最理想的"学校改革方案在落实中都会产生许多不可预期的后果。因此，在教育改革之路上找不到完全可以信赖并且始终不变的改革方案，学校变革之路充满的不确定性总是促使方案的重组或重建。

过程式思维在学校管理中的具体运用，首先要求校长充分重视过程对于师生的发展价值，进而强化过程性设计和过程性评价，让人的发展始终置于过程的浸润之中。

上述三种理想的思维方式，彼此之间也有内在关联，是相互交织的关系而不是彼此割裂的关系，再加上学校变革本身的复杂性、丰富性、独特性和艰巨性，因此必须综合运用不同的思维方式推进学校变革。

校长需要思考的四个中层问题

曾经有人用"铁头，铜脚，豆腐腰"来喻指中国的初中与小学、高中的差异。只有初中之"腰"强壮起来，中国学校教育之身才会挺立并健步前行。这一比喻同样适合于学校管理体系中的中层组织和中层干部，他们所处的"腰部位置"是学校发展与变革中的关键位置。但如此比喻，仍失于抽象笼统，我们还需进一步追问：中层为什么重要？它到底扮演什么样的角色和有什么样的功能？

在许多校长看来，这是不言而喻的问题。但一旦具体到中层管理或受困于中层不给力时，才不得不回到这一原点性质的问题：在扁平化管理日渐流行的情况下，为什么还需要中层？

传统学校管理，将中层定位为上传下达的中介和渠道，在充当"传声筒"的过程中，具体执行学校领导层的决策，完成上层布置的任务。能否承担好这一角色和功能，是校长考核评价中层干部业绩的基本标准。

现代学校管理，强调校长的角色主要是领导者，而不是管理者。两者的区分可以用西方诺亚方舟的传说来比拟：当洪水来临前夕，诺亚把一群人和动物带领到方舟去的过程，是领导；进入方舟之后，如何让这些人与动物在和谐相处中生活，叫管理。校长的主要职责是方向性的领导，具体的管理事务不是不要做，而是要委托给他人帮着做，最重要的受委托方就是中层。中层干部代表校长进行最直接的管理，是校长管理形象的代言人，他们的管理能力和水平，体现了校长领导的能力和水平。然而，从区分领导与管理的角度，还不足以说明何谓现代学校管理。学校管理的现代性，在最根本的意义上，体现在教育理念和管理理念的现代性，表现为校长如何把新理念在日常学校领导与管理过程中具体而微地展现出来。这涉及两个思考中层管理的关键词:"变革"和"转化"。

从传统型学校走向现代型学校的过程,就是变革的过程,今日中国之校长与以往之校长最大的不同在于,他们处在变革的大时代,必须承担推进和领导学校变革的任务。变革不是一个在新旧理念之间发生的简单的替换过程和增减过程,变革需要转化:从传统转向现代,并把旧传统化入新传统之中。转化与变革直接相关:转化有多艰难,变革就有多艰难;转化有多复杂,变革就有多复杂。转化甚至可以作为衡量变革是否成功的标准:校长是否以及在多大程度上,把自己认同的新理念,自己主张的学校精神,转化到学校日常的领导与管理工作中去,转化到中层干部、普通教师和学生的日常言行中去?

若以此角度审视中层的角色和功能,意味着中层组织是学校变革过程中最重要的转化通道和载体。作为"转化者",中层干部的核心任务之一,就是在理解和认同校长的核心理念的前提下,努力在自己的部门和岗位上,把校长的理念"化"到自己的工作中去,"化"到自己所管理的普通教师和学生中去。中层干部愿不愿转化,能不能转化,是判断其能力和水平的主要标准。

一旦将"变革中的转化角色与职能"作为中层的基本定位,校长需要提出并回答四个问题。

第一个问题,现有的中层组织架构是否能够适应变革和转化的需要?

这需要具体分析:哪里适合?何处不适合?为什么不适合?要如何改才能适合并满足新的需要?

有的校长发现原有的教务处无法满足课程改革的需要,难以体现"大课程小教学"的新理念,遂将其改为"课程与教学部";有的校长认为,德育处之名称有将德育、智育和体育割裂之嫌,本来德育是所有教育者的职责,现在似乎缩减为德育处少数老师的职责,遂将其调整为"学生发展中心",同时以此转化并体现"学校教育工作一切围绕学生成长和发展"的理念。

第二个问题,校长要为中层干部树立什么样的价值观?

无论对于组织还是个人,价值观都是魂,是帆,是前行的动力。对于当代学校变革中的中层干部而言,"成事成人"和"生命自觉"这来自"新基础教育"的两大价值取向,可以作为自身发展的魂魄。"成事成人"要求中层干部不再把自己所做的工作只是视为事务性工作，不再把"做事"与"成人"割裂开来，避免"见事不见人"，而是把"人的成长与发展"作为所有工作的出发点和归宿，力求把每一次任务的完成，都当作提升自我、发展自我，同时也提升和发展他人的过程，即"在成事中成人"。"生命自觉"则期望中层干部自觉理解和认同学校的发展理念，自觉转化于自身工作之中，同时在此过程中自觉反思与重建。

第三个问题，在学校转型性变革背景之下，中层干部需要什么样的能力和思维方式，才能顺利实现转化？

有的学校提出，中层干部要学会作以下思考："想在前头"，多制订未雨绸缪的预案；"想在关键"，多作教师急需的切实细致的指导；"想在深处"，多作透出创意和辩证思维的建设性小结，而且又必须清醒地明确自己的合作者身份，要有大局意识、协作意识与发展意识；"想在整体"，任何工作都要纳入学校的系统化发展中，明确其地位与作用；"想在聚焦"，设法把各种活动资源向中心工作靠拢，形成"1+1＞2"的效应；"想在辐射"，善于从合作的过程中学习他人的经验，改进自己的工作。

上述之想的确是中层干部应想之事，但如此还不够，校长还需要基于中层干部的特殊专业能力和特有的转化能力，作出整体的能力目标设计，至少在如何转化校长的核心价值观上，可以包括：价值观理解能力、诊断与解读能力（包括对下属老师的诊断与解读）、策划能力、实施能力、反思能力与重建能力等。与此相应，还需要培养中层干部具有整体综合式思维和关系式思维，而不是割裂式思维、点状式思维，更不是二元对立式思维和非此即彼式思维，学会综合地、系统地思考问题，形成动态生成式思维，重点关注实现转化目标的过程，发现不同阶段的目标、困难、障碍及相应的策略方法，而不是形成静态结果式思维，只是一味地关注最终已成的结果。

第四个问题，要让中层干部形成理想的价值观和专业能力，学校需要给他们提供什么样的发展平台？创造什么样的成长空间？

校长需要重新审视学校为中层干部提供的已有的发展平台，以"什么最有利于中层干部的生命成长与发展"为标准来反思：哪些平台有利？哪些平台不利？还需要创造哪些新的平台？

在所有平台中，最重要的平台是制度，制度最重要的功能是转化，它是把抽象的理念变为具体行为的转化中介。能否设计出有利于促进中层干部实现转化，并在转化中实现生命成长和发展的制度，如研修制度、考核评价制度等，是当代校长专业领导能力的核心指标。

例如，有的学校设计出"中层干部总结答辩制"。以往的学期或学年总结，往往流于形式，成为"为总结而总结"的纯粹事务性工作。这一制度则以"成事成人"为价值取向，要求学期末，每个中层干部都要带领自己的团队走上前台，面对由校长和专家共同组成的答辩委员，先陈述工作报告，再接受质询。并要求陈述时，必须涉及五个方面的问题：一是本学期本部门和本团队做了哪些工作，完成了什么任务；二是在完成任务的过程中，出现了哪些困难和障碍，又是如何克服的；三是在克服困难、完成任务的过程中，自己和团队有哪些方面的成长、变化与发展；四是目前还存在哪些问题；五是基于已有的工作基础、存在的问题，下学期的计划和目标是什么，特别是自己在管理能力和学科专业能力上的发展目标是什么。陈述结束后，答辩委员提出针对性的问题，中层干部和其团队作出相应的回答。这样的总结制度，把原来事务性的总结，变成了评价性、研究性的总结，促进中层干部、教师生命成长和发展的总结。

第四辑

研究性变革实践

为育人价值的挖掘和转化而教

价值问题是语文教学安身立命的问题,因而是其存在与发展的首要问题。语文教学的价值聚焦点是文本与人的关系问题,即对文本的阅读、理解和表达在人的发展过程中的作用。换言之,语文教学要解决的核心问题是:所教的这篇文本,对学生的生命发展有何独特的不可替代的价值?这一价值可以称为育人价值。它是一个源自教育学眼光,而非文学眼光、语言学眼光的概念。

之所以提出育人价值,在于"新基础教育"研究中倡导的学生立场,是一个面向学生提出的概念。它主张将学生的实际状态作为教育教学的起点和出发点,作为教学目标制定的依据,同时还要关注学生在语文学习中的成长需要。育人价值绝不仅是一个概念,更是一种实践活动,贯穿于语文教学的起点、过程和终点,在这个意义上,语文教学的全部目的,就是对语文教学的独特育人价值的挖掘和转化。

语文教学实践的首要任务,就是挖掘文本的育人价值,进而将挖掘出的育人价值转化为教学行为,最终"化"到学生的精神世界中去。

就育人价值的挖掘而言,首先要读出文本中必须带给学生的东西。可以分别从知识、情感、思想和精神、思维、审美和语言等多个视角进行解读。例如,基于知识的视角,针对苏教版三年级教材中的《恐龙》,有老师写道:"相比以往的将事物特性融于童话故事或一定情境中的知识性文章,文本在内容上去故事、去情境,对恐龙进行了具体介绍,知识更为完全、丰富,是真正意义上的说明文,要引导学生了解说明文行文结构的基本特点。"又如,基于思想和精神的视角,聚焦苏教版三年级教材的《理想的风筝》这篇文本,有老师这么挖掘其育人价值:"从刘老师身上,可以帮助学生理解其身残志坚、乐观向上的人生态度，提升学生面对困难、挫折时的精神品质和精神境界。"上述所有视角中，最重要的是语言视角，要努力开发和利用每篇文章可能给学生带来的语言能力发展的价值。以苏教版二年级教材中的《真想变成大大的荷叶》为例，有老师在表达方式的层面上挖掘其价值："这首诗的语言也很能引起学生的共鸣，文中'想变点儿什么？'的一问，打开了学生想象的闸门，为孩子提供了广阔的想象空间；同时本文的表达方式多样，如'我想变一只蝴蝶，在花丛中穿梭'这一句，就与其他三处的表达方式不一样，为学生掌握更多的表达方式提供了资源。"在开发语言价值的过程中，教师对文本的关注重心要尽可能地实现从意思本位到意图本位的转换。前者关注的是文本写了什么，后者的焦点则在于文本是"怎么写的"和"为什么要这么写"，这才是语文教学的价值核心。

另外，也要读出"此一类文本中的这一文本"，在"此一课堂"对"此年级学生"和"此班学生"的独特价值。

文本可以基于文体、体裁和主题等不同标准划分为不同的类型，如记叙文、说明文、议论文等，这是一种客观存在，不同类型的文体对学生有不同的育人价值，进而引发不同的教学内容、教学目标和教学方法的选择。教师需要有对文本类型的敏感，在判断某一文本的育人价值时，需要先判断其属于哪一类型的文本。然而，即使是同一类型的文本，文本之间不仅存在内容的差异，也存在育人价值的差异，类文本的抽象性不能替代某一具体文本的独特性。教师需要在类文本的整体背景下，解读所教的"这一文本"的独特育人价值。如同样属于散文类的文本，《我和祖父的园子》相对于《爱如茉莉》《月光启蒙》等文本，有的老师发现，其独特在于："行文结构更松散，给学生进一步感受散文结构的灵活自由提供了典型范例；情感表达更有特色，为提升学生对语言的敏感，对情感的体察提供了丰富的资源；解读空间更大，为激发学生课外阅读的兴趣，建立阅读文学作品的方法结构提供了资源。"

所谓"对此年级"和"对此班级"，意味着文本的育人价值具有年级特征和班级特征：同一文本放在不同年级教，对不同年级学生的育人价值是不一样的。放在同一年级的不同班级教，其价值也可能迥异。同样以《我和祖父的园子》为例，有的老师在确定育人价值之前，先对本年级、本班学生的发展现状进行了分析，发现学生还不善于理清文章脉络，对文本的语言表达方式缺乏敏感和认知，对文本的解读还处于浅层状态。基于上述现状，她发现该文本的价值就在于能够在一定程度上解决上述缺失："'园中景'和'园中事'两大方面有助于学生学会理清文章脉络，感受散文结构自由灵活的特点；有助于提高对文中独特的语言表达方式的敏感度；有助于培养学生深层次解读文本、阅读原著的兴趣。"只有这种具体到年级和班级的育人价值分析，才能够使教师眼中的文本不再是抽象的文本，而是具体的文本，教师眼中的学生不再是抽象的学生，而是具体的学生。

育人价值的挖掘只是语文教学前提性的第一步，随后的重要工作就是转化。教学即转化，对语文教学来说，就是把挖掘出的育人价值转化到教学设计、教学过程和教学反思中去，转化到学生的头脑中去。在育人价值的挖掘准确到位，并且具体化为明晰的教学内容、教学目标和教学方法的前提下，衡量语文教学质量的主要标准就是对育人价值的转化程度的考量，即在多大程度上实现了对育人价值的充分、具体和准确的转化。

转化问题是制约当前语文教学改革的根基性、症结性问题，绵延至今的"少慢差费"，症结其实在转化上：是转化之少、转化之慢、转化之差和转化之费的结果。语文教学改革之所以步履蹒跚，也在于新理念、新方法难以转化为教师的教学行为和教学习惯。当前语文教学中最缺乏的往往是对语文教学的转化过程研究，教师最缺乏的也正是转化意识、转化方法、转化能力和转化习惯。

在理论研究层面上，语文教学的过程研究，实际上是一种转化过程研究。当育人价值被确立为语文教学的首要问题之后，语文教学研究的性质，就是基于育人价值转化的过程研究，核心任务在于探究育人价值的转化逻辑和转化的过程逻辑，它们共同构建了语文教学独特的整体逻辑。

在实践操作层面上，语文教学的过程，是教师基于文本育人价值，努力把这种价值转化为具体的教学行为、方法、策略，进而转化为教学习惯的过程。转化因此被明确为语文教学的基本目标：一切都是为转化而教。在这个意义上，实践的本质性内涵是转化，语文教师的实践，是一种转化性的活动，实践与转化之间实现了内在融通：既是"转化性实践"，也是"实践性转化"。实践品质的高低，就是转化品质的高低。

无论是基于转化的理论研究还是实践研究，都需要关注四大类型的问题：一是与转化本身有关的问题，包括育人价值转化机制（尤其是转化的过程机制）、转化路径和转化策略。二是与教师有关的问题，即教师是否具备对育人价值的转化意识、转化方法、转化能力和转化习惯，它们构成了语文教师的核心素养。三是与学生有关的问题。学生在育人价值转化前的起始状态，转化过程中的缺失、困难、障碍和差异，既是教师必须研究的内容，也是学生立场的具体体现。四是评价问题。需要厘定基于转化的语文教学质量的评价制度和评价标准，如此，转化就不只是一种实践行为，也是一种视角、眼光和参照系。例如，近年来颇为流行的语文教学有效性的问题，若以转化为视角来衡量，意味着语文教学的有效，是育人价值转化意义上的有效益、有效果和有效率。

教育教学中的所有问题，根本上是人的问题，特别是教师的问题，转化能否有效的关键在于教师。教师应有基于育人价值的转化力，这也是当下迫切需要培养和提升的语文教师的新基本功。要提升语文教师的转化力，首先需要关注的是教师转化过程中遭遇到的困难、困惑和困境。它们既可能表现为对转化缺乏敏感和意识，也可能体现在缺少相应的方法和技巧，不知道从哪里转化和该如何转化，还可能呈现为只能偶尔点状转化，无法实现持续整体转化等。而且，不同层次、不同发展水平的教师，在育人价值转化过程中出现的问题可能有诸多差异，需要进行有针对性的研究和实践。其次，要在集体备课、专题研讨课等教研活动中，将转化问题确立为日常性的研究对象，从而形成基于转化的研讨文化，通过这种文化土壤为教师培育出系列化、具体化的转化路径、策略和方法。再次，要关注教师在转化实践中形成的经验、创造和智慧，这种基于转化的智慧，是教师实践智慧中不可或缺的内在构成，也是教师个人知识的核心内涵。

从单元教学到单元类结构教学

已有的单元教学,无论形式和策略如何,大体是以单元为分析单位和教学内容的。其目的在于:通过从单篇式教学到单元式教学的转换,实现教与学的减负、高效。如何在语文教学中推进单元教学,基于不同的理念和视角,可以形成不同的实践风格和实践品质。因倡导"教结构,用结构"而知名的"新基础教育"语文教学,思考和实践单元教学的核心理念是:以类结构的方式推进单元教学,简称单元类结构教学。

之所以在单元后面加上"类结构",有三重目的。

一是为了凸显类的意识。语文教学内容的类型化特征是一种客观存在,既有基于文体和体裁的分类,也有基于主题的分类,还有基于语文能力和素养的分类等。单元的存在,首先是一种类的存在,是某类文本的集聚整合。

二是为了强化结构的意识。任何一类文本,都有其相应的结构。在"新基础教育"的视野里,所谓结构,至少包含三种内涵:文本的内容结构,学习某一内容的方法结构,教学某一结构的过程结构。这种教学方式就是"教结构,用结构"。结构的特征是整体性和关联性,既强调一个时段内语文活动的整体推进,也强调不同内容、方法和活动之间的内在关联。例如,方法结构与方法的差异就在于:方法结构是由一系列彼此有关联的方法构成的整体,而方法则是点状的孤立的碎片。因此,我们不说"教方法,用方法",而是称之为"教方法结构,用方法结构"。

类意识与结构意识互有关联:类是结构存在的前提、依据和魂魄,结构则是类存在的依托和载体,二者合一就是类结构。

三是为了彰显类结构的育人价值。对教师而言,单元类结构教学有助于教师创造性地整合课程与教学资源，修正许多语文老师习惯了的点状思维和割裂式思维方式，形成一种整体性、结构性思维方式，即类结构性思维，结构式地推进语文教学；对学生而言，能够给予其思维的挑战，激发其主动学习的兴趣和能力，培养其整体视野下观照语文学习内容的认知能力，结构化地进行规划和学习的思维方式，类比式地迁移运用内容结构、方法结构和过程结构的学习能力等。

基于以上认识，单元类结构教学，是执教者既基于文本，也立足于学生，且在文本解读和学生分析的交融共生中，本着整体性、结构性的教学思想，对一组在文体或体裁、主题、语文能力或语言表达上能寻找到连接点的课程与教学资源，进行统整、再开发和再创造的一种整体式、结构式教学活动形式。

单元类结构教学本身也有内在的结构体系，完整的单元类结构至少包括：学情类结构、内容类结构、目标类结构、方法类结构和过程类结构等。

一、学情类结构

所谓学情类结构，其前提是立足于学生立场，即学生的实际状态成为单元类结构教学的起点和出发点，成为内容选择、目标制定和方法确定的基本依据。为此，需要研究学生接触某单元类文本时，已有的基础是什么，缺失是什么，困难和障碍是什么等，进而寻找学生在学习本单元时的起点和不同单元时的异同点。

例如，针对记叙文的单元类结构教学，上海洵阳路小学进行了以下分析："长期以来，学生阅读了许多的记叙文，可阅读能力并不见长。学生经过三年级写段的训练，四年级时进入了篇的写作阶段，但无论从内容看，还是从篇幅看，写篇的难度都远大于写段，学生容易产生畏难情绪，记叙文写不生动。造成这种现象的原因固然很多，其重要原因和直接原因，应该说与课本的编排、课堂教学有关。目前课本的编排与教学，虽然对文章结构和写作方法的探讨也有涉及，但只是针对某一篇'个'的探讨，没有'类'的归纳，因此，学完课文后，学生能读会背，知晓故事情节和主旨，对写作方法也略知一二，却无法掌握文体类的结构规律，只能凭经验就文读文，难以实现能力迁移，在自己的写作练习中造成读写分离，不能学以致用。"

对学情的分析需要避免抽象化，力求具体化，其途径有二：一是基于年段特征。如同样是写人记事类文章，三年级与四年级的学生在阅读过程中的已有基础和存在困难，肯定是有差异的，学情分析需要对此作出区别性的说明。二是基于班级特征。即使是同一年级，遇到同一类文体或主题的单元文本，也会呈现出各种班级差异。

二、内容类结构

所谓内容类结构，是基于教材单元内容确定和选择的分类标准与具体教学内容。

首先，为体现整体视野，重组教材既可以整个小学阶段的教材为分析单位，也可将某一年段或某一学期的教材为分析单位。无论是哪种重组单位，都需要考虑不同年段之间的衔接和不同单元之间的关联，避免割裂。例如，聚焦写景状物类文本，江苏淮阴师范学院第一附小将小学 1—12 册分为六个单元，写景状物类文章分为三类：基础篇、发展篇、联系篇。在基础篇中选择文章结构清晰、写景特征明显的作为写景单元教学的起点，比如一年级的《秋游》、二年级的《北大荒的秋天》、三年级的《庐山云雾》、四年级的《泉城》、五年级的《黄山奇松》、六年级的《烟台的海》。在发展篇中重点依据变异点列出变化提升点，比如五年级的《黄山奇松》作为单元教学的基础篇，学生读了文本，知道写了哪些景，明了应抓主要景物的典型特点来写，而到了第二篇《黄果树瀑布》一文，作为发展篇来教学，学生运用在《黄山奇松》一文中习得的方法结构能够梳理出文中景物的主要特点。这篇文章的行文特点也十分鲜明，移步换景的表述顺序将黄果树瀑布作了全方位、多角度的描绘。这就是变异点，也是教学发展篇的提升点。在联系篇中，他们将不同文体的写景文都纳入进来，比如写景的古诗、儿歌、童话，在"用同"中"求异"，在"比对"中提升。同时这也是不同文体之间教学的链接点，有了这一链接点，不同文体间就避免了割裂。

其次，还可以就某一类文体进行更加细致的内容结构分析。例如，写人记事类记叙文的内容结构,大致包括:从参与的事与人看,写事的记叙文有一人一事的、一人多事的、几人一事的、几人多事的,写人的记叙文则有通过一件事写一个人的、通过几件事写一个人的、通过一件事写几个人的;从记叙方式看,常分为三种,即顺叙、倒叙和插叙;从记叙的观察视角看,分为旁观视角、参与者视角、当事人自述视角和知情者视角;从描写方法看,分为肖像描写、行动描写、对话描写、细节描写、直接描写、间接描写等。以上述结构为基础,就可以对教材中的写人记事类文本进行单元重组。

再次,内容结构分析中要有该单元类结构对学生的育人价值分析。这是学生立场在内容结构选择上的具体表达。例如,写景状物类结构的育人价值在于:有助于强化学生的阅读、写作的方法结构意识;通过单元的整体教学,学生学一篇,带一组,学一组,带一类,能够提高学生的读写能力和体悟方法结构的能力等。

三、目标类结构

在学情类结构和内容类结构的双重分析基础上,确定某一单元类结构的教学目标结构,它一般由五个层次构成。

层次一,单元总目标,即某一单元的整体类目标。如江苏常州戚墅堰东方小学将名人故事类文本的单元总目标确立为:"初步了解'人物+事件'可以作为名人故事类的课题;初步感知读名人故事类文本可以从'志向、事件、成就'等方面走近名人;通过合作探究、比较朗读的方式了解名人故事类文本的一般表达方式;培养学生的质疑能力,并进一步激发学生的阅读兴趣,以形成阅读期待。"

层次二,单元年段目标,即基于学生的年段特征,反映同一类结构在不同年段教学时的目标差异。如江苏淮阴师范学院第一附小以小学语文新课程标准和《"新基础教育"语文教学改革指导纲要》(以下简称《纲要》)为依据,将写景状物类文本的整体架构分为低、中、高三个阶段,相对独立,分段设标:"低段:知道写了什么景;喜欢景物描写的词句,乐于背诵;初步感知写景顺序;能用一两句话说说文中的景物怎么样。中段:能见文回忆学过的类似文章,尝试仿学;知道文章从哪些方面写这个景物(选取哪些典型），理清景物描写的顺序；品读语言，感悟作者凭借写景表达的情感；选择典型的景物描写片段进行仿写练习。高段：能熟练见文归类，主动仿学；在抓典型、扣特点感受所写景物的过程中品读欣赏语言特色；在'教结构，用结构'中比对提升；品析章法结构，尝试成篇写景。"

层次三，单元阶段目标，即单元教学不同阶段的目标。江苏常州第二实验小学将单元类结构教学分成单元导读阶段、单元推进阶段和单元总结阶段三个阶段，各有其不同的目标。例如，单元导读课的目标可以确立为：导习得、导质疑、导学法和导兴趣等。

层次四，某一篇课文的目标，即在某一类单元中的某一篇的教学目标。不仅要让学生了解某一篇文章写了什么，还要关注作者是怎么写的，为什么这样写，这样写的好处是什么，引导他们关注文章的独特表达方式。

层次五，同一篇课文在不同课时的目标。不同课时的目标既共享该类、该篇文本的目标，又应有衔接式、阶梯式、递进式的目标设计。

四、方法类结构

所谓方法类结构，主要是指学生需要学习、掌握和运用的方法结构。针对某一单元类结构的教学内容，教师需要教给学生相应的方法结构。例如，针对写人记事类单元的学习，可以教给学生由品词、品句、品读中感悟，想象中感悟，角色扮演感悟，课外延伸感悟和联系生活实际感悟等五种方法构成的方法结构。在教方法类结构时，教师需要注意引导学生探究：为什么有的文章要放在这一类单元，而不是那一类单元？不同类型单元的学习方法结构有什么不同？由此，既能强化学生的单元感，也能培养学生的类结构感，包括类结构意识和类结构学习、运用的能力。

五、过程类结构

这是针对教师在课堂上的教学过程而言的。它既指教师如何教结构的方法，也指运用这些教学方法的过程。其背后是对体现某一单元类结构特征的过程逻辑的寻找和确认。例如，上海淘阳路小学将写人记事类的教学过程结构概括为：揭示课题，明确要求；通读课文，捕捉中心；依据中心，理清思路；围绕重点，分段精读；由段至篇，回环整体；评赏课文，迁移运用。

具体来说，如就"通读课文，捕捉中心"这一步而言，教师可以采用的方法是引导学生通读几遍课文，读前提出以下要求：借助拼音或工具书读准生字的音，初步想想这些生字词在句子中的意思；明确课文主要写了什么人的什么事；试着弄清作者写这个人物的目的（即中心思想）是什么。

要使上述类结构在教学中得到有效运用，教师头脑中要有五个方面的清晰：教什么类结构要清晰；不同类结构之间的联系要清晰；学生走进课堂前已经有什么类结构要清晰；用什么策略让学生掌握这个类结构要清晰；走出课堂时，对学生是否掌握了这一类结构要清晰判断感知。

上述各种形式的清晰提醒我们：语文教师的清晰，不应是点状的清晰，而应是基于类结构的整体式、结构式清晰。这样的清晰，就是单元类结构教学扎实有效的基本条件和基本要求。

回到语文教学的原点

将思想的触角探入语文教学的世界,首先探及的不应是策略、方法和手段,而是原点。原点之"原"具有"原初""本原"之意,原点是种种语文教学的思想和行动的根源与根基。实际上,没有一种有关语文教学的理念和实践没有自己的原点,有什么样的原点就有什么样的理念和实践。只不过,许多语文教学的从业者过于沉浸于对马上可以见效的碎片式技巧和方法的追寻,反而将那赖以出发的本原之地遗忘。我们最容易关注的是对实践策略和方法有效性的考量,最容易忽略的是将方法的效度与方法得以浇灌、得以产生的源泉——原点联系起来思考,我们常常忘记一个随处可见的事实:方法的低效、无效和负效往往缘于原点的错误,换言之,从出发伊始就走错了。

语文教学有三大原点:概念、价值观和人。

语文教学的原点之一,在于概念。概念辨析不是抽象的思想游戏,不是远离鲜活实践的邈远之物,而是内置于语文教学的"核心"。"语文"是语文教学的概念世界中最核心、最基本的概念,任何语文教学的研究者和实践者必备的功课,就是回答:你如何理解语文?语文究竟是什么?你有没有建构出属于自己的对语文的理解,以及将此理解转化为课堂教学实践的独特过程和路径?对此概念的不同解读,必然导致不同的实践。已有语文实践样态的无限丰富,归根结底在于对"语文"概念内涵的无限丰富的理解,在于对"口头为语,书面为文""语文即语言和文学"等不同经典概念的具体、微观的转化式表达。对于中国语文教学界而言,在界定"语文"的过程中,一个绝不能忽略的原点之原点在于:此语文是汉语之语文,而非英语、德语、日语之语文。这意味着对回到语文教学的原点进行思考和实践的倡导，就是要求不断地回到汉语的世界里，这是语文世界的大地。对汉语之特性、汉语之结构和汉语之美的体察、体悟和体知，是每一个语文教学从业者的基本功。无此原点和没有站在"此地"的语文教学注定是无根、无基因而无魂的语文教学。

语文教学的原点之二，在于价值观。之所以人们对"语文"概念的理解不同，在根子上在于人们的价值观、价值取向和由此产生的立场不同。之所以将"语文"界定为"语文就是语言""语文就是言语""语文就是语言文字""语文就是语言文章""语言就是语言文化"等，乃在于其背后的"语言学立场"。而持"语文就是文学"的看法者，显而易见持守的是"文学立场"。更多的人认同"语文就是语文文学"，这是一种"语言学和文学相加"的立场。还有人认为前述三种立场，只看到或者过分夸大了语文学科和它临近学科——语言学和文学的联系，而忽视了它们之间质的区别。虽然语文依然要以一定的语言知识和文学知识为支撑，但两个问题不可忽视：一是必须以"语言的学习、训练和运用"为中心，而不能以知识为中心；二是即使是知识，也有一个"知识转换"的问题，不能简单地将语言学知识和文学知识直接搬到语文教学中，微缩简装到教材里。与其他立场相比，该立场显现出了两点独特：希望保持语文学科的独立性，避免语文成为语言学和文学等其他学科的殖民地；希望保持学生在"语文"概念界定中的地位。这种立场是一种"语文学"立场。

立场的转换实际上是价值观的转换。价值观之所以是语文教学的原点之一，在于语文教学的首要问题是价值问题。任何一种语文教学的改革或转型，都离不开价值改革和价值转型。对于语文教学价值观的重新认识，是当代语文教学的理论和实践不可忽略的起点与原点。

在上述关于语文立场的种种喧哗之声中，可能的缺失在于教育学立场的缺席。对"师生生命价值的实现和提升"是教育学立场的核心。而迄今为止的语文教学价值观中最根本的缺失是"生命价值的缺失"，即缺少"对师生作为活的生命体的多方面发展需要的关注"。

这与语文教学的第三个原点，即人有关。这意味着：第一，语文教学是基于学科的培养人的活动，而不是单纯传递语文知识的过程。第二，语文教学的性质是以语文的方式培养人，让语文中内含的特有精神文化财富成为新人成长过程中的重要组成。第三，语文教学欲培养之人，是能够自主进行语文学习的人，是能够用自己的心灵去感悟，用自己的思想去判断，用自己的智慧去创新，用自己的语言去表达的人，是能在不同境遇下亲近、学习语文，运用语文的人，是自觉在语文学习中不断完善自我、发展自我的人。第四，语文教师的主要角色不是知识的传递者，而是学生在语文学习中主动、健康发展的促进者、鼓励者，是与学生在语文课堂上共同实现生命成长的互动者、对话者。正如海德格尔所言："称职的教师要求学生去学的东西首先就是学本身，而非旁的什么东西。"因此，"教所要求的是：让学"。

这里的人首先是指学生，已有的语文教学研究与实践不是没有对学生的关注，缺的是从育人价值的角度和立场对学生的关注，即对语文教学到底对学生的生命成长和发展有何价值的整体关注有所缺失。

将人作为语文教学的原点，不仅要求教师明确自己的语文教学要培养什么样的学生，即要有自己的语文意义上的理想学生的形象和标准，还要求教师树立育人价值的观念，并将其渗透和转化到语文的教学内容、教学方法和工具、教学活动之中。

例如，从教学内容的角度看，基于关注学生生命价值的理念，语文学科教学内容的育人价值体现在三个层面：一是满足学生通过文字，认识世界、表达自我、与他人交流和拓展精神世界的成长需要；二是打造中国儿童的汉语根基、精神根基和文化根基；三是有助于儿童形成言语个性与风格，发展以言语为核心的独特的精神世界，形成观察和理解外部世界的正确视角与思维方式。上述育人价值是就普遍意义而言的。在实际的教学过程中，语文学科的育人价值的载体是各种教材文本，教学要借助文本开展。教师可以从四个方面来解读教学内容的育人价值。首先，要整体辨析课文类型，包括文体类型、主题类型、国别类型等。从文体的角度看，诗歌、小说、说明文、议论文等不同文体有自己特殊的育人价值。而从主题的角度看，爱国、亲情、友情等不同主题的文本的育人价值有不同的偏重。其次，深入理解文本的价值观和情感内涵。就情感而言，有的文本情感粗犷奔放，有的情感细腻哀婉，但都会对学生情感世界的形成、丰富和完善产生作用。再次，把握写作特点，主要侧重于课文语言表达方式的特征，包括该文本的语言风格、语言技巧等。最后，开放文本中对学生的语言能力有所提升和发展的训练点。教师要明确文本在哪些方面有助于提升和发展学生的语文能力。同样是听说读写，不同的文本可能各有其适宜的方向。如有的文本适合创造性复述，有的文本则只适合概要性复述；有的文本适合培养学生的质疑答疑能力；有的文本适合培养学生的朗读或默读能力；有的文本适合培养学生的感悟能力。

教师不仅要对某一类型的文本进行育人价值的解读，也要具体解读某一篇课文的特殊育人价值，对这一篇和那一篇课文在育人价值上的差异是什么应心中有数。

又如，从教学方法和工具的角度看，也有丰富的育人价值。语文教师经常采用的让学生课前查阅资料并对学生查找资料进行检查和反馈的方法，就至少具有三重育人价值：一是培养学生的自觉意识，并把这种意识转化为习惯；二是获得查找资料的方法；三是在对资料进行选择的过程中，培养辨析判断的能力。教师在运用这一方法时，应具有育人价值的意识和敏感度，不断追问：这一方法对学生的语文能力发展有何帮助和价值？要实现育人价值，如何改进已有的方法，还可以采用什么样的方法？当教师如此追问和自我解疑、自我调整教学方法时，就意味着他已将育人价值转化为自己的一种视角和思考方式。同样，教师还应解读不同教学方法在育人价值上的区别与联系，即找到不同教学方法在育人价值上的共通点、衔接点、差异点和提升点。此举有利于教师在综合渗透中发挥不同教学方法的育人价值，避免将某一教学方法孤立化。

作为原点的人，也包括语文教师。已有的语文教师发展研究既缺少对教师价值取向转型的研究，也缺少对教师价值转化的研究。归根结底，还是与"生命价值的缺失"有关。

上述三大原点，是不可以孤立看待的，它们具有内在关联、相互缠绕的结构：概念背后有价值观的支撑，有什么样的价值观就有什么样的对语文概念的理解和表达；所有的价值观都源于人且指向人，都是为人的生命价值的实现、完善和提升而服务的。人是任何概念、价值观的主体与归宿，同时也是任何语文课程和教学的主体与归宿。

除此之外，这里所言的原点，不仅是理论层面上的原点，更是实践意义上的原点。语文教学实践要不断在前行中创造和创新，语文教师要持续实现自我更新式发展，都需要在一次次回到原点中追问和思考。尤其是对于语文教师而言，回到原点、思索原点、重构原点的过程就是重新认识自我、重建自我和提升自我的过程。

关于语文课型研究的几点思考

"新基础教育"语文教学改革的突出成果之一是对课型的研究形成了一套独特的体系。课型并不是一个新问题,许多同仁早以各自的方式思考这个已渐成热点的问题。本文试图基于"新基础教育"的理念,对相关研究与实践的成果略作梳理和思考,期冀对课型研究在语文教学中的推动和发展有所助益。

一、课型的内涵及其构件

对课型的概念的界定,不只是一个理论问题或学术问题,还是一个实践问题。我们如何理解课型及其价值,就会如何展开课型的实践。换言之,每一种课型研究的具体实践活动背后,都蕴含着某种对课型的概念及其价值的理解,只是我们往往有了实践意义的清晰,但却缺少理论意义的清晰。语文实践界从来不缺少理性态度,所谓理性态度,其特征是:冷静,注重理智,实事求是,注重实际和经验,其中或多或少地具有功利性的考量。这种态度当然有其现实的合理性,但对于语文教学而言,只有这样的态度是不够的,我们还需要另一种态度,即理论态度,它强调要以逻辑和抽象的方式对特殊、具体的内容进行概括与整合,使模糊的变得清晰,混乱的变得有序,零碎的变得系统。

叶澜教授曾言,"新基础教育"的研究,就是要让大家意识到,语文也是讲逻辑的。此语背后有丰富的内涵,至少我们稍加审视,就可发现语文教学实践过程中没有逻辑和不讲逻辑的现象比比皆是,而这一切都被所谓"人文""弹性""情感"和"审美"等套在语文头上的帽子给遮蔽了。

实际上，语文教学是有逻辑的：文本解读有自己的逻辑，教学设计有自己的逻辑，教学过程有自己的逻辑，甚至语文教师的反思也有自己独特的逻辑。种种逻辑共同构成语文教学的逻辑，整体上与英语教学、数学教学的逻辑区分开来。"新基础教育"语文教学研究始终强调，语文教师需要对语文教学的知识逻辑和过程逻辑有整体的把握，这样才能确保我们上的是一堂语文课，给学生的精神世界提供的是基于语文逻辑的文化涵养，如此，我们的语文教学才会有根有基。

课型的名称本身就是语文逻辑的一种具体体现。它追求的是让散漫无序、形式和内容迥异的各种课成"型"。"型"即"类型"，它意味着井然有序，按照一定的维度形成有层次、有结构的体系。当我们试图确立分类的标准，进而把不同的语文课归入不同的类型之时，已经开始讲逻辑了，已经在进行逻辑意义上的思考了。类型化的过程就是逻辑化的过程。

在这个意义上，课型就是指围绕着某一教学目标或某一教学对象而形成的某一类型的课。这个定义失之于简单抽象，还不能完全涵盖课型的内涵。若是以此概念为依据，在教学实践中可能会带来课型的泛化，导致只要具有类型特征的课都被称为"课型"，结果是伪课型满天飞。

在我看来，课型不仅是一种类型，而且也是一套体系化的结构和一些必备的标准或标志。为此，我们需从另一个角度追问：什么意义上的课，才可以称得上是课型？什么意义上，它只是一堂课、一种课或是一类课，还不是课型？只有具备什么条件或者构件，才可以说课型形成了？换言之，课型形成的标准和依据是什么？只有对此标准和依据有完整清晰的把握，我们才可以把握课型内涵的核心。

可以认为，只有具备了以下构件，课型才得以成立。

1. 明确该课型的育人价值

这是课型成立的前提，也是"新基础教育"语文课型研究的基本特征，它要求教师对每一个课型独特的育人价值有整体的把握，对这个课型对本年级学生和本班学生的语文素养与语文能力的发展，以及学生语文学习的成长需要的满足，究竟有何意义等关键性问题，心中有数。

2. 设计系列化的教学目标和教学内容

即明确上该课型的课到底做什么，解决什么问题，能够有助于学生的语文素养和语文能力达到什么程度，何以确立这些目标而不是那些目标。

每个课型的教学目标都必须有两大依据：教学内容依据和学生依据。后者是"新基础教育"一以贯之的学生立场在语文课型研究中的具体体现。

以"汉字文化课型"为例，其整体目标可以确定为：使学生了解汉字演变的历史和独特结构；学会感悟和欣赏汉字的美等。根据不同年段的特征及其要求，每节课都应有更加具体、特殊的目标。

确定上述目标的依据：一是教学内容依据，即汉字的结构，字音、字形、字义的特征及其独特的美；二是学生依据，即分析不同年级学生感受汉字文化过程中的基本状态，包括已有的基础、学习兴趣、困难和障碍，以及个体差异等。学生依据要体现年级特征和班级特征。

所谓系列化，有两个维度：一是年级阶段维度，按照年级从低到高的发展阶段，各有相应的课型目标，形成纵向系列；二是内容维度，从语文教学的不同内容、不同方面，形成相对完整的包容性较大的课型目标和教学内容，形成横向系列。纵横两大系列共同组成一个完整的体系。这才是课型之"型"的本义：纵横交叉形成的整体之"型"。

以"汉字文化课型的序化系列"为例，系列化的课型教学内容可这样设计。

一年级：象形、会意、形声（书面），灯谜、绕口令（口头）；

二年级：成语常识（书面），谚语、歇后语（口头）；

三年级：对联（书面），方言普通话（口头）；

四年级：绝句、律诗（综合）；

五年级：文言文、四大名著；

六年级：文学分类学习。

3. 形成该课型的教学过程结构，包括教学程序、步骤和相关要求

即该课型进入教学实施阶段后，到底该怎么上，有哪些基本的教学流程。

例如，口语交际课型的教学过程和要求是：第一步，出示主题，明白该主题交际的注意事项；第二步，典型情景（正确或不正确性）展示，同学评论，评论中进一步明确要点；第三步，全班分成若干情景组并进行交际语言实践等。

这个构件对于课型的形成非常关键，它的目标是形成该课型的教学过程逻辑，对课型价值和目标进行具体转化，从而进入教学实施和操作

阶段。

4. 明确系列化的教学方法、教学技术和注意事项

针对不同课型的价值、目标和教学流程，需要安排与其匹配的教学方法和技术。如朗读—感悟课型，需要有特殊的朗读指导方法，识字文化课型则需要使用多媒体技术，何时放多媒体，如何依据不同汉字的历史和美的内涵，恰如其分地呈现出来等，都有相应的信息技术要求。此外，还应明确一些上某类课型应注意的细节问题，毕竟方法和技术总是落实在具体教学细节上。

5. 确立系列化的教学评价标准

除了相对统一的语文教学评价标准之外，不同课型也应有特殊的评价标准。无论是识字课型、阅读课型和作文课型，还是基于不同文体的课型，其评价标准（包括评课标准）都应体现课型的特征。

6. 撰写一定数量的教学案例、随笔、论文

通过它们，可以更有效地感知、领会并总结课型的特征，及其研究与实践的过程。

二、课型研究的价值

"新基础教育"语文教学改革之所以进行课型研究，主要宗旨是体现"新基础教育"追求的结构理念，在对教材的创造性重组中，使教学设计、教学内容、教学过程都形成特定的结构。这种结构化的过程，除了可以提升语文教学的逻辑性和结构性之外，还可以满足三个方面的需要。

一是学生成长的需要。不同的课型既可以满足学生不同的语文学习需要，如课外阅读课型，可以满足学生将触角伸出去，拓展精神视野，提高速读能力的需要，也可以满足学生的成长需要，如经典名著课型，可以提升学生的阅读品位和精神品质。此外，每一个课型，都是一种结构性的模块，有助于学生在学习过程中形成结构性思维，运用此类结构于新的阅读情境并不断获得新知，这充分体现了"新基础教育""教结构，用结构"的思想。

二是教师发展的需要。首先，课型研究有助于教师形成学生立场，立足于育人价值和学生状态进行教学。其次，课型研究有助于形成教师的个

人知识积累，可以为教师提供更多的教学选择。课型如同药方，教师可以依据不同的教学内容和学生，照方抓药，各取所需。药方越多，应对复杂的教学内容、场景的选择和工具就越多。再次，结构化的课型可以帮助教师打破传统的点状式思维和割裂式思维，形成整体性、结构性思维，改变语文教学中常常为人诟病的"模模糊糊一大片"的积习，这是语文教师特别需要的。

三是教研组建设的需要。课型研究可以成为教研组发展的抓手，也是推动教研组专题研究日常化、系列化的基本途径。常州局前街小学和常州第二实验小学语文教研组近些年来的变化和发展，很大程度上与课型研究有直接的关联，他们创造的相关经验已经成为教研组内部的文化积淀。

三、课型的划分依据及其基本构成

以什么样的维度或视角为划分课型的依据，是一个非常复杂的问题。目前来看，存在以下维度。

1. *基于语文教学活动的基本形式*

依据传统的语文教学活动形式，可以分为识字教学课型、阅读教学课型、写作教学课型、听说教学课型、课外阅读教学课型和综合活动教学课型。

2. *基于文本的文体类型*

可以分成记叙文课型、小说课型、议论文课型、说明文课型、古诗词课型、现代诗课型、文言文课型等。

3. *基于文本蕴含的主题内容*

如神话类主题的课型、动物类主题的课型、母爱类主题的课型、爱国类主题的课型、环保类主题的课型等。

4. *基于学生的语文能力*

除了基于传统的听、说、读、写等基本语文能力的课型之外，还有基于思维能力、想象能力的课型，基于语文创新能力的课型，基于语感能力的课型、基于语文知识转化运用能力的课型，基于信息技术背景的语文综合能力课型等。

5. 基于语文教学方法

如探究性教学课型、合作性教学课型、情境性教学课型，以及基于角色表演的课型、基于读写结合的课型等。

课型划分的复杂性表现在两个方面：一是不同维度之间常常互有交叉，如基于语文教学活动的基本形式的课型与基于文本的文体类型的课型、学生的语文能力的课型存在着诸多交叉；二是每一课型都可划分出不同的等级，如在识字教学课型之下，又包括拼音识字同步教学型、自学交流检查达标型、随课文分散识字型等第二层次的等级序列。为使课型分类更为简洁清晰，可以将其分为基本式课型和变式课型。如记叙文课型是基本式课型，明理类课型、抒情类课型和认知类课型则是变式课型。依据所明之理、所抒之情的不同特点，又可以进一步划分出更加具体的课型，从而出现二级变式课型等。

四、课型研究可能存在的误区

在语文课型的研究与实践中，可能会出现以下误区。

1. 课型研究中的"无语文"

数学、英语等其他学科也有自己的课型研究，作为语文教育工作者，我们更为关注的是"课型研究在语文"，然而，如何使课型研究更能体现语文教学的育人价值和过程逻辑，却是一个常常被忽视的前提性问题。

2. 课型研究中的"无人化"

教师在进行课型研究时，没有育人价值意识，心中只有课型，没有人，变成了为课型而课型，失去了课型研究的本义：一切为了学生的主动、健康发展。因此，这样的课型研究常常缺少对学生基本状态的把握，从而使课型研究成为无源之水。

3. 课型研究中的"无目标"

课型研究中的教师，容易将思考重心放在教学过程和教学方法上，恰恰忽略了对"本课型到底要达到什么目标"这样一个前提性问题的思考，结果使课型研究丧失了方向和准确评价的可能。

4. 课型研究中的"点状化"

教师容易固守于习惯的点状式思维，对不同课型之间的联系沟通，同一课型在不同年段之间的差异、衔接和层层递进，同一课型不同教学内容、方法之间的关联缺少整体思考。

  为此，需要教师形成整体性思维，这种思维的形成，仰赖于对语文知识、语文能力构成和语文课型教学过程逻辑的综合把握，对学生生命整体发展的综合性思考。只有综合关注课型研究与实践的逻辑，以及学生在认知、能力、情感态度与价值观等不同维度相融共生意义上的发展，教师眼中的课型和学生才不是抽象的、割裂的。

做有品质的校本研究

随着"研究性变革实践"的理念在"新基础教育"实验学校中日益扎根,其影响力逐渐在各地弥漫扩大,研究的意识、行为、能力和习惯已经开始贯穿渗透于教师日常教育教学生活之中。从"教学高手"到"研究高手",再到"教学研究高手",成为越来越多教师的追求。

在各种研究风起云涌、百花齐放的过程中,有一个问题不断凸显、聚焦和放大,这个问题既是前提性问题,也是过程性问题,更是终点性问题,即什么样的研究是好的有品质的研究。在我看来,不仅教学变革需要有新的参照系,校本实践研究同样要有新的参照系。

什么样的研究是好的校本研究?什么样的研究是有品质或者高品质的校本研究?

当我拿到《汽轮小学语文校本课程研究》一书时,即使是粗略地初读翻阅,依然让我涌起了再度回到上述问题揣摩深究的冲动。

有品质的好的校本研究,首先是有魂魄的研究。这个魂魄就是价值观或价值取向,它解决的基本问题是"基于什么做研究"或"为什么做研究"。衡量一种校本研究是否有品质,有没有清晰可见且一以贯之的核心价值观是标准之一。我们难以想象没有价值魂魄的校本研究,可以称为好的研究。

汽轮小学的语文校本课程研究的魂魄在于学生立场。这是"新基础教育"最重要的价值观传统,其要义在于"学生的实际状态成为教育教学的起点和出发点,成为教学目标制定的依据"和"关注学生的成长需要或发展需要"。这种核心价值观在汽轮小学的语文校本课程研究中随处可见。

例如,针对中年段的句群教学,教师重点讨论了"句群教学对学生学习的价值",指出了"句群是学生发展的需要""做好此阶段的句群教学,可降低学生后阶段学习复杂句群的难度""有效结合句群教学,既能帮助学生理解课文,又能实现读写结合"等观点。

又如,之所以进行默读训练,缘于教师对学校四、五年级学生阅读的实际状况进行调研,发现"近85%的学生达不到默读的速度要求,学生还没有养成良好的默读习惯。他们或者轻声朗读,或者看似在默读——默朗读,或称假默读。轻声朗读、默朗读,必定会限制阅读的速度。朗读时有的学生更多地关注一个一个字地读的动作本身,很少关注被读文章的内容。学生不能在不懂的地方、重点的地方停下来稍作思考,也不可能回到需要理解的地方重新读、反复读。从这个意义上说,没有良好的默读习惯,不仅阅读速度慢,而且影响阅读思考"。正是基于这种对学生学习缺失和困难、障碍的把握,才形成了默读训练的系列性目标和策略。所有的研究成果,都是站在学生立场上形成的教学之思和教学之行,它们以学生为立场,以学生为土壤,以学生为研究的起点和终点。

有品质的好的校本研究,其次是过程扎实的研究。所谓"扎实",既意味着研究选题来自日常教学,是来自地面、贴近地面的选题,更意味着研究过程设计得细致、细密。例如,针对"高年级快速阅读",提出了"有效研究"和"快速研究"的概念之后,没有急于笼统地一带而过,而是对其内涵和意义进行具体分析,尤其是从"角度"和"层级"两个维度对快速阅读的深度分析,在小学校本研究的世界里是不多见的。此外,在有了清晰、富有层次感的过程设计之后,还有相应的"效果反馈"作为后续跟进,这种评价反馈意识也在一定程度上保证了研究的扎实细密。

有品质的好的校本研究,还是结果显著的研究。基于"新基础教育"研究的视野,所谓"结果"表现为"成事成人"。所有的校本研究都是"做事","研究之事"的最终指向在于"研究之人","事"是为"人"服务的。要"在成事中成人",只有"成人"才会更好地"成事",这就是"新基础教育"的核心价值观。"成事成人"是"新基础教育"创造的研究辩证法,是这一学校整体转型性研究贯穿始终的传统,它也将在后来者的珍视与呵护中代代相传。

成事中欲成就之人,包括教师和学生。教师在研究中转变价值观念,在提升教学研究能力的过程中提升思维品质,享受研究中创造的快乐和幸福,是"研究之事"之于教师的发展价值。学生在研究中受益,成为有"生命自觉"的健康、主动发展的一代"理想新人",是"研究之事"之于学生的育人价值。

当然,这样的育人价值还需在语文等具体的学科教学中实现具体转化。对学生而言,所有的语文课程与教学及其研究,最根本的价值在于培养学生的语文能力,这种能力是只有在语文课上才能长成的本事。汽轮小学的小学语文校本课程研究欲达成的目标,就是让学生学会各种语文的本事:观察、说话、写话的本事,快速阅读的本事等。一旦这种种本事学到手,会让学生受益终生。因此,基于学生立场,做让师生"长本事"的校本研究,让学生拥有来自语文课堂的"本事",是有魂魄的汽轮小学的语文校本课程研究的精髓,正是这样的精髓成就了有品质的校本研究。

在研究中创造幸福的语文人生

当我把定稿送出时,心灵被一种沉甸甸的感觉充盈。《纲要》承载了其他语文教学改革同仁已有相关研究与实践的丰富成果,承载了"新基础教育"语文教学改革 15 年来的思想和经验,承载了无数"新基础教育"实验学校语文教师的创造体验和成长体验,这个果实是无数人的心血滋养哺育而成的。

我作为成型性研究阶段语文教学改革的负责人,在日常研究与实践中,灵魂被各种感受不断撞击着。

我感受到了丰富和博大。一是学生精神世界的丰富多彩。"新基础教育"语文教学研究是基于学生立场的研究,是对学生的生命价值和精神世界的体认、思考和发掘,以对学生的关爱、帮助和成全为起点和终点:包括语文教育在内的所有教育就是要爱他,爱他的潜能和独特,爱他的过去、现在和未来;爱他就是要帮助他,帮助他形成主动、健康发展的意识和能力,帮助他拥有"生命自觉",更要帮助他克服和跨越成长过程中的困难与障碍;对语文教师而言,爱学生、帮助学生,就是以语文的方式成全他,成全他完美的人格和智慧,成全他由语文而来的丰富的精神世界。二是语文世界的丰富。这是一个独特、优雅、精致、丰厚的汉语世界和文学世界。"新基础教育"相信,语文世界的丰富不仅在于语文本身的丰富,更在于其蕴含的育人价值的丰富,这是"新基础教育"语文教学的起点,也是所有"新基础教育"语文教学研究者和实践者共享的育人价值意识,我们总是以此意识和眼光采掘语文世界的育人矿藏,并且对其进行再加工和精加工,转化为教学资源和学生成长的精神食粮。三是语文教学世界的丰富。语文世界的丰富是外在于学生精神世界的丰富,语文教学的任务就是实现转化，即把外在的语文世界的丰富转化为学生内在的精神世界的丰富，把汉语和文学世界中的精神能量转化为学生生命成长与发展的精神能量。我们在改革中，不断发现这种教学转化过程中的丰富，不断感受到教师在教学改革中的创造与智慧的丰富。

我感受到了责任和使命。这来自文化情怀和生命情怀。作为中国的语文教师，我们一生都是在以中文或汉语为业。一个国家的文化传统和文化创造力，总是离不开这个国家的语言。如果我们认同德国哲学家海德格尔所言的"语言是存在的家园"，就可以发现中文世界就是每一个中国人存在的家园。语文教学的任务就是把中文变成每一个中国孩子成长的家园——这个家园正受全球化带来的英语浪潮的侵袭，中文文化受到了严峻的挑战。从一开始，"新基础教育"就浸润着这样的文化情怀：它要求每一个语文教学工作者要有文化乡愁，要有对自身语言文化的垂首、敬畏和乡愁，他懂得垂首也就获得了愧疚，他懂得敬畏也就获得了温情，他懂得乡愁也就获得了清醒，为此，他鼓励学生享受汉语的美好和精致，并在此过程中获得一种文化认同。有生命情怀则意味着语文教师尊重每一个学生的生命价值，保持和渗透对学生的语文式关注：关注每一个学生的语文成长需要，并给予其只有语文教学才能提供的精神生活。有此文化情怀和生命情怀的语文教学工作者，就有了担当：对所属民族语言的文化担当和对学生发展的生命担当。有所担当的语文教学才是有境界、有智慧的语文教学。

我感受到了信念和激情。15年的改革证明，"新基础教育"的同行者是有信念的人，他们始终坚持："知难而上，执着追求；滴水穿石，持之以恒；团队合作，共同创造；实践反思，自我更新"，始终在"成事成人"中研究与实践。有信念就会有力量，就会有激情，就会有创造，面对如此艰难繁重且绵延15年的改革大业，没有信念和激情的支撑是难以想象的。

我感受到了幸福和成长。"新基础教育"研究所作的一切努力，都是为了人的生命成长与发展。我在语文教学改革进程中，亲眼目睹了语文教师、语文教研组长和学生的成长与发展，我强烈地体会到：有没有"生命自觉"，尤其是自觉改变自我的意愿，有没有对学生的真切的热爱，有没有改变自我原来的参照系，有没有丰厚的语文积累和文化底蕴，有没有良好的思维方式，有没有享受到来自语文教学改革和创造的欢乐与幸福，是语文教师能否成功走入"新基础教育"的大门,实现自身转型和自我超越的关键所在。

作为成型性研究阶段语文教学改革的第一责任人,我自身也走出了一段成长与发展的轨迹。这是一段艰难的改变自我、重建自我的过程,在此过程中,我不断受到来自叶澜老师和吴玉如老师的精心指点与细心呵护,不断从卢寄萍老师、李晓文老师、吴亚萍老师、卜玉华老师、李家成老师等"新基础教育"课题组老师,以及闵行区教科所的程丽芳老师那里汲取思想和创造的灵感,不断感受到实验学校校长和语文老师对我的鼓励,所有人对我的宽容和期待,总是给我以信心和力量。有如此多的关爱者、支持者、同行者与我结缘,我有福了!在与语文和语文教学的对话中,在与所有同行者、同道者的沟通、互动和对话中,我的精神生命已经重建,今天的我已经可以自信地说:如同"新基础教育"一样,语文已经成为我人生的一部分,我今后的人生与语文已经彼此不可分割了——人生就是语文,语文就是人生。我开始有了基于语文和语文教学的精神生活。

之所以如此,是因为我已把心放了进去,把心沉浸在语文教学的世界中去了,此心为真心、苦心与爱心。做"新基础教育"研究类似于染布,存在着三类方式。第一类,偶尔染一染"新基础教育"的色彩,放进去,又拿出来,洗一洗就掉了。或者拿出来,接着又放到别的染缸里浸泡,结果是不伦不类的杂色。这也是一种点状式思维,所谓点状,既是空间概念,也是时间概念,没有适度的具有持续强度的活动"频次""频率","新基础"之色是染不出来的。第二类,时常把自己的心放进去,日积月累,底色发生了变化,但染出来的颜色比较生涩、呆板,好像只是黏在上面,没有真正"化"进去。第三类,不仅经常放进去,而且染出的"新基础"之色出花样,出彩了,有了自己的创造,更重要的是永远洗不掉了,不褪色了,因为起化学反应了。这是一种全息化的融通反应,自我精神底色、语文底色和"新基础教育"的底色在长期的浸泡、浸染与浸润中融会贯通了——我离这样的境界还有相当的距离,我将用一生的光阴行走在通往这种境界的大路上。

在书稿的撰写和修改过程中,除了华东师大课题组的相关会议之外,我们还在实验学校举行了多次研讨会,所有实验学校的语文教研组都以各种方式给予了支持,我想在这里不厌其烦地列举我们的同行者与合作者,并表示我们的衷心感谢：洵阳路小学的郑煜老师，闵行区明强小学的俞亚勤老师、沈新红老师，闵行区实验小学的吴红霞老师，华坪小学的张燕老师、沈梅老师，汽轮小学的顾彩娟老师，新基础教育实验学校的单云德老师、胡达慧老师，闵行四中的刘红老师，强恕学校的董梅华老师，以及常州第二实验小学的高鸣鸿老师，局前街小学的姜明红老师、金东旭老师等。这些老师或者是教研组长，或者是学校语文教学改革的负责人，他们承担了大量琐碎繁复的具体组织工作，付出了常人难以想象的辛劳。他们的努力和创造已经在"新基础教育"语文教学研究的历史中留下了深深的足迹。除此之外，我们还要感谢所有实验学校的校长，没有他们始终如一的具体、细致、周到的支持和关怀，我们要顺利走过这15年，并且完成《纲要》的撰写工作是不可能的。

这是一份长长的感谢名单，但远不是一份完整的名单，还有更多的语文骨干教师和普通教师，也以各种形式成为我们的同道者，他们付出的汗水和心血，形成的创造和智慧，同样值得我们珍视，同样为"新基础教育"语文教学改革创造了宝贵的财富。

除此之外，我还要感谢全国各地以各自的方式进行语文教学改革研究与实践的同行，《纲要》的部分内容来自对他们已有思想和经验的吸收与转化。诚挚欢迎所有有志于语文教学改革的同行朋友，为《纲要》的进一步修改和完善提出建设性的批评意见，让我们共同为民族的语文教学事业，为每一位教师和学生拥有幸福的语文人生作出自己的贡献。

叶澜老师对《纲要》的修改倾注了很大精力，原稿中那些密密麻麻的修改之处，大到全书整体框架、基本观点，小到标点符号，处处可见叶老师敏锐的眼光、细心的态度和智慧的境界，一切都让我感叹不已。这些平常而又温暖的细节，总是在我们与叶老师的日常交往中出现。为此，我唯有感恩、感恩、再感恩，以继续前行的激情和扎实行动的方式。

做"在中国"的合作教育研究

大中小学合作教育研究,并不是新鲜事物。自从美国学者古德莱德和霍姆斯小组,提出"中小学-大学互结伙伴"的概念和作了相关报告之后,类似研究在世界范围内如"星火燎原",逐渐累积了丰富且相对成熟的理论与经验。但"他国"的研究只具备参照价值,永远不能替代"本国"的研究。如何基于"吾国吾民"的特殊性,做"在中国"的合作教育研究?这一立意成为《大学与中小学合作教育研究中的理论者与实践者》一书生成的逻辑起点。

在作者伍红林博士那里,"在中国"的合作教育研究,要基于当代中国发展的特殊时空境遇和学术传统,突出中国教育理论者和实践者面对国外教育研究及教育实践变革浪潮时的自信和自强,揭示当代中国合作教育研究的创造、智慧与独特。

比较而言,"启示意识",即西方观点和案例之于中国的"启示","在中国"已有其他合作教育研究中时有所闻,但此书展现出的如此系统且强烈的"中国意识"及其背后的"中国自觉",特别是自觉凸显"在中国"的合作教育研究的独特性、创生性,却并不多见。

这一主旨贯穿渗透于全书,并通过三个核心概念,即"主体关系""深度介入""交互生成",和一种立场,即"教育学立场",形成了"在中国"的合作教育研究的整体框架。前者是这一框架中的具体支架,后者则是萦绕于思想文字中的魂魄,它们共同突显出合作教育研究的"中国特质"。这些特质的具体内涵,在书中已尽显无疑,无需我再赘述。我更操心的是另两个互有关联的问题:它们是如何生成的?又是如何写就的?它们可以转化为这样一个问题:

如何做"在中国"的合作教育研究？

如果从研究的场所来划分，无非是两种方式。

一是"书斋思辨式研究"：日夜蜷身在书桌旁，搜集各种文献资料，或综述整合，或推理演绎，写出一篇篇论文或一本本专著，随后就成了合作教育研究的"专家"。在此过程中，"专家"们可能从未与中小学教师合作过，但这并不妨碍他们可以四处发表演讲，告诉大学同行或者中小学老师们诸多方面的微言大义，例如"为什么要合作教育研究""合作教育研究的原则、方式和策略"等等。

二是"现场实践式研究"：到中小学教育现场中去，在与中小学教师的合作教育研究实践中，基于实践经验与生命体验，在运用已有理论的基础上，发展和建构新的理论。此书就是典型的"现场实践式研究"的产物，是作者长年参与致力于理论与实践双向转化的"新基础教育"后的结晶。这也是作者多次强调的"实践意识"。在作为本书前身与雏形的博士论文中，作者自述道：

> 写作中，我脑海中常常显现一幅幅活生生的实践图景。对于交互生成式合作教育研究的实践层面，我所表达的，自己基本上经历过、体验过，内心感到充实而不空虚。这种"实践感"构成了论文的根基。这一切让我坚信中国教育学可以在真实介入学校教育实践生活中汲取发展的营养和力量。

无论是"主体关系"，还是"深度介入"，抑或"交互生成"，都是伍红林从"新基础教育"合作教育研究的实践中汲取营养和力量，进行合作教育研究理论重建后的转化与生成，是一种有"实践根基"的理论研究。再加上"教育学立场"这一魂魄的注入，使得本书具有了"有根有基有魂"的研究品质。

这种根基的形成，注定是一个长期艰难的过程——还有什么比奠定或重塑"根基"更难之事？它需要全身心且长时期的投入和不断地反思领悟。在《近—进—静》这一具有个人心路史性质的文章中，伍红林回忆道：

> 随着实践研究参与的深入，我逐渐形成了"理论学习—实践体悟与

反思—发现自己理解上的问题—理论学习……"的持续循环。在这一过程中,"悟"发挥了重要作用,即一定要用心去慢慢体会,在心中来回琢磨。只有全身心投入,才能体会、体验"新基础教育"的精髓。慢慢地,"新基础教育"的理论在我心里就不再是抽象的符号,而开始日益变得鲜活、生动,理论与实践经常能在我脑海中交汇,实践变得不再陌生和让我"惧怕"。当然,这种交汇的直接好处是我自己的学习与研究有了比较坚实的实践基础:注重从实践研究中发现和体会真实的问题;表达涉及教育实践时不再感到苦恼,而是觉得实践中的人与事一一在我眼前呈现。这较之以前我所习惯的、空中楼阁式的学习与研究发生了很大的变化,逐渐成为我新的学习与研究方式。

对于作者而言,这只是开始。博士毕业后,他回到原来的工作单位,承担了推进淮阴师范学院第一附小的"新基础教育"研究的工作。由此出现了其个人研究生涯中的重大转折:

以前跟着"新基础教育"研究团队到基地学校去开展研究活动是"大树底下好乘凉",尽管是努力将自己置入其中,但仍有"旁观"的味道,较少感受到来自实践层面的直接压力。可现在不同了,"新基础教育"研究团队基本上一个月才来一次,其他时间的日常研究活动需要我直接与一附小的老师们共同交流、策划、实施、评价、调整。

独立承担合作教育研究的策划者和领导者的角色之后,作者更加感受到了合作教育研究的艰难:

这种"难"既来自自身(如能力、水平上的欠缺,时间的匆忙等),也来自学校与老师(如他们的顾虑、担忧、习以为常的旧习惯与旧思维等)……由此我更能体会"新基础教育"团队十五年一路走来的艰辛,也更能体会叶老师讲的"新基础教育"研究精神中的一句话:"知难而上,执着追求;滴水穿石,持之以恒。"这句话也给予我力量:心要"静"——知道要追求什么,沉下心来努力去做;心要"诚"——"诚其意""正其心"是与老师们继续走下去的基础,也是与学校老师们交流沟通的基础。

只有感到彼此一条心时，我们才会真正进入一所学校，真正进入老师们的心灵，真正克服各种各样的"难"。

若推而广之，对所有这些"难"的经历和体验，是任何合作教育研究者要做出有质量、有成效的研究成果的必经之路。甚至可以说，谁没有真正在现场实践中进行合作教育研究，谁没有在此合作实践中体验到艰难，谁就难以在这一独特领域，做出信实、稳妥与可靠的研究成果。

在这个意义上，作为新儒学代表人物之一的杜维明，将中国传统学术研究称为"体知之学"是一种洞见：知识与学问的生成来源于研究者的生命经历、生命体验，虽然后者不是知识的唯一源泉，且有自身的限度，但对学术人而言，尤其是对教育研究者而言，有生命体验和没有生命体验的知识与学问大不相同。

所有的生命体验，都来自"生命·实践"。本书的写作过程，是作者把自身"生命"投入于合作教育研究"实践"的过程，也是这一"生命"在此"实践"中成长与发展的过程。这表明，作者没有把合作教育研究中的"主体关系"只是当作一个研究对象和只能旁观的"客体"来看待，而是将自己置于真实、生动和复杂的"主体关系"之中——借用作者的话来说，是对"主体关系"的"主动深度介入"，并在此"关系体"中经历各种"交互生成"，实现自我生命的改变、完善与发展。

这可能就是叶澜教授开创的"生命·实践"教育学的真谛，在此问题域中的具体转化和表现：合作教育研究的实质，是一种"生命·实践"，是他人的"生命·实践"与自我的"生命·实践"，在合作研究中的交互转化和交互生成，是对推动各自生命更新式发展的彼此参与和介入。就此而论，大学与中小学的合作教育研究的目的，是不同主体通过这一独特且不可替代的"生命·实践"，实现费孝通先生所言的"各美其美，美人之美，美美与共，天下大同"。

作为合作教育研究者之一，我心目中的"天下大同"，是理论世界与实践世界的大同世界，在这个世界里，已经被长久割裂、隔绝、对立的教育理论（者）与实践（者），得以进入双向滋养、双向转化和双向生成的境界。

对于这一境界的到来，我和作者一样，都为之心驰神往，且将继续在合作中不懈奔走……

第五辑

参悟改革

旁观其外，还是置身其中？

曾经参加过一次学术会议，聆听了一位友人的大会发言，主题与"穷人教育学"有关。他的研究扎实，思路清晰，观点也颇有新意，很能给人以启发。在会后的饭桌上，大家不约而同地表达了对他的赞许。但另一位朋友却泼了冷水：研究穷人问题，不是很容易的事情，需要对他们有深入的了解和同情，但仅仅作为一个旁观者来研究和表达是不够的，如果你关注穷人的生活和命运，自己却过着舒适安逸的生活，恐怕……他没有把话说完，满桌子的人都静默无声了。我知道这个研究"穷人教育学"的朋友，平日生活过得很滋润：隔三差五开着名车去桑拿，时不时吆五喝六地聚会打牌……此后，我不再轻言对穷人和所谓"底层民众"的关怀。

这使我想起了那位终身都在寻找"灵魂配偶"的西蒙娜·薇依，她关怀穷人并践行信仰的方式是，远离原先舒适的工作环境，投身到工厂中，和穷苦的工人们一起劳动。最有代表性的是获得诺贝尔和平奖的特蕾莎修女，她长年置身于穷困潦倒、疾病缠身的穷人中间，不计任何报酬地服侍他们。她一生经手过数亿美元的捐款，但从未用于自己身上，去世前，所有的财产就是几套换洗的衣服和两双鞋。

大多数人都无法成为她们那样的圣人，我自己也做不到。我不可能要求，也没有权力要求：谁要关注穷人，就必须把自己变成穷人。但至少我们可以从中区分出两种态度：旁观式的态度和置身式的态度。这两种态度，与研究者和思想者有关，与实践者同样有关。

旁观式的态度，是谋士和术士的态度，把他人的思想和行为，作为自己观察、言说和思考的对象，站在门外或窗外，摇着羽扇，喝着咖啡或品着茶水，向里面投射冷峻的眼光，随后从容悠闲地发表看法，或赞许称羡，或批评讥讽，间或作愤怒悲痛状，产生轰动效应，吸引大众眼球。

置身式的态度，是从门外走进去，置身于自己关注的对象之间，和他们一起思考和工作，共同体验生活中的爱与忧愁，劳作中的累与孤单，并产生"共生体验"，这种体验既是将他们彼此联结在一起的纽带，也是思想者产生思想的源泉。

迄今为止，我的教育研究生涯中最大的改变，就是从"旁观"变为了"置身"，这是我长年参与"新基础教育"研究的结果。我从中获得的最大领悟是：在与中小学教师的合作研究中，我的角色不能止于"批评家"和"鉴赏家"，更应是"建筑家"，和老师们一起基于发现的问题，重建课堂，再造一座座教育实践的大厦。

但这只是我和我们这个团队的态度。到德国之后，我很想知道德国的教育学教授和博士们，如何看待这个问题。

德国人一向有批判传统，从康德的三大批判，到马克思影响世界至今的对资本主义的批判，再到将"批判"作为标识的法兰克福学派，如阿多诺、霍克海默、哈贝马斯和霍耐特等，无不以其永不停息、从不妥协的批判精神著称于世。

这些批判不仅仅催生了理论思想，也在一定程度上改变了世界。然而，只有批判就够了吗？

当我向德国教育学界的同行们，介绍"新基础教育"团队长年累月在学校田野中作研究时，他们普遍有两种不同的反应——要么惊讶不解，要么无动于衷——但他们共同以或隐约或直白的方式表达了他们的不解：为什么要这样？在他们看来，研究者可以到学校去，但必须保持价值中立，不能干预、介入中小学的教育教学。说到底，这还是一种旁观式的态度。正因为如此，致力于在了解教育实践的基础上做研究的德国学者并不多见，他们还是习惯于在图书馆里，在书斋内，在文献堆中做研究。即使进入中小学，也是以"打捞者的心态"去捕捞各种有利于创制论文和专著的资料，对于学校教育中存在的诸多问题，他们也会以传统的批判精神严加剖析和挞伐，但这些问题如何解决，则与己无关：那是你们学校教师自己的问题，不是我的问题。

这种旁观式的态度是一种普遍性的存在。许多人都在追寻美好生活，包括推崇以苏格拉底、柏拉图为代表的古希腊哲学家们倡导的哲学家式的美好生活,然而,美好生活不是想象出来的,不是用文字描绘出来的,不是用理论推演论证出来的,归根结底,不是旁观出来的,而是在置身中,用自己的生命活出来的,实践出来的,即生命实践出来的。

任何理想,任何理论,都需要生命实践。最重要的生命实践,是以改变为目的的实践,在改变他人中改变自身,在改变自身中改变他人。这是教育的真谛所在,教育就是为人生的改变而生的,教育学就是为生命的改变而来的。

所谓的美好生活,不是没有根基、没有基础的美好生活,不是天上掉下来的生活,无论是研究者还是实践者的美好生活,都需要以原有的生活方式为基础,让改变真实地发生。未经改变的生活,不会是美好的生活;未经改变的人生,不是美好的人生。改变则需要置身其中的行动,而不是旁观式的言说和思考,只用文字去勾画和呼吁理想。

即使"置身式的态度",也会变成一种旁观。一直以来,苏格拉底的仰慕者众多,认为他置身于民间,把高高在上的讲台,搬到了嘈杂混乱的街头,在和普通民众的对话中,启迪、引导和教化大众。他的哲学不是书本上的哲学,而是日常生活中的哲学。但有多少苏格拉底的"粉丝",真正像苏格拉底一样,走入中小学,走入普通且广大的中小学教师和学生中间,跟他们对话,倾听他们的心声,努力去改变他们,同时也改变自己,尽力使他人拥有理想的美好生活的同时,也让自己成为美好生活的享受者?

如果谁真正仰慕苏格拉底,就请像苏格拉底一样,走入教育民间,长年置身于真实、具体的学校教育生活,把书桌变成真实的课堂,用自己的生命实践去教化他人和自我,用自己的生命实践展现苏格拉底的形象,实现苏格拉底的理想。

当下的教育研究界从来没有停止过回归实践,但大多数的回归,只是观念的回归,书本上的回归。有多少人不只是将回归实践作为言说和书写的对象,而且将自身生命投之于实践田野,把自身的思想之根、生命之根,以置身其中的方式,深深且持久地扎进实践之中?

一个人和她的教育改革

第一次见到叶澜先生，是在她的教育研究方法课上。传说中的叶澜和现实中的叶澜有很多重叠。那种热情中的冷静，理智中的激情，弥漫在教室的每一个角落。她终于让我得以在教育学的课堂上放下小说，安静地聆听，把目光聚焦在这个人身上，逐渐发亮。我隐约感受到一种情怀和温度，它们与性别无关，和一个人的灵魂和理想有关。然而，我无从知晓也没有兴趣去探知她的精神取向的奥秘。当时的我正在经历对教育学的幻灭，心灵为怀疑和轻蔑所包裹，逢人就祥林嫂附体似的絮叨选错了专业的劳苦愁烦。硕士毕业之后，我从上海"逃"向北京，在多种学科之间漂浮游荡，自诩"实现了对教育学的成功逃离"。

再一次见到叶先生，是在1996年北京的深秋时节，她利用开会的间歇和我聊天，话题慢慢聚拢到"新基础教育"，这是1994年由她发起的以学校整体转型为指向的教育改革。她的话语和表情中，有着发现新世界，找到新道路的激动与欢欣。她准备辞掉华东师大副校长一职，专心从事"新基础教育"研究，同时表达了对我的希望：回到华东师大，加入她的研究团队。

这是一个让我纠结的"希望"。当我离开上海时，已准备从此关闭与教育学相连的通道，我不认同教育学存在的价值，不相信中国的教育问题能够通过某一项改革得以解决。但显然这又是一个机遇，不是继续读书拿博士学位的机遇，而是重新回到教育学领域，参与中国教育改革的机遇。

我抓住了这个机遇，四年后重返华东师大，开始近距离地理解她这个人和她的教育改革。

已经持续20年的"新基础教育"改革，是从两篇文章开始的。

1994年4月,《教育参考》杂志发表了叶澜的《时代精神与新教育理想的构建》。她从对时代精神的解读入手,阐述了以"新人形象"为核心的新的教育理想。这是一篇"新基础教育"改革的宣言书,它展现出叶澜因对时代敏感而生发的一系列问题:如何理解和把握这个时代的基本特征?今天的教育要为时代培养什么样的人?已有的学校教育是能否培养出这样的人?要怎么改革才能培养出时代需要的人?对这些问题的回答贯穿于此后"新基础教育"的全部历程。

1997年9月,《教育研究》杂志刊登了叶澜的《让课堂焕发生命活力》,其影响随之在教育界迅速扩散,题目本身成为一线教师和教育研究者的"时尚话语"。仿佛一夜之间,"生命"重新回到了教育的视野。"叶澜"的名字,因此被更多的人记住。

中国教育改革的起点在哪里?已有的改革方案,或编制新课程、新教材,或改变教学策略与方法,或提升学生成绩,或培训新教师、新校长等等,以此作为教育改革的出发点,各种教育改革流派随之而生。叶澜的观点一透到底:价值观是一切教育教学改革的起点,价值观危机,是中国教育的根本危机,教育转型应从价值观转型开始。中国教育最大的病根,是以"成事"替代了"成人",在学校里随处可见教师为事务而操劳,对学生考分、评比、获奖等显性成果的关注,忽视、淡漠的恰恰是学生和教师在学校中的生存状态与生命质量的提升。即使在改革开放已经30多年的今天,不少教师依然心目中有教书无育人、有知识无生命,从不真正把学生作为一个鲜活的生命个体来看待。这种对个体特殊性以及个体生成方式的忽视,造成叶澜眼中传统课堂的根本缺陷:把丰富复杂、变动不居的课堂教学过程,缩减为知识传递的活动,把它从整体的生命活动中抽象、隔离出来,导致课堂教学缺乏生气与乐趣,变得机械、沉闷和程式化,失去了对智慧的挑战和好奇心的刺激,师生的生命力在课堂中得不到充分的发挥,课堂趋于"沙漠化"。

所谓"钱学森之问"的症结就在此。中国从来不缺聪明的、有潜质成为尖端人才之人,缺的是把潜质变成现实,进而赋予人新潜质的教育。几十年来,中国教育的历史就是不断缩减的历史:把教育缩减为培训,缩减为考试培训和职业培训,进而把培训的过程缩减为单向传递—被动接受的过程,老师讲,学生被动地听和记,既没有提问的权利或机会,也没有自己的问题，甚至没有提问的欲望。这是最根本的缩减，把本应具有生命能动性的人缩减为被动、机械的物。学生如此，教师同样如此，他们的生命共同缩减为服务于知识和分数等外在之物的工具。在种种缩减中，生命失去了活力且失去了灵魂，教育因此成为没有生命、没有灵魂的教育。

"新基础教育"之新，首先新在价值观。叶澜希望为改革中的中国教育奠定新的价值基石，这就是"教育的生命基础"。她主张，生命价值是教育的基础性价值，教育具有提升人的生命价值和创造人的精神生命的意义。对生命潜能的开发和发展需要的满足，教育具有不可替代的重要责任。教育的过程是把人类生命的精神能量，通过教与学的活动，在师生之间、学生之间实现转换，并生成新的精神能量的过程。师生主动、积极地投身到学校的各种实践中，是学校教育有成效和人有发展的前提性基础，也是人的生命特征的本真体现。师生的生存基调变为被动受控，是传统教育对生命原生状态的扭曲。"新基础教育"要使原本就因生命存在而充满内在生机的教育，从传统教育的弊端造成的"沙漠状态"，重新转回到"绿洲"的本真状态，这是教育的"生态工程"，是教育上的返璞归真。

返璞归真的第一步，在于把培育有"生命自觉"之人作为今日学校的时代任务。人无法选择时代，不能脱离时代，但可以通过"生命自觉"的培育适应、回应并主动地介入时代，按照人的理想而改造这个时代。一个具有"生命自觉"的人，是能够主动"明自我""明他人"和"明环境"之人，是充分展示自我生命的意义和创造活力，因而拥有生命尊严的人。这是当代中国最稀缺的人格特征。要培育出这样的人，需要在学校教育改革中落实一个"还"字：把课堂还给学生，让课堂焕发出生命活力；把班级还给学生，让班级充满成长气息；把创造还给老师，让教育充满智慧挑战；把精神发展的主动权还给学生，让学校充满勃勃生机。这"四还"是叶澜最经典的教育改革语录之一。

理想总是充满了激情和诗意。读过叶澜的文字，听过她的报告，甚至与她只有过寥寥数语交谈的人，都能感受到她洋溢的理想和情怀。尽管在此时代耻谈理想已是一种时尚，理想成为奢侈之物和被嘲弄的对象，但叶澜从不掩饰自己的理想主义倾向，她认定教育是一个需要理想打底和理想先行的事业。任何改革者的教育理想总是无法脱离其所处的时代。作为哲学家的牟宗三有过对时代与理想的关系的理解:"现在这时代本很紧张,但大家却闷在这里。究竟所以如此,即因无理想……如有理想出来,即可成大事功!"作为教育学家的叶澜同样感同身受,她习惯于在追问中告诫自己和他人:我们这两代人身逢的是一个大时代,一切都在转型与变革之中,如何才能不辜负这个时代,作出只有教育者和教育学者才能作出的时代贡献?面对这样一个大时代,今日之教育实践和教育学思考,如果形不成有重量的精神境界,形不成有价值的生命理想,无法实现生命质量上的翻转,就会愧对这个变革的大时代。叶澜的告诫与当年费孝通的忧虑颇有暗合之处。离世前,费孝通表达了对一种困境的忧虑:对于自身所处的时代,读不懂,跟不上,对不起。

与许多理想主义者不同,叶澜称自己为现实的理想主义者。我从她开启教育改革的生命历程中深切地体悟到,这样的理想主义者不时在思考:什么样的理想最切近现实,最能够改变现实?她从不回避现实,而是直面现实,致力于在对现实有透彻把握的基础上提出理想,避免提出一些看上去很美却远离现实的虚无缥缈的理想——许多教育改革的失败,或多或少与此有关。同时,现实的理想主义者,又不屈从于现实,不认为现实就是如此和无法改变的,或者停留于对现实的抱怨、愤怒和批判,而是在脚踏实地的、一点一滴的努力中去改变并不美好的现实。这样的人,相信一个朴素的道理:做 2.0 比做 1.5 要好,做 1.5 比做 0.5 要好,做 0.5 比什么都不做要好。光说不做,永远不会带来真正的改变。面对千疮百孔的教育现实,我们不缺各种姿态、调门的"看客"和"批评家",唯独缺少真正了解教育现实又能改变现实的"建筑家"。何时有更多的人像叶澜这样,从"言说理想"的书桌旁走出来,走向"实践理想"的田野,参与到重建中国教育大厦的工作中,中国教育就有了真希望、真未来。

"新基础教育"的目的就是为了实现真实的改变,变人、变学校、变文化,把旧我变成新我,把近代型学校文化变成现代型学校文化。但没有一个人能够改变一切。叶澜从不指望自下而上,具有典型草根性质的"新基础教育"能够改变全中国的基础教育,她的心愿无非是:能改变一个教师,就改变一个教师;能改变一所学校,就改变一所学校;能改变一个区域,就改变一个区域。火种总存在着变为火炬的可能,星星之火,终究会有燎原的一天。

要让改变真实地发生,必经的艰难和艰辛往往是那些旁观者无法体会的。我在陪同叶澜到各地的试验学校听课、评课的过程中,感受最深的就是她的"累"和"苦"。我曾经专门记录和描述过她的日程安排,有一次她连续三天,除了睡觉、吃饭,几乎没有空隙,一直泡在学校和课堂里,上午连听四节课,下午前半段评课研讨,后半段与学校的领导团队和中层干部讨论规划,晚上与当地教育局的领导开会总结近期进展。她有一种超出常人的令人惊叹的能力——可以长时间地保持注意力的高度集中,以及思维与话语的高度清晰缜密……对于已是古稀之年的老人而言,这是一种难以想象的身心消耗。在此之前,我从未发现有教育学者如此日常化、高密度地进入学校与课堂,如此了解表象简单但内涵异常复杂的教育实践。

课堂教学是活的教育学。上海建平中学选择教育专家的标准,不看他是不是博士和教授,写了多少本书,而是看他会不会听课和评课,能不能发现真实的问题之后还能真实地帮助教师解决问题。只有具有这个本事的人,在他们眼里才是真懂教育的人,才是真专家。听过不下5000节课的叶澜,就是一线教师眼中的真专家和真教授。

凡是聆听过叶澜评课的人,无不为其超强的"现场功"所折服。她不仅有对课堂现场围棋高手般的惊人的复盘能力,不看笔记就可以完整地呈现教学中发生的点滴细节,而且有在教学现场的整体与局部之间穿梭编织的整合能力,不会泛泛而谈地抽象言说,也不会纠缠于细枝末节,只见树木不见森林。她同时还拥有对课堂状态极强的捕捉能力、透析能力和重建能力。这些能力的获得除了来自多年的磨砺锤炼之外,还来自她对教育实践的态度。作为被国内教育学界公认的一流学者,叶澜创造过很多纪录,其一便是她是改革开放后第一个在《中国社会科学》发表论文的教育学者,学术影响力已不需要通过那一长串的著述荣誉来证明。作为高端学术人的叶澜从不因此而轻视实践。教育学界内部一直有一个鄙视实践的传统习惯,一个人从没有进过中小学,可以是学校文化研究的专家;从未进过真实的课堂,有关教学研究的大作可以频出;从没有认真接触过中小学教师,但并不妨碍以教师发展专家自居,到处演讲和作报告。当然,在教育学之外,从未认真读过一本有分量的教育学著作,却可凭一己的教科书体验,以不屑的姿态,发表对教育学的"深度评论"的学者,也并不罕见。

叶澜和她"新基础教育"的意义或许就在于此:开启当代中国教育学

界走向实践、尊重实践、了解实践和改变实践的新风气,让长久以来处在真空中的教育学变成大地上的教育学,变成学校日常生活中的教育学,使教育的真理、理论和知识从实验室、书本和脑海中走出来,变成教师看得见、摸得着,也用得上的具体行为。更重要的意义,是她带来了教育学者生存方式的改变,从"思辨性书斋式"转变为"上天入地式",把实践作为教育思想生发的根基。如果说艺术伤于俗,哲学死于浅,教育学则毁于玄和空,它们耗损了教育学本应有的强大生命力。这种生命力的获得,奠基于实践带来的厚重。如果一种教育学理论从没有在实践者的现实生活或内心里活过,从没有与实践者的真实情感发生过对接,从没有活在真实的课堂教学中,衰败和死亡是必然的命运。好的教育学理论,一定是有实践感的理论,因而是有体温、有情感和有呼吸的理论。

叶澜对教育实践的尊重与她对生命的尊重一脉相承。她听课喜欢坐在教室前排,这样可以对教室中师生互动对话的过程一览无余。我有很多机会坐在她身边,跟她一样认真做笔记,尽可能地捕捉课堂中发生的每一个场景。一次听完课后,她提醒我听课时最好关闭手机,不要被短信干扰和影响师生教学。我心中一惊,在意识到自己的疏忽的同时,也回想起叶澜的一个细节:进入课堂现场之前,她会把手机关掉,关闭一切对外联络的通道,此时她心中只有课堂,只有学生和教师。在随后的评课研讨过程中,叶澜的笔总是记个不停,这是她多年以来的习惯,无论在何种场合,只要有人发言,她都会做细致的记录。有的年轻校长因此怕与她同坐,一次研讨下来,他的笔记本只有屈指可数的寥寥数行,那个德高望重的专家的笔记本上却密密麻麻,鲜明的对比让他坐立不安。这个具体而微的行为表明了叶澜对每一个发言者的尊重,流露出一种情怀:我在倾听你的发言,在捕捉你呈现的资源和带给我的启发,在与你对话、交流和沟通。在改革的推进过程中,各学校制订发展规划是必备的功课。对于交上来的每一篇规划,叶澜都要反复斟酌,亲自修改,现场面对面地回馈讨论,随后又是一次次的反馈、退回,一次次的重建完善。这样的修改讨论,同样内含了她对实践者的言说与文字的尊重和敬畏,无论它们看起来是多么幼稚和漏洞百出。

叶澜有着对实践中每一件细小之事的认真。她不喜空洞地抒情,而是扎根于那些细小的工作和细微的感受。有了丰富的细小和细微,她的言谈举止就获得了一种深沉扎实的教育力量。这种力量也浸润在叶澜的"新基础教育"团队之中,在她的团队里,有退休教师,有博士,有教授,他们每周有固定的时间到教育改革的田野中去,从事最基本、最日常也最艰难的转变教师、转变课堂同时也转变自我、提升自我的工作,有的团队成员20年来听课、评课已经超过了一万节。叶澜毫不掩饰对自己的这个团队的自豪,称他们是一支特别能战斗、特别能吃苦的队伍,特别能体现"新基础教育"的研究精神:"知难而上,执着追求;滴水穿石,持之以恒;团队合作,共同创造;实践反思,自我更新。"

与所有的改革者一样,叶澜也有自己的苦痛和无奈。她曾经在一次年度总结会上哽咽失语,流泪不止。"新基础教育"致力于改变人本身,只有我们这些长年处在教育改革现场中的人,才更能理解,在这个世界上,没有什么比改变人更为艰难、更为持久。人的改变之难,难在不仅要改变他的价值观,还要把他的新价值观转化为新的思维习惯和行为习惯。持续多年的教育改革走到今天,最常见的问题已经变成,教师拥有了新理念之后,怎么把它变成具体的教学行为,形成新的教学习惯。教育改革成功的标准,不是推出一套新理念、新课程、新方法,而是这些对教师而言的外来之物,转化为教师日常教学生活的一部分。把新理念转化为新活法,是叶澜和她的团队在20年中在做的改革之事,他们共同谱写的教育之诗,既不是单纯的教育理论之诗,也不是纯粹的实践之诗,而是教育思想与实践双向互动之诗,是两者在共振中互动转化的交响乐。

叶澜的苦恼还来自经常不由自主地陷于教育逻辑与行政逻辑、市场逻辑的矛盾纠结的困境之中,也时常遭到旁观者或明或暗的非议和嘲笑,她的无奈,她的孤独和悲凉,都与此有关。但她从未失去过信心,她早已明白教育是一项需要耐心、从容和安静的事业,教育改革尤其如此。在北京的那次聊天中,她已经意识到"新基础教育"注定是一个极具挑战性的持久事业,在追寻理想的路途中,必定横亘着许多疑问、嘲讽甚至人为的阻碍。她向我描述了一个比喻:教育的理想与境界仿佛是一座高山,在攀登者最初登山的时候,会遭遇许多困惑、嘲讽和质疑,声音嘈杂刺耳,且不去管它们,只管往上攀登;在攀登的过程中,各种不和谐的声音可能会愈加嘈杂、密集和高亢,但攀登者只管往上走,集聚全部的生命能量……愈往上走,那些声音就愈听不到了;当攀登者听不到它们的时候,他已经登到了山顶。

对教育改革的信心和坚忍,与叶澜对作为教育学家的身份和使命的认同有关。在局外人心目中,"教育学"是很少人能懂,但无人不嘲弄的学科。钱锺书有关"教育学"的著名说法,不是一个"笑话",而是真实的现实。叶澜没有这样的"学科自卑",相反,她骄傲于自己的教育学家身份。在一次温家宝主持的基础教育改革座谈会上,她在自我介绍中着重强调是"教育学"教授。叶澜不愿意被人称作"教育家",但很在意能不能做好"教育学家",生怕辱没了"教育学家"的称号,不愿再让钱锺书这样的名家来笑话教育学教授。在批量生产"教育家"成为当今中国教育界的时尚之时,叶澜没有忘记以她一贯冷静的方式提醒,中国不能只有教育家,更需要教育学家,需要像杜威那样的教育学家,当然中国也不能只跟着杜威跑,中国要有自己的杜威。

教育学家的地位和尊严从何而来?这与教育学的特殊性有关。教育学关注的是生命的主动发展,以教育这一影响人本身的成长与发展为核心的实践活动为主要的研究对象。对教育学特殊性的认识需要置身于理论与实践的关系中的视角。在教育学的视野中,两者理想的关系应是积极互动和相互构成的关系。这一点在当代中国教育学的转型式构建中具有特别重要的意义。教育学的原点是对"生命的体悟",这是教育学研究的前提,但不应止于体悟,哲学家、文学家也在以他们的方式体悟生命,教育学家对待生命的态度,不应停留于书斋里的沉思、对生命现象的感悟和文字上的把玩品味,他既要思考什么是生命,什么样的生命是有价值的理想生命,还要考虑怎样让这样的生命一步步形成和发展起来。教育学以打通生命和实践的关联为己任,它是唯一以促进生命的主动、健康成长为实践对象和目的的学科。所以,教育学不单是"生命"的学问,或"实践"的学问,而是成为以"生命·实践"为"家园"与"基石"的学问。这是叶澜和她的团队正在创建的"生命·实践"教育学的基本宗旨。做教育学的学问,不能只是坐而论道,更要起而行道,"论"是为了更好地"行","行"会产生更好的"论"。叶澜的《教育概论》《教育研究方法论初探》《"新基础教育"论——关于当代中国学校变革的探究与认识》等代表性著作,都是她十几年行走于教育改革实践中的产物。

近几十年来,中国教育学界有过许多不为其他学科知晓的创造和发展，但依然存在简单移植和演绎照搬的惯习：不管不问学科和教育问题的特殊性，要么把别的国家、别的学科的研究视角和结论简单移植过来，要么以其他学科的命题为大前提，通过演绎得出教育学结论，要么浮萍和墙头草般地忙于追逐各种新鲜出炉的学术热点，使中国教育学成为学术"追星族"聚集的典型代表。这背后是一种挥之不去的双重依附心态，或依附于国外，或依附于别的学科。在叶澜看来，所有的阅读与思考都有助于教育学研究，但还不是教育学研究，当下的中国教育学最需要改变的是"依附"心理，太需要有一批具有独立人格、矢志不移，而且具有大爱心、大智慧和大境界的人。这样的人不能指望在书斋中产生，更多的是在教育变革中经历理论与实践的双向互动转化而产生，这是一条叶澜通过"新基础教育"改革创造的"成事成人成学"的新道路。它需要踏入其上者有对教育实践及其改革的"置身"和"介入"。以教育学为业的人，需要超越理论符号层面，把自身放到实践之中，把自己的情感和灵魂放在里面，置身于教育现场之中，置身于作为研究对象的教师和学生的生命成长过程之中，与他们的人生直接照面。通过这样的"置身"，教育学才会显示出创造精神生命的"智慧"的力量。看教育学家是否充满了智慧，是否真正成熟，要看他是否从"言之有物"变为"言之有人"，是否让我们真切地以"置身"的方式感受到教育的脉动，感受到人生问题和生命问题。如果没有这种"与人生即会"和"与生命即会"，没有置身其中的实践精神，就难有真正的教育学，教育学也难以实现其独特的价值，获得打动人心的力量。教育学，就是生命之思，实践之学。教育学的伟力不只是在思考中描述、叙说和解释已成教育之事与人，更是以实践的方式创造未成、可成和将成的教育之事与人。

从第一次见到叶澜先生到今天，已经二十年有余，而她的教育生涯也已悄然迈过五十年，在这段漫长的岁月里，她"一枝一叶总关教育改革情，一波一澜心系生命实践路"。在一次获奖演说中，叶澜展现了与教育和教育学相伴相随五十年的生命实践情怀："在我的教育学研究生涯中，最能打动我的两个字是'生命'，最让我感到力量的词是'实践'。教育学是研究造就人'生命自觉'的教育实践的学问，是一个充满希望、为了希望、创生希望的学问。我愿为研究如何让人间每一朵生命之花绽放出自己独特灿烂的学问而努力终生，并与所有的同行者共享生命成长的尊严与欢乐，共享教育学研究特有的丰富与魅力。"

当我初次看到这段演讲时，瞬间体悟到：叶澜以自己的方式回应了费孝通多年以前的感慨和忧虑，她已经看得懂、跟得上和对得起自身经历的这个伟大的时代。

面对基础教育改革，我们同样需要耐心和从容

在江西老家的溽暑中，终于将拖延了一年有余的书稿完成。按照多年养成的习惯，书稿写成之后，总要将其推至远处，回望对视一番，又仿佛是拉住要出远门的孩子，把手掌放在其头顶反复摩挲，生怕他经不起外面的风浪。

虽然《百年中国基础教育改革的方法论探析》容纳了大量的资料，但对资料的梳理透析仍显思想功力的不足和研究能力的匮乏，所以，不难发现，书中充满了"浅见"，离"卓识"还有相当的距离。此外，还有不少很有价值的研究成果因各种原因未能用上，"遗珠之憾"是显而易见的。好在我们并没有把它当成终点，对于百年中国基础教育改革方法论式的理解和认识还将持续，而且不只是书斋里和纸面上的沉思，我们已经"在现场中"、"在中国之内"做着实践之事。经过多年的努力，我已经从文件、纸头和书斋里的改革中走出，参与改革实践成为自身的生活方式。

修改书稿之时，我发现了《南方周末》（2010年5月20日）上的一组关于基础教育改革的文章，其中引用了一个荷兰专家的一段感言：

> 教改是这样一个东西。一开始可能是100%的人参与；过一段时间，可能只有50%的人还在坚持操作；再过一段时间，只有30%的人听说过这件事情，20%的人看到了操作的结果；再往后，只有5%的人坚持在做。而做的结果是什么呢？

荷兰同行的话语里隐含了一丝悲观甚至悲凉，但"悲以润慧"总是没错的，至少他的悲哀能引发我们的思考：如何对待基础教育改革？应该持

有何种心态或态度？年时年事渐长的同时，我对做人做事的心态或态度愈加看重。

写作此书后记时，正值八一建军节这样一个特殊的日子。由于在部队长大，一直对部队怀有很深的情感，军旅文学和军旅影视长期占据我个人视听排行榜的前列。军人的勇气和信念深深锻造了我的灵魂，虽然，从来没有在我的肉身上有清晰的呈现。此时，耳边响彻着电视剧《亮剑》最后一集李云龙演讲时那铿锵有力的声音，他对"军魂"的理解和表达深入我心、震撼我魂。其实，何止打仗需有军魂，基础教育改革何尝不需要魂魄？教育研究又何尝没有魂魄？

然而，教育毕竟不是打仗，基础教育改革也不能以运动战的方式进行。那种狂风暴雨式的改革，希望一呼就能百应，且应者云集，指望做一两个课题，用两三年时间，出几本书就能实现教育改革大业的想法，难免失之幼稚和单纯。我曾经主张，教育是一项需要从容的事业，现在看来，教育改革又何尝不是如此？尤其是基础教育改革，改革的是"基础教育"，所谓"基础"，不只是指满足基本学习需要的基本学习内容，即基础知识和基本技能，如读、写、算的基础，也不仅是健康身体的基础、公民品德素质的基础、专门建设人才的基础、未来从事劳动的基础，以及基本的态度基础、能力基础、兴趣爱好的个性基础、思路方法论基础、把握全局的综合性基础，还有终身学习的基础、适应未来社会发展变化的基础等，更是指民族性、国民性的基础，如同叶澜所言，穷根究底，中国人的民族性、国民性特征来自中国的基础教育。抓住了教育的这个基础，就抓住了国民改造和更新的土壤。

因此，面向以上"基础"，以"基础之教育"为对象的改革，尤其艰难，尤其需要耐心和从容，因为改革从来不是短期内就能见效的"速效救心丸"。基础教育领域中沉疴日久、积重难返的"中国传统"根深蒂固，撼动起来何其艰难！因此，面对这样的重大任务，尤其需要耐心和从容，耐心于改革中的困难、困境和各种坎坷，以及长时期的不见成效，从容于改革可能招致的失败、挫折和由此带来的质疑甚至批判。

刊载荷兰专家言论的同一期《南方周末》上，还介绍了顾德希的教改实验，他发出了这样的感叹：

教育改革改了几十年，真管用的只有拨乱反正，恢复高考……有三个问题始终没有认真考虑：教育不是短期就能出结果的，大家纷纷表态的结果就是说谎话，编故事；要把改革当作试验，和常规的教学区别开，不能指望所有的老师都改革；老师是他们的职业，加一个新东西他们自己也要消化适应，不可能一天早上就全变了……

教育改革最终改的不是课程，不是教材，甚至也不是体制、机制和制度，而是人，是对人在教育生活中固有的生活方式，包括价值观、思维方式和行为方式等的改变与转型，这注定是一个艰难且迁延日久之事。

很快就能产生变化的教育改革，不是真正的教育改革，也是注定不会产生持久效应的教育改革，结局很可能是水中花，镜中月，最后落得个白茫茫大地真干净。带着这样的理解，在研究和写作之中，最初的焦躁随着对基础教育改革特性思考和领悟的深入，而趋向于平和。

学校变革实践中的六种敏感

在当代基础教育变革的过程中,人们逐步形成了一种共识:基础教育改革的基本单位是学校,学校不仅是教育系统的细胞,更是教育改革的核心分析单位。由此,关注学校、围绕学校、进入学校、为了学校、变革学校,在学校变革实践过程中实现基础教育改革的理想,创造新的教育世界,成为今日教育改革者的现实追求。

学校变革实践从何而来?一个有效的变革实践又如何展开?基于多年参与"新基础教育"研究与实践的经验,我发现,变革者具有六种敏感至关重要。

一、时代敏感

我们处在一个什么样的时代?这是"新基础教育"诞生之初发出的第一个问题,对时代精神的把握从一开始就成为"新基础教育"理想构建的起点,所以叶澜先生才会如此言说:"我们已经听到二十一世纪的脚步声了。面临着一个即将到来的新世纪,中国的教育工作者都在认真思索:今后的改革之路怎样走?我们怎样才能笑着向昨天告别,满怀着新的希望和信念,迈着坚定的步伐走向明天?这是一个不仅需要反思历史,而且还要把握时代精神才能作出回答的问题。"

当代学校的变革理念与变革行为,就是对上述问题绵绵不绝的应答,每一个变革者也在以各自的方式回答着上述问题。在此过程中,我们不断深切地感知到:这是人类历史上前所未有的大时代,其"大"在于这是一个变革的时代、转型的时代,更是一个问题丛生的时代,我们身逢其时,使命光荣，责任重大。

在这个意义上，今天的中国学校变革也是对时代精神追索的产物，是对时代精神之谜所作出的一种校本式的解答，是对教育者和学校管理者介入时代的使命与责任的一种践行。它回答了这样的问题：面对这样的时代，今日的学校何为？我们需要什么样的教育观念和管理机制才能适应这样的时代？为此，我们需要在哪些方面进行系统更新和重建？

二、生命敏感

时代激情与生命激情总是纠结在一起的。一个具有生命敏感的学校变革者，在敏感于"我们处在一个什么样的时代"之余，也必然会对以下问题持有高度的敏感：我们要为这个时代培养什么样的人？什么样的新人、新生命，才是我们时代所需要的？

有此敏感的学校变革者，总是饱含着对生命的温情、挚爱和敬畏，充盈着对生命成长和发展的强烈关注与期待。他们深知，教育的使命无非是让每个生命主动、健康地发展，无非是让每一个教育生活中的生命，借助教育、通过教育和在教育中通往人生的幸福圆满。因此，有生命敏感的教育变革者总是"对什么是美好幸福的人生"有自己的独到理解和长久坚守，他们孜孜以求的教育事业就是：努力使每个师生都能获得他们心目中的美好幸福的人生，这是一种来自生命敏感的教育信仰。基于这种来自生命敏感的教育信仰的变革者，始终在人的生命成长与发展的意义上，思考所有教育之事和学校变革之事，为每一件事情奠定人的生命价值基础。

有此敏感的学校变革者，必定会在回应时代精神的过程中，形成自己对新的生命形象的基本判断和基本认识，展现自身对于生命的独特表达，以独特的方式追求一种大气、优雅、和谐与健康的生命。典型形象就是叶澜教授提出的"生命自觉"。有"生命自觉"的人，首先是对自我生命的自觉，学会主动自觉地"明自我"；其次是对他人生命的自觉，即自觉地"明他人"，内心洋溢着对他人生命的敏感和尊重，能够主动承担对他人、社会、民族和国家的责任；再次是对所处生存环境的自觉，即自觉地"明环境"。持续20年的"新基础教育"学校变革，就是基于这样的生命形象，不断在具体的教学实践、班级建设实践和学校文化实践中，围绕之，践履之,成全之,从而在成人与成事之间实现了内在打通。

基于这样的生命敏感和教育信仰,"新基础教育"实验才会如此表达学校视导之事的成人价值:"视导的实施,是学校管理者和教师成长发展的根本途径,在实施视导(即成事)的过程中,提升自己的生命自觉和变革能力(即成人);同样,正是视导中'人'的进步和创造,促成了学校的转型变革和学校整体面貌的变化,从而真正体现了'成事'和'成人'的相互依存与转化。"

三、文化敏感

如果把文化界定为"某种环境影响下的人的生活方式"或"人的活法",这意味着,对生命的敏感就是对文化的敏感,二者之间的内在关联体现在以下问题上:要体现对生命的敏感、尊重和敬畏,欲培养出适合时代精神的理想新人,即"生命自觉"之人,需要什么样的文化?换而言之,什么样的文化才有助于培养出这样的理想生命?

有文化敏感的学校变革者,首先表现为有敏锐的文化意识,展现为有一种贯穿始终的文化视角和文化眼光:他不会把学校文化当作与课程管理、教学管理、班级管理、教师发展和学生发展等并列的一项工作,而是把文化视为学校所有管理工作的根基,他努力认识和改造已有的文化,挖掘、改造和培育适应变革需要的课程文化、教学文化、班级文化、教师和学生文化。还表现为有一种强烈清晰的文化使命。这样的学校变革者不会满足于只是提高升学率,甚至也不只是提升教育质量,他深知办学的最终目的是为每一个师生的生命发展奠基,为本民族和国家的未来发展奠基。因此,有文化敏感的学校变革者,一定是有理想和责任、视野和思想的人,是有风骨和良知、学识和胸襟的人,他是现实的理想主义者,是有大视野、大胸襟的思想者,他的存在丰富了、拓展了学校的文化内涵和文化积累,引领着学校一步步地迈入全新的文化世界。

四、组织敏感

学校变革要落到实处,仅靠激情、理想与思想远远不够,如何使时代敏感、生命敏感和文化敏感变为现实的力量?如此问题,促使学校变革者生成了组织敏感，它关注的问题是：要迎接时代挑战，培养理想新人，培育新文化，现有的组织结构是否能够满足上述需要？其基本架构和职能是否需要调整与更新？基于这样的敏感，有的学校取消了"科研室"，并入"课程教学部"，改变科研只是少数教师偶尔为之的状态，使研究的心态、意识、能力和行为渗透在日常课程建设和教学实践中。有的学校则将"德育处"更名为"学生发展部"，试图打破将德育与智育、体育等分割、对立的传统格局，改变德育只是德育处的事情的成见，使所有教师都成为学生成长和发展的引领者、促进者，使所有教育教学实践都拥有德育的内涵和力量。

五、机制敏感

即使有组织敏感，对时代的言说，对生命和文化的敏感，仍然有可能沦为口头上的呓语和纸面上的雄心，仍然可能使组织变成看起来很美的"空壳"。如何在此"大时代"，借助组织载体，以和美与共的方式，将培育主动、健康发展之人和"生命自觉"之人的生命理想转化为具体而微的现实行为，是学校变革者不得不思考的问题。

变革之道就是转化之道，要把观念转化为行为，把思想转化为技术，把意识转化为能力和习惯。一个努力实现转化的学校变革者，往往会将转化之道寄希望于学校的管理机制，即拥有机制敏感。杨小微教授曾经将学校管理机制定位为"基于一定办学理念和价值取向指导下逐渐形成的一种学校管理运行的内在机理"，基于这样的机制敏感，"新基础教育"学校先后形成了四大机制，即校长负责和民主参与的治校机制，分工负责和协作推进的实施机制，评价反馈和激励完善的发展机制，常规保证和研究创新的动力机制等。

当然，提倡机制敏感，并不意味着制度就"低人一等"。有制度敏感的学校变革者，首先会对制度的价值"心知肚明"：制度有三大效应。一是转化效应。它是将思想转化为行为的基本途径和有效途径，没有制度作为载体的教育思想，往往会变成空中楼阁，优秀的学校管理者总是在提出教育理念和办学哲学之后，随之考虑的就是，用什么样的制度来转化这些抽象的理念与思想。二是创新效应。制度创新常常被视为教育创新的切入口和突破口。三是育人效应。制度的价值不仅在于管人，而且在于育人——制度不只是用来约束人、限制人的,更是用来促进人、发展人的。基于制度敏感的学校变革者,会充分发挥制度的三大效应,实现学校在制度设计、制度重建和制度创新中的变革与发展。

六、创新敏感

学校管理实践可以分成常规性管理实践和创新性管理实践。常规性管理实践与学校日常性的管理机制、制度和管理行为有关,其背后是校长和学校管理人员的办学思想、教育教学观念和思维习惯。在这种实践里,蕴含着两个内容:一个是由历史累积下来的实践传统,这种传统是被公认为行之有效的实践经验的汇聚和积淀,是经过长时期历练成习后的产物;另一个是"当代"特有的教育规范,它蕴含了此时代特有的价值追求、思维方式和行为方式,是时代精神在具体管理实践行为中的表征。

常规性管理实践代表了学校管理活动中相对稳定的"常态",保证了学校教育实践和管理实践在规范中顺畅有序地进行。在一定程度上,它也是一个时代的学校变革实践的基本构成。

创新性管理实践代表了学校管理活动中相对活跃的"新质",它总是力图在管理对象、目标和管理机制的路径、方式等方面有所创新。如果说,常规性管理实践是日常学校管理活动的润滑剂,那么,创新性管理实践则是搅拌机和活力剂,它能够不断激活因高度稳定而可能变得僵化的"常态",进而在种种创新中,使一个时代的学校管理实践与另一个时代的有所区别,从而实现学校转型。

有创新敏感的学校变革者,在实现学校转型性变革的过程中,常常有对创新的自觉意识和自觉追求。首先,他善于在常规性管理实践和创新性管理实践中实现平衡有序的转化融合,即在常规性管理中不断推陈出新的同时,也不断把创新性管理实践的经验变成学校新的常规。其次,他力图在研究性变革的基础上,形成一种创新性的生存方式,使日常的学校教育实践成为一种创新性的管理变革。再次,有意识地实现一种创造性转化,即将普遍意义上的最新、最前沿的教育理念和办学哲学渗透在、扎根于校本化的文化土壤之中,具体转化为学校管理实践行为,这可能是一种更为可贵的创新。

为学校变革寻找"机制之魂"

在研究性变革实践的背景下,变革已经成为当代学校发展的基本需要和必经路径。今日我们探讨的主题已经不再是要不要变革,而是如何变革,如何为变革寻找恰当的切入口,突入变革的核心地带;如何构筑适当的平台,承载和集聚变革的所有资源,向理想的目标推进。"学校制度"一度成为这样的切入口和平台。

以制度转型推动学校的整体转型一时成为很多学校的变革策略,由此对校长提出了生成制度意识和形成制度智慧的挑战。"新基础教育"20年的变革实践表明,当学校变革推进到一定程度后,仅有制度意识已经难以满足变革的需要,我们必须将对问题的把握提升到机制意识的层面,由此便生发出制度与机制的关系问题,其核心是:为什么要在制度之外,再进行机制的探讨?制度和机制究竟有何不同?

如果将学校管理机制定位为"基于一定办学理念和价值取向指导下逐渐形成的一种学校管理运行的内在机理",那么我们可以认为,学校管理机制有三大功能。

一是稳定运行功能。机制的存在可以保证学校日常管理运作的稳定性。机制混乱,必然导致学校管理混乱;反过来说,学校管理混乱常常是机制混乱的具体表现和结果。同时,制度是死的,我们只有通过动态运行的机制,才能让包括制度在内的学校中的人、财、物和文化活起来,动起来。

二是平衡转化功能。机制的确立、有序运行可以平衡学校管理各层面的职能和不同层面的制度功能,如使民主参与和领导决策之间不断互动、调整、平衡和相互转化,从而使不同职能和制度在运行中保持平衡状态。

同时，机制还能够具体转化学校的办学思想和各种价值观念。没有通过机制转化的办学思想和价值观念只是空洞抽象的纸面上的思想观念，难以进入学校真实的日常管理之中。

三是转型立序功能。这一功能直接指向学校变革本身。转型性变革总是会带来一定程度的震荡甚至动荡，使原有的管理之序发生变异和混乱，机制设计和机制管理的功能就在于：在这样的转型时期，为学校确立基于变革的新的管理之序，让各种制度、各种力量在新的秩序中各就各位、各得其所，进而发生变革者期望实现的学校转型。这意味着：机制的运行过程本身就是创生一种秩序的过程，这种秩序即运行之序，它不仅是预设的，而且必须在运行中才能最终生成。在这个意义上，我们可以将机制的功能概括为：为变革确立新的秩序，同时努力使学校每个层面的组织、每个人都学会在新的秩序和新的结构下工作与思考。

基于以上认识我们可以说，机制在学校管理中具有枢纽地位和灵魂性意义，它在很大程度上决定或影响着学校办学发展的基本形态和日常状态。

现代学校管理的转型，不仅是制度的转型，更是机制的转型。制度和机制的关系是"魂"和"体"的关系，机制是"魂"，制度是"体"。如同叶澜教授所言，机制是"魂"，组织也好，制度也好，都是机制的体现和落实。机制的执行必须通过制度推进，但制度不能替代机制，没有机制的制度是没有魂魄的制度。所以，我们在学校变革进程的制度设计中，必须强化机制意识，避免"失魂落魄"和"魂不附体"。

研究性变革实践进程中的校长，需要兼具制度意识和机制意识，需要在机制的平台上理解制度，在机制发现、运作和创生的过程中设计制度和创新制度。机制发现和创设的过程，既是为制度找"魂"的过程，也是为学校整体变革树"魂"的过程，对于肩负领导使命的校长而言，其间生发的不仅是制度智慧，更是机制智慧。

基础教育改革的关键词应是文化变革

基础教育改革进入了一个关键期。在各种理论观点风起、不同实践策略云涌之时，我们需要追问一个起点性的问题：基础教育改革，最重要的是要改什么？这个问题的解决，有助于回答另外一个终点性的问题：如何衡量一种基础教育改革的成败？

对"改什么"的问题，已经呈现的答案包括：改课程，改教学，改班级，改学校管理，以及改校长，改教师，等等。毫无疑问，这些方面的改革已经积累了相当程度的成果。但作为改革时代的亲历者，我们最担心的是会遭遇到这样的困境：改革轰轰烈烈，但学校教育的底色却变化不大，甚至基本没有变化；最害怕的是剥开种种以改革的名义而包裹的华丽外壳，我们看到的核心还是原来的核心，看到的基础依然还是多年前的那个基础。

什么才是基础教育改革的基础？在笔者看来，这个基础的核心就是文化。文化就是人的生存方式，就是教育行政管理者、校长、教师和学生的价值取向、思维方式和行为方式，文化的根本特征是日常性，它涉及每个人平常是怎么思考问题，怎么行动，换言之，是怎么过日子的。而所有教育改革的关键词就是文化变革。所谓文化变革，就是指改变和转换人已经习惯的生存方式，告诉他：你不应该这么生活，而应该那么生活。改革的成效就是他果真那么生活了——还有什么比这种改变更艰巨、更漫长的呢？但现在我们常看到的情况是：改变旧的课程内容不难，上一堂与新课程要求相适宜的公开课容易，但是要做到让教师每天都用新的思维方式思考，每次都用新的教学方式进行教学，却绝非一朝一夕之功。公开课上表演完新的教学理念和方式之后，回到日常课堂里，过去怎么上还怎么上，过去怎么过日子还怎么过日子，一切都依然如故。这让当前的改革进入了高原期，新文化与旧文化的拉锯战正在这样的高原上展开。"前后摇摆""左右为难""进退失据""飘浮不定"是处在高原期的改革者的生存状态。在这个时候，改革要打一场攻坚战。所攻之"坚"就是旧有文化，就教育行政管理者、校长和教师习惯了的生存方式和生存状态。能否打赢攻坚战，是基础教育改革能否成功的关键所在。

在将文化变革树立为"教育改革根基"时，我们需要处理好两个方面的关系：一是旧文化与新文化的关系。在教育变革中，两种文化不是势不两立的，也不是相互替代的，而是互动生成的，是传承与创生的关系。新文化必须嫁接在旧文化的根基上，汲取旧文化的营养，没有传统滋养的新文化是无根的文化，不会长久。旧文化则必须借助新文化的平台获得新生，没有这个新的平台，旧文化就成为僵死的文化。对旧文化发动的攻坚战，目的不是将其全部剿灭，而是促其"和平起义"，为新文化服务。二是学校文化、教育文化和社会文化生态的关系。学校文化始终是基础教育文化改革的重心，但必须注意的是：与教育有关的文化不能缩减为学校文化，更不能等同于学校文化。学校文化变革是教育文化改革的核心，但不是全部。学校文化建设中的许多问题，不只是学校文化自身的问题，而是与学校文化所处的大的文化生态有关的问题。不与更大范围的文化生态建立起内在关联，学校文化不仅会变成井底之蛙，而且也会自缚手脚，丧失发展的潜力和空间，只有教育行政组织的文化、学校文化、学校内部中层组织的文化(如教研组文化)和社会文化等不同层次的文化形成互补互惠的关系，才会进入文化变革与发展的良性循环。

目前，如何让来自学校外部的教育行政组织文化、社会文化等宏观层面上的文化为学校文化这一微观文化创造变革的基础和条件，如何让不同文化之间和谐共生，是文化变革之难的一大体现，也是当前文化变革中迫切需要解决的关键问题。能否破解教育改革的文化瓶颈，能否处理好上述关系，首先取决于作为文化主体的教育改革者有什么样的文化心态。改革者应有文化意识，能将教育改革上升到文化层面进行思考和实践，能用文化的眼光来看待教育改革之人、教育改革之事。文化心态直接决定着改革者的文化重建能力。

那么，我们需要什么样的文化心态呢？

第一，改变文化迟钝，涵养文化直觉。

文化迟钝指改革者对文化不敏感，头脑中没有文化意识，只关注具体的改革内容，无法对改革要打破的文化传统和要树立的新文化有清晰的辨别，因而对人的生存方式的转变无所作为。这样的改革者缺失的不是改革的策略和方法，而是改革的文化理想和文化情怀，也就无法对改革中的每一位师生的生存方式和生存状态进行细致观照。在这个意义上，没有文化理想的改革者难以成为成功的改革者，没有文化情怀的改革者也难以得到合作者的真心拥护。与之相反，具有良好文化心态的人有着敏锐的文化直觉，善于将所有的改革理念和改革行为上升到文化的层面上进行思考。这种思考始于对改革者所在学校或区域进行文化式的解读。如上海明强小学是这样解读自己的学校的。

深度解读学校的历史。在学校近百年的文化传统中，有哪些值得发扬光大的东西，有哪些需要改进和完善？当初，学校的创办者目睹列强侵略、国家贫弱的现状，提出兴办教育的目的就是为了使年轻一代变得更"明"、更"强"。"爱国爱民，自强不息"的精神，贯穿于学校百年的发展历程中。同时，学校受传统文化中"师道尊严"的影响比较深，民主、平等的意识比较淡薄，教师习惯于"耳提面命"和"注入式"教学，是典型的"按工业化、批量性生产的模式'塑造'学生"的近代型学校。

深度解读学校的现状。学校基础较好，社会对学校的办学质量评价比较高。但对这种评价作深入分析后发现，群众还是以"应试教育"的标准来衡量学校的。家长对学校的满意，反映了教育供需双方低水平的平衡。这种平衡，随着学校周边地区城市化进程的加快，正在逐渐消失。大量由中心城区迁入本区的居民不断提出对优质教育的更高需求。实现学校文化的转型，由单纯的文化传承转向传承与创新并重，成为摆在全体教师面前的头等大事。

这样的解读之所以是文化式的，之所以是有深度的，是因为抓住了学校发展的文化命脉，表明了改革者的文化意识和文化敏感。基于这样的文化意识，改革者心目中的改革过程，就是原有文化传统提升和转型的过程，就是价值转型和价值提升的过程。这一过程可能不是一次性的，而是分层次、分阶段的。明强小学就经历了以下两个阶段。

价值提升的第一阶段：在充分调查研究的基础上，学校提出了"两明两强"的校训，使学校的光荣传统与时代的要求结合起来。"两明"就是明礼仪，明责任。"两强"就是进取心强，耐挫力强。为了贯彻新校训，学校提出了三个转变：从重教到重学的转变；从重知识传授到重能力培养的转变；从重智育到重人的全面发展的转变。这三个转变始终贯穿于学校的各项工作之中。

价值提升的第二阶段：从1999年开始，在对学校的文化传统进行深入反思的基础上，对原有校训作了新的演绎，即"明事理，明自我，强精神，强体魄"。"明事理"，就是要认识外部世界，树立终身学习的理念，应传承学校创始人提出的"民赖以明赖以强也"思想的根与魂。"明自我"，就是要认识内心世界，应当让每个人认识自己的个性，具有一定的自我意识，发挥自己的个性特长以服务于社会。"强精神"，就是要有健康的心理、意志、情感、理想和信仰。"强体魄"，就是使生命的发展有可靠的物质基础。新校训的最大特点是，把社会外在要求的角度转变为学生内在驱动的角度，凸显出学生在教育中的主体地位。

第二，循序渐进，不可揠苗助长。

教育是一项慢的事业。慢在哪里？慢在文化上。文化的改变，人的价值取向、习惯化的思维方式和工作方式的改变，不是听几场报告，读几本理论著作或几篇文章，上几堂公开课，参与几次研讨会就能解决的事情。无论是文化的改变，还是新文化的生长，都有自己的速率和节奏。违背教育改革与文化变革的内在逻辑，总想尽可能快地早出成果、多出成果，这种揠苗助长的心态往往适得其反。要改变这种心态，首先要明确，教育改革不是制作文化快餐，是急不得，也快不来的。一急就乱，一快就差。纵观历史上的多次教育改革，有哪次成功的改革是快出来的呢？还要明确改革的过程不是直线式的延伸，一波三折的情况是常态。因此，教育改革不能只是勇往直前，要允许缓行一步，甚至退后一步，这并不代表着倒退，只是意味着我们要花时间对改革本身进行反思，对改革进行文化积累，要对改革中出现的文化问题进行适当调整。

第三，从"外饰"回归"内蕴"。

一些改革者只是关注"外饰"，追求改革的形式甚于改革的内容，忙于打造文化光环，津津乐道于外在的物质文化，习惯于表面的热闹。在改革刚取得一点成效时，就热衷于媒体的炒作与推广，但由于自身的不成熟，往往是一置身于阳光下，就被晒晕，甚至晒死。与之对应，良好的改革心态要从"外饰"回归"内蕴"，充分地关注文化精神，尤其关注其中价值取向的重建，将其视为改革的精髓和要义。例如，在教师研究的问题上，一些改革者并没有急于在研究的形式、内容和操作策略上有所改变，而是试图将研究过程中需要确立什么样的价值观放在核心地位，因而改出了以下价值观念：

——关键的教学问题就是研究课题；

——解决关键问题的过程就是研究；

——参与研究本身就是成果。

这些新的价值观念，打破了教师对科研的"神秘感"和对成果的"敬畏感"，激发了前所未有的热情，都主动抢着申报课题。随着研究的推进，教师在艰难与快乐的奋斗中，又领悟了一些颠覆传统的现代观念：

——研究的价值不是成果，而是获得成果之前的经历；

——研究的目的不是人的新成就，而是成就新人；

——研究的关键不是解决问题，而是发现新问题。

这样的改革，就是回归"内蕴"的改革。随着新的价值取向的建立，学校文化随之改变：校本研究理性发展，不再是片面追求获奖的数量。全校教师静下心来，在实践中尝试、反思，以提升专业素养。不少教师还打破了学科、年级的界限，自发组织起专业社群，读书、调研、主动与专家对话，以开放的心态开发新领域，整合资源，编织起自己的研究网络。

第四，关注改革过程。

过分关注"外饰"，必然导致对改革结果的过分依赖，对改革过程的过分忽视。对过程的忽视，实质体现在两方面：一是没有意识到改革的文化价值，即对"推动改革的过程，就是改造旧文化、形成新文化的过程"无所意识、无所思考，因而无所行动。这种心态的改革者，目中只有改革，心中没有文化。二是没有意识到改革的育人价值，没有想到改革的过程就是参与改革者的生命成长与发展的过程。这种心态的改革者，心中只有改革之事，没有改革之人，对改革之人的成长价值与发展价值无动于衷，对如何通过教育改革培育新人无所作为。与此不同，良好的文化心态不仅注重过程甚于结果，而且特别关注策划改革的过程，特别关注核心的文化理念转化为文化行为的过程，特别关注改革过程中出现的困难和障碍的诊断与解决，特别关注让每个人在共同的价值取向的基础上以自身的方式参与改革的过程，特别关注改革的过程对每一个改革参与者的发展价值。

第五，珍视传统，新旧传承。

一些改革者的预设是：旧文化与新文化必定是非此即彼的二元对立关系，改革的过程就是新文化替代旧文化的过程，现代教育文化全面替代传统教育文化的过程。由此导致的结果是，改革的过程就是对文化传统进行"革命"的过程，改革成功的标志就是文化传统的全面退场，新文化的全面占领。他们很少想到旧文化对新文化的价值，很少思考新文化创建的命脉在哪里，很少在两种文化关联的意义上思考新文化的创建。与之相反，良好的文化心态有对自身文化的温情和敬意，改革者知晓旧文化之"旧"不等于"无用"，洞察文化传统对改革的具体价值，善于将文化传统改造成新文化的根基和底座，试图在新文化的平台上对文化传统进行创造性的转化和提升。在这个意义上，基础教育改革能走多远，能走到什么程度，取决于改革者对旧文化的了解、尊重和转化、提升的程度。

第六，摒弃点状式思维和割裂式思维。

点状式思维和割裂式思维的表现之一是：对于物质文化、精神文化和制度文化等各种不同类型文化的建设，采取单打独斗的策略，如只关注物质文化，不问精神文化，或者相反，很少想到如何将两种文化沟通起来，如何把物质变精神，精神变物质。表现之二是：把文化特点当成文化特色。只要一方面是亮点，就匆匆忙忙地宣布其为自己的文化特色。

当前改革需要的是能够在改革的不同主体、不同内容和不同形式之间建立起内在关联的思维，善于对宏观、中观和微观等不同层次的改革进行整体把握的思维。在文化变革中我们常遭遇两种方式：颠覆式改革和渐进式改革。颠覆式改革，希望以激进的姿态完成对已有文化传统的彻底变革。这种激进姿态，不仅体现在试图对以往文化传统"一网打尽"，而且体现在试图在尽可能短的时间内完成对文化传统的征服，最理想的颠覆方式是一次性完成。在现实的改革进程中，很少有改革者声称自己是在进行颠覆性的改革，但这种方式常如幽灵般渗透在改革的进程中，体现在改革者的策划和具体行为之中。这种改革方式带来的震荡是文化"地震"和"海啸"，其结果是旧文化被打碎了，但新文化并没有随之建立起来，强烈震荡后破碎的心灵已经失去了建立新世界的勇气和力量。渐进式改革者同样希望实现对传统的改造和方法论的转换，但并不试图以全盘否定的方式建立新文化，也不指望改革能够一次性完成。他的改革计划不仅是分阶段、有步骤的，而且是弹性的，在改革的不同阶段，根据震荡和冲击的效应随时调整改革的进程。这样的改革采用的不是狂轰滥炸、闪电战的方式，而是步步为营、稳扎稳打的方式。之所以如此，是因为改革者的基本假设是：文化的改造不是一步到位的，一种新的文化不是一夜之间就能形成的。因此，这样的改革者对因文化震荡带来的各种问题和障碍持有冷静、宽容的态度，他不仅意识到改革出现问题是不可避免的，而且把解决问题当作进步的阶梯。这种改革方式带来的震荡不是"狂风暴雨"，而是"和风细雨"，因而更能渗透人心，影响人心。

无论是哪种改革方式带来的震荡，都会引发一些新的文化元素，带给人们新的生存方式，这就是通常所谓的"文化创新"。改革中有没有催生出文化创新，以及催生出多少文化创新，应当是衡量教育改革的文化尺度。但仅仅满足于创新的质与量，依然是不够的。通过改革形成的文化新质是否具备"高端稳定"的特征，是一个同样重要的标准。从文化的视角看，所谓的"高端稳定"，其特征在于：改革参与者的旧的生存方式已经转变为新的生存方式。这意味着改革的理念已经内化，变成了改革者价值观的一部分，思维方式的一部分，从此以后，他将以新的眼光和视角来看他人之事和自己之事。同时也意味着，改革追求的文化精神已经变成了改革者的行为，即实现了理念的外在化。通过内化和外化的循环反复，改革者的思想和行为不断迈入更高的境界。更重要的是，这种新的生存方式会变成改革者日常习惯的一部分，因此稳定下来，并带动后来的改革参与者习惯于在新的生存方式下、新的工作框架内工作。只有在这个意义上，我们才可以说基础教育改革取得了成功，才可以自信地说今天的基础教育改革留给明天的，将是新的"文化传统"。

第六辑
自我重生的历程

一段精神之旅：从漂泊到扎根

历史是由每个曾经活过、挣扎过、奋斗过和思考过的人书写的。对历史的书写，既是重现历史的过程，也是再构个人内在自我生命的过程。我相信这种基于具体个人的历史观：历史总是具体的人的历史，是活在每个人的生命实践细节中的历史，是有呼吸、有体温、有挚情的历史。

作为"新基础教育"史的亲历者，我被这一独特的研究活动包裹着、浸润着、滋养着，多年之后的我，蓦然回首，发现今日之我，已非昨日之我，我的灵魂悄然发生了质变，以心观心，此心已非彼心。此刻，大喜悦、大宁静充盈其间。

当年，夜读张承志的《心灵史》（长篇小说卷），曾经激动得彻夜未眠。如今，回顾自身的心路史，少了青年时代的躁动浮华，多了些中年人的淡定从容——这不完全是岁月本身的产物，我更相信，是"新基础教育"史带给我的独特恩赐。

在抚摸种种恩赐的同时，深留心底的暖烟往事，冉冉升起。

一、缘起唤醒

第一次听说"新基础教育"，是在 1996 年 10 月的北京。那是我在北京教育学院工作的第二年。那天下午，刚从香山回来的我，躲在宿舍里摆弄带回来的红叶，心思还沉浸在那一片火红的绚丽之中。突然响起了敲门声，一位跟我一起到北京工作的同学过来告诉我，叶澜老师来北京开会，想见我。这个消息让我一愣："见我干什么呢？""你去了不就知道了嘛！"同学甩出这句话，走了。我继续站在原地琢磨："叶老师找我到底有什么事呢?"

与叶澜老师结缘是在她的教育研究方法课上。当初,在华东师大教育系读硕士生的我,对教育学专业并不太在意,视上专业课为畏途,心神不定中的漂泊漫游成为常态。唯独叶老师的课使我不由自主地正襟危坐,凝神倾听。我看到了一个超出自己想象的教育学者,第一次发现竟然还有这样一位融真诚、激情、理性和大气于一身的教育学者。在某种意义上,叶老师的出现使我心底还存有一份对教育学的希望,在我离开上海,准备从此关闭与教育学相连的通道的时候,在不知不觉间还为教育学留下了一条隐约的缝隙。在随后的日子里,我发现这一缝隙不断地透入光亮,并逐渐朝外敞开,直至展现出一扇大门。

当天晚上8点整,我赶到叶老师所住的宾馆。门打开后,叶老师亲切的面容出现在我的眼前,一种温暖瞬间在我心底荡漾开来,我没有意识到,从此以后,这样的温暖会一直伴随着我。

灯光也是温暖的,它与人心的温暖构成了奇妙的交融关系。在橙色灯光映衬下的弥漫的暖意中,我看到了叶老师枕边放着一本书:周国平的《人与永恒》。这本书我曾经在大学时代手抄过两遍,作为散文家而不是哲学家的周国平,给我展现了一种独特的精神生活,阅读他的文字,总是能够让我心绪平静、安宁。

这次谈话的主要目的是叶老师希望我参与她主编的丛书"教育学科元研究"中的一本书的撰写。谈话还涉及我毕业后工作的状态,并谈到了她自己这几年的工作。其中讲到了"新基础教育"。

我当时并没有弄清楚到底什么是"新基础教育",为什么要做"新基础教育",只是模糊地感觉到,这必定是一件异常重要的事情,不然不至于让叶老师如此动情。

再度结缘"新基础教育",是在四年后。由于种种机缘聚集,2000年9月,我重回华东师大,投到叶老师门下,读在职博士。这意味着我回到了硕士毕业后再未踏进的华东师大,也意味着重新选择了教育学,"以教育学为业"再次成为可能。后者表明:这不是一次简单的回归之旅,其内涵和意义需要岁月的沉淀才会逐渐浮出水面。刚刚回归的我,朝气和盛气同样充沛,同时,已经身为人父的我,无论是大脑还是小脑,还沉浸在过去的世界里,并不知道我在不期然间进入了一个新的世界,更无法意识到这个新世界对我意味着什么,只是把"攻读博士学位"作为回归的核心任务,对此后的一切可能都浑然不觉,对今后的生命之路究竟该走向何方,尚未仔细思量。

不管怎样,我毕竟回来了。虽然当年"横扫华东师大图书馆"的雄心和野心已经开始淡漠,对读书的痴迷和激情却依然如故。我似乎也陶醉于这种多年不变的书生本色,后来才发现这种状态的局限和对自我发展的束缚。

博士生活的第一年主要是在图书馆里度过的,我延续着多年以来的习惯,继续编织着自己的读书梦。

此时的"新基础教育"已经从探索性研究阶段推进到发展性研究阶段,更多的学校的涌入,使原有的"新基础教育"浪花变成了一股浪潮。我却是一个站在旁边观望的人,偶尔走进去溜达几下,张望几眼,鞋还没有湿,就抽身而出了。我依旧持守着"读书至上""理论至上"的信念。

叶老师也对我展现了足够的耐心,她不急于让我进入变革现场,只是要求我完成第一年相对紧张的学业之后再来参与。不过,我能够感受到她的期待和焦虑,尤其是规模扩大的时期,人手日渐紧张,迫切需要新人加盟。

2001年3月的一个下午,我第一次走入"新基础教育"的课堂,地点是闵行区实验小学。这是一个一直在等待着我进入的世界。我难以整体描绘自己进入这个世界的最初的瞬间,由于自己的心不在焉,它并没有给我留下十分深刻的印象,仅有的几点感受也已经随着时光的流逝,稀释得只留下一点痕迹。今天当我努力回忆那段历程时,突然发现,就是这样一个似乎已被沉入历史深渊的痕迹,已然成为自我生命成长的原点,此后我生命成长的光影,心灵生长的力量,和逐次到来的种种唤醒,就是从这一原点缓缓起步,逐渐生发出来的。这个原点,是我思想的原子核,是自我更新的引爆器,它一直等待着爆发的那一刻。

所有与灵魂有关的唤醒都不是轻而易举的。在此后的一年里,我先后多次去"新基础教育"试验学校听课,但始终没有找到感觉,我的节奏依然是读书的节奏,眼光依旧是理论的眼光,实践在我眼里是另一个世界的事情,与我所处的文字世界隔河相望,遥不可及。在课堂中我的眼神是漂移的,迷惘的,甚至是倦怠的。这是我与"新基础教育"接触的观光期。

我也跟随叶老师到过深圳、广州等地的实验学校，一种游客的心态支配着我，我仅仅是到此一游而已。如果说此时的"新基础教育"对我有所冲击的话，那就要说2002年在华东师大召开的"新基础教育"共同体第五次会议了。科学会堂满溢的人群，与会者渴盼的眼神，相互之间的热情攀谈，使我体会到了一种大家庭的感觉。一个个问题油然而生：为什么这么多的学校愿意参与"新基础教育"？"新基础教育"为什么能够有如此大的吸引力？它究竟给实验学校带来了什么？

在我没有深度参与的情况下，这些问题不会有根本性的答案。

随后我进入了博士三年级，开始写毕业论文了。叶老师的宽容使我得以再度抽身，暂时离开"新基础教育"研究，转向博士论文的思考和写作。表面上，我的论文从选题到具体内容，与"新基础教育"没有直接的关系，但仔细想来，我已有的"新基础教育"体验其实已经开始渗透其中了，只是缺少明确清晰和系统的"新基础教育"意识而已。

二、走出困境

2003年7月，我留在华东师大教育学系工作。身份和角色的转换与固定使我无法成为"游客"了，从此正式成为"新基础教育"研究团队的成员，主要参与语文教学改革的研究与实践。

毕业后的第一次活动，是前往山东淄博临淄区，这是发展性研究阶段区域性推进的实验区之一。秋天再次向我展现了澄澈心灵的可能。

在这次听课研讨活动中，感受最深的是叶老师的"累"和"苦"。我曾经在一篇文章中专门记录和描述过她的日程安排。整整三天的时间，除了睡觉、吃饭，几乎没有空隙，第三天的下午又出发到另一个城市的一所实验学校开展现场研讨，又是连续三天。

如此密集的工作安排，对于叶老师来说，并不是偶尔为之，而是她工作的常态。当我品读如上日程安排时，感到了一种深深的震撼。在此之前，我从未发现有教育学者如此日常化、高密度地深入课堂，从中我发现了一种研究者全新的生活方式存在的可能，在那个时代，这还是教育学研究者的一种与众不同的生活方式。

习惯于书斋生活的我，跟了叶老师和这个团队几天，有些吃不消了，开始从体力和精力上体认什么是"新基础教育"研究。我惊异于包括叶老师在内的"新基础教育"元老们①，一天下来依然能够保持着思维的敏锐和清晰。

这还不是最重要的。我很快感受到了所处的团队对我这个"年轻人"的期待。第一天上午听完三节课后，短暂的午休期间，卢寄萍、吴玉如老师约我一起商议，她们紧盯着我问怎么看待上午的三节课。她们的目光交织着期盼和试探。我随口应了一句："下午评课时我会说的，我不喜欢重复说同样的话！"她们俩四目相对，诧异之色浮现于脸上。我无从知晓当时她们的"复杂"心情，但"失望"是显而易见的。我的书生意气就在这样的细节中彰显无遗。

不久，发展性研究阶段结束，新的阶段开始了，"新基础教育"研究推进的组织架构发生了重大调整，除了学科组之外，还分成了三个综合组，我被安排在第三组，全面负责明强小学、闵行四中和外高桥保税区实验小学的整体推进工作。作为语文学科和第三综合组的负责人，我已经在角色和身份上完全"卷入"了"新基础教育"，我的旁观时代和游移时代首先在形式上不可避免地彻底终结，经过四年的徘徊游移，我开始真正走入了"新基础教育"。我的生活方式很快开始了"新基础教育"化的过程：每周坚持至少一天到实验学校去，我也成为"相约星期二"中的一员。

入缘之后的我，很快遭遇了诸多困境。最先遭遇的困境，是面对实践的苍白无力。进入课堂之后，才发现实践远非想象中的那么简单，其复杂性的根源首先在于"动态性"。语文特级教师于漪曾经将课堂描述为"活的教育学"，一个"活"字浓缩了实践的多重品性，同时也对习惯于书斋生活的我构成了前所未有的挑战。

挑战之一是实践逻辑对理论逻辑的挑战。理论来自所谓理论的态度，即对具体事物的抽象和对抽象的再抽象，其运思之路是朝上走的，抽象之后形成的结构已非具体事物本身，甚至也并非具体事物的浓缩版，而是舍弃某些信息，抽取另一些信息加工改造之后的产物，即使其中还内含着实践之事，但已经是抽象的实践，而非具体的实践，于是，此实践已非彼实践。实践逻辑则是目光朝下的，朝向具体之事和特定之境，目的不是形成

---

① 包括卢寄萍、吴玉如和吴亚萍等老师。

可以普遍运用的知识和思想，而是寻求可以在特定语境内具体转化和操作的方法与技巧，其基本指向是现实中具体问题的解决。相对而言，理论逻辑类似于精密的仪器，但需要相对真空的环境，若此条件无法满足，则容易成为"看上去很美"的理论模型。

理论者和实践者绵延已久的争端，源头之一就在于想各自以一己逻辑替代对方之逻辑。我的困境便缘于此。最初走进课堂时，我习惯的套路是先准备好对某一专题的思考框架和已成观点——它们来自各种资料的搜集，对于作为研究者的我来说这并不难——随后就带着这个框架造就的眼镜来观察和评判课堂，强行把课堂上发生的一切事情都塞入那个早已准备好的框架里，不符合的就轻易抛弃。我在鲜活的课堂生活中自动关闭了自己的感官，无视各种现场生成之事，所做之事无非就是捕捞和倾倒：把适合已有框架的事物捞起来，放在理论的篮子里熬煮，把早已准备好的理论倒进课堂里，倒进评课现场，在滔滔不绝中享受理论言说的快感。言者很痛快，听者很迷茫，我总是能够从老师们的眼里看到茫然的神色，从下一堂课中看到老师们的依然如故，我对他们教学的评说，甚至明确提出的意见没有被他们真正采纳，几乎成了耳边风，他们还是按照自己的逻辑和习惯该怎么想，还怎么想，该怎么做，还怎么做。换句话说，我的理论逻辑遭到了实践逻辑或明或暗的抵制和消解。

实践逻辑对理论逻辑的挑战，归根结底是实践者的需要对理论者的需要的挑战。实践者需要的不只是批评家，更需要建设性的改进建议，以帮助他们改进自己的思想和行为。实践者的需要总是基于实践，来自实践，并且回到实践的需要，因此，他们必定会关注具体方法与策略，关注与自己切身相关的问题如何解决。尽管，他们容易被新思想、新观念打动，但接下来盘旋在头脑中的一定是"怎么做"。如果这个问题不解决，他们会很容易退回去，退回到已有固定程式和套路中去，只有可以做到的事情才会让他们踏实安心。

理论者需要的是知识理论的生产和创新，需要不断提出新的问题、新的观点，甚至新的体系，他们关注的主要问题不是"怎么做"，而是"为什么如此""何以会如此"等。实践问题的解决可以构成其学术兴趣的一部分，但对于大多数研究者而言，这不是他们主要的学术旨趣，能否有理论原创、能否超越前人才是理论者普遍关注的问题。基于这种理论取向，实践只有在构成理论创生资源的意义上才得到一定程度的尊重。往往实践资源一旦被挖掘使用之后，实践者就失去了使用价值，就可以被理论者弃之不顾。因此，理论者面对实践者的心态，就是打捞心态，把目光探入实践，只是为了捕捉和打捞资源，它们是打造论文和著作的面粉与调料。

我最初就是带着这样的心态进入"新基础教育"的现场的。在"新基础教育"每学期都举行的总结会上，从叶澜老师到其他综合组、学科组的负责人，都会花许多时间来解读所去学校的校长、中层干部、学科组长和教师的特殊状态，而最初的我只会条分缕析地介绍自己做了什么，怎么做的，对于我的合作伙伴的状态，要么是抽象地概括，要么是匆匆地一带而过，如果叶老师猛然追问一句，我顿时就会张口结舌。

这种无视实践者需要，没有实践者立场的参与，带来的结果就是我与合作伙伴的隔膜，没有谁会认真地对待一个漠视别人的实际状态和需要，只会不断地把自己的需要强加到别人头上的所谓"专家"。

入缘之后的我，尽管已经开始摆脱旁观者、漫游者的姿态，努力以介入者的姿态，在"新基础教育"的舞台上起舞，但在长达三年的时间里，我感觉自己是带着镣铐跳舞，跳得磕磕绊绊，气喘吁吁。我的魂还在书斋里，不在课堂中，也不在实践中。我秉持着理论逻辑进入"新基础教育"的现场，无视实践逻辑的存在，更忽视了两种逻辑之间的双向转化、双向创生。然而，理论逻辑与实践逻辑的区分并不意味着两种逻辑的不可通约性，"新基础教育"孜孜以求的是打通两种逻辑，建构双向意义上的"转化逻辑"，这是具有重要意义的"第三种逻辑"。它要求的是普遍与特殊、抽象与具体的双向转化，尤其是要避免普遍替代特殊、抽象替代具体，这是理论者通常会出的问题。刚刚入缘的我，思维方式更多的是抽象思维、演绎思维，喜欢以抽象代具体，习惯将现成的理论放在具体实践中演绎推理，我眼中的课堂是推理出来的，不是从现场中自然生长出来的。身在现场的我，只能处处碰壁。

挑战之二是"活的课堂"对"死的文字"的挑战。我原有视野中的教育，是书本中的教育，通过阅读别人的文字来获得对教育的理解和感知。尽管我曾经做过两年的中学教师，但自己形成的有关教育的个人知识，主要还是在书斋里获得的，书籍的"双刃剑"特征彰显无遗：既构成了我进入教育现象的中介，也造成了理解教育的阻隔，它使我难以进入对教育现象的直观。许多鲜活生动的信息，甚至是关键信息，会因为文字的筛选和固化而遗漏，有时还存在某种程度的扭曲和异化。当我借助于"死的文字"描述"活的课堂"之时，我开始觉得捉襟见肘。我难以捕捉那些异常生动的实践细节，只好任由它们从眼前流过。由此带来的是一种能力的挑战，即"现场功"对"案头功"的挑战。

所谓"案头功"，来自理论逻辑，它要求的是对已有研究文献的理解和吸收的能力，查阅、检索文献的能力，以及写作能力，它体现的是对用文字表达出的理论的敏感，综合已有研究成果作出创造性、突破性成果的创新能力。这种功夫来自严格的学术训练和多年的学术积累，它培养和形成的地点是书斋。这是我多年习惯的地方，也是已往安身立命的地方。

所谓"现场功"，其施展的场所在学校田野。首先，它是一种尊重现实、直面现实的态度，要求暂时放下一切预设和成见，不让已有的各种预设和成见束缚自己，转而直面教学过程和研讨过程，专注于现场目睹的现实，进行现象式研究。其次，它是一种策划能力，勾勒出变革推进的路线图，帮助实践者共同策划具体的变革方案，进而在实施进程中调整和重建策划。再次，它还是阅读实践现场这本无字之书的能力，与此相应的是一种捕捉资源，与实践者对话沟通的意识和能力，即捕捉现场中呈现的亮点和问题，偶然与意外，迅速加以编织、重组和再造，形成一种可以清晰表达的内在结构。与此同时，要有良好的沟通技巧，不断回应实践者生成的各种问题。最后，它更是一种重建现场的意识和能力，研究者要在问题诊断的基础上，针对问题，帮助实践者提出具体可行的改进建议和重建策略，使实践者清楚怎么解决存在的问题，应该怎么做才能达到理想的状态。这是一个"收上来"，再"回过去"的过程，而且是具有重建意义和提升价值的"回过去"。这一切都需要在有限的时间内完成，而且由于现场之事难以预料，教师和学生会是什么状态，会出现什么亮点和问题，往往会超出研究者的预设，事先的想法和做法可能会全部失效，需要研究者根据即时的状态，提出有针对性的点评和建议。

我最初的困境就缘于此：我带着"案头功"来到"新基础教育"的现场，出现了严重的"不适"，现场之复杂多变，远远超出我的想象，无论"案头功"做得多么精细，总是赶不上现场的变化，我屡次体验到了"黔驴技穷"，不断产生"武功皆废"的感觉，多年的辛苦修炼似乎在一堂课间就全部报废。当我目睹叶澜老师、吴玉如老师、吴亚萍老师等人在现场中一针见血、游刃有余地点评和重建的时候,真切感受到了自己的差距:在"现场功"上我还只是一个没有入门的学徒。

"现场功"还是一种"转化功",它要求研究者把理想变为现实,把抽象的理论表达变为具体的实践表达,还要把具体的理论观点变为具体的实践行为,把理论的清晰变为实践的清晰,更重要的是,还要把研究者头脑中的清晰变成实践者头脑中的清晰。同时,要能够从具体的实践中发掘理论内涵,集聚和提升学术品质。这种双向转化的功夫对长期浸泡于书斋中的我来说,是一个极大的挑战。

在书本之间和理论之间完成转化,是我多年来根深蒂固的习惯,我早已习惯在理论的舞台上,和理论者一起,面对理论观众"翩翩起舞"……参加"新基础教育"之后,突然合作者变了,观众变了,我猛然置身于一群主要由实践者组成的合作伙伴之间。面对变革现实中的诸多困惑,校长和老师们将问题接二连三地抛出来,我难以招架,只能以思辨甚至狡辩的方式胡乱应付,以此来勉强维持理论者的虚荣和尊严。但内心的自信却在一点点坍塌……无论是面对实践者,还是面对叶老师等研究团队的成员,我的目光开始变得萎靡和黯淡……

在2007年末的一次华东师大课题组学期总结会议上,我反思了自己在"新基础教育"变革中的生存状态:经过两年多的努力,我已经打破了原来的空投预设,以为要让变革顺利推进和获得成功,研究者只需坐着飞机定点空投一些理论,它们就可以成为实践者的雨水甘露,就能让大地湿润,种子发芽,花骨朵开花,催生出一个新世界。从空中降落到实践的大地,我已经努力做到了,但为什么依然感觉种子迟迟不发芽,花朵迟迟不开放呢?为什么校长和教师们看我的目光依然是空洞的茫然、遥远的眺望呢?为什么我面对实践依然有种深深的无力感?因为,我是带着降落伞下来的,它成了新的镣铐。我的脚步在大地上起起伏伏,随时保持着腾空而起成为气球的可能,我没有从根本上摆脱漂浮的状态,没有彻底改变自身的"伞兵"形象。

这也许是我所有困惑的根源所在,一个总是处于漂浮状态的人,怎么可能真正走入实践,了解实践者——我的合作伙伴们的真实需要和真实问题?又怎么谈得上促进他们的真实成长呢?

如果实践者恭迎而至的只是这样的"专家",我被疏离甚至厌弃就成为不可避免的结局。这对于理论者和实践者而言,是一种双重悲哀。于是,当时的我,只能是"浮云起高山,悲风激深谷"了。

三、同舟之济

歌德曾言:"只要人在追求,迷茫便是免不了的。"当"新基础教育"真正内化为自我生命的一种追求时,我的迷茫就如影相随,常常体验到佛教经典《五灯会元》中的一种状态:"一片白云横谷口,几多归鸟尽迷巢。"走出迷巢状态的动力和努力,不仅来自我个人,也来自我所在的"新基础教育"研究共同体。

叶澜老师主张教育的"交往起源论",交往被视为教育形成和发展中的内在构成。此观点深得我心。十年来,我不断感受到与团队成员的交往之缘对我的教育,从点点滴滴的交缘中领悟着、吸收着他人生命中的丰沛能量。

一个人的"新基础教育"研究史和心路史,同时也是其与团队成员之间的交往史。这种生命交往的机缘,既是上天对我的一种惠顾与馈赠,也是个人"生命·实践"的一部分。

"五朵金花",是"新基础教育"团队中最早的一批成员,我的生命交往史应该从她们开始书写。

第一朵金花,当然是叶澜老师。作为"新基础教育"的开创者和引领者,她的存在始终如同一种强大的磁场,吸引着一批又一批的"新基础教育"的追随者和同路人。她的身上体现了诸种能力的造化、交集和会通。

作为参与变革的研究者,要获得推进实践变革的力量,首先要有与教师对话沟通的能力,这种能力获得的前提则是对教师的尊重与关怀。"新基础教育"所倡导的生命关怀,渗透在与学生、教师的每一次交往之中。

每一次与叶老师交往,都能强烈感受到叶老师身上的两大特征。一是充沛的精神,其中浸润着对教育、教师和学生的爱,很少有人像她那样,历经风霜雨雪的磨炼,获得过在他人看来很高的学术地位和荣誉之后,依然还能研究不息。二是深沉的责任感:对实验区域和实验学校发展的责任,对作为合作伙伴的校长和教师的责任,对研究团队中的每一位成员的责任,对教育学的学科发展的责任,更有对民族和国家的责任——她是一个具有强烈时代感、文化使命感和责任感的人,是一个在全球化时代中有文化担当的教育学者。她的这种担当总是和细小之事联系在一起的。她的许多细节使我想起有人说过的感言:"当我们要追逐一个外边的、伟大的目标时,我们会觉得这种东西太小、不重要,先放到一边去;那种感情太普通,不重要,也把它放到一边去……但慢慢放了很多很多之后,回头一看,我们成了'非人'了。细小工作的积累,就是在一点一点积累我们这个民族的元气。"

叶老师淋漓的元气和充沛的底气、大气,便来自对一件件细小之事的认真。

自从基地学校建立之后,制定学校发展规划就成为各学校必备的功课。对于交上来的每一篇规划,叶老师都要反复斟酌,除了常规性的修改之外,还增加了现场研讨,到每一所基地学校和联系学校去,进行面对面的讨论、修改。在这样的讨论、修改中,我感悟到的不仅是一种责任感,还有对实践者的尊重。对于实践者的每一次言说,每一页的文字,她都持有尊重和敬畏之心。从中我领悟到研究者一定要有面向合作者的倾听、倾思、倾心和倾力的态度与行为。

我曾经做过叶老师主编的多种丛书的学术秘书,深知叶老师的主编是"真正"的主编,她坚持亲自修改每一篇文章,每一本书。从"新基础教育"探索性、发展性到成型性研究丛书,三套丛书共13本书,每一页文字都经过她慧眼的透视、扫描和修改,而且她还要与一本书的作者面谈交流,说明修改理由。当我拿到《纲要》时,登时呆住了,几乎每一页纸上都有密密麻麻的改动之处,各种修改符号和文字构成了一张网,网住了我的灵魂,使我真切地感受到什么叫认真、踏实和细致的工作态度。

一个人只要与叶老师真诚持续地合作交往过,他的学习和生活就不可能不更认真,他的思想就不可能不更加有活力,他的责任意识就不可能不强化,他对教育实践的态度就不可能不虔敬,他追问实践、透析实践的能力就不可能不持续提升。

第二朵金花是卢寄萍老师。卢老师是我们团队中年龄最大的伙伴,从"新基础教育"探索性研究阶段开始,一直到发展性研究阶段,她一直从事班级建设和语文教学改革研究,为后续研究奠定了不可或缺的基石。我与她交往不多，但每一次交流，都能从她身上感受到一种热情，一份执著，一股力量。有一次跟她一起到洵阳路小学听课，她坐在我的斜对面，在不经意间我瞥见了卢老师凝视课堂的眼睛，很难相信那是一双已近耄耋之年的老人的眼睛，如此清澈明亮。2004年因年龄原因从"新基础教育"团队退下来之后，她依然坚持每周乘公交车到洵阳路小学进行指导，一次次地和老师们磨课研讨。校长和老师们提起她时，那种深切的感恩和深厚的情谊溢于言表。我每次看到洵阳路小学老师的教学设计和课堂教学时，眼前总会不由自主地浮现出卢老师亲切的面容，我知道，其中的每一个字和现场中的每一个细节，都可能镌刻着卢老师的印记，渗透着卢老师的影响。这使我想起加拿大学者范梅南的一句话：教育就是对影响施加影响。教育改革何尝不是如此？要进行教育改革，就必须对变革实践者施加有效的影响，把新的理念和思想渗透转化到教师的日常行为中去，这需要变革促进者有强大的精神力量，有持续的渗透力和影响力。从她身上，我感悟到的是研究者如何才能获得对实践者真实持续的影响力，如何把自己的影响力扎进合作伙伴们的心灵中去。

第三朵金花是吴玉如老师。她是我的师父，是带我走入"新基础教育"语文教学世界的引路人。吴老师对我的引领首先是专业上的。从外高桥保税区实验小学开始的"新基础教育"语文教学探索性研究，再到成型性研究，吴老师多年来形成的丰厚积累，不仅是语文教学意义上的，更是语文教学"改革"意义上的，她洞察传统语文教学的问题，明了"新基础教育"语文教学改革的意义和方向，知晓语文教师参与"新基础教育"改革的种种困境，通晓语文课堂转型中的诸多细节。在与她的交往中，她的存在如同一面镜子，照出了我的不足：她的精细具体照出了我的粗疏抽象，她的温润和婉照出了我的冷漠尖锐……和她在一起共事，总是有如沐春风之感。

与卢老师一样，当时已近古稀之年的吴老师依然显得年轻有活力，似乎从不知疲倦，也没有人相信她们的真实年龄。从她们身上，可以总结出一句不是广告的广告：想要年轻吗？那就做"新基础教育"吧！即使如此，我还是没有忘记，在年龄上，她已是一位古稀老人了，但她依然跟我们一起奔波于一所所学校，穿梭于一间间教室。有好几次我和她一起从常州新基础实验学校回来，到上海火车站时已经是傍晚6点了，打出租车的队伍绵延两百多米，一直排到入口处的楼梯，等到我们打到车时，常常是7点多了，就这样她和我一直站着守候了一个多小时……

第四朵金花是李晓文老师。她的独特，首先是她来自心理学系，她的加盟丰富了"新基础教育"研究的知识结构和精神视野，强化了"新基础教育"在实证研究上的厚度与深度。因为她的存在，"新基础教育"班级建设的整体理论架构，尤其是在年段特征上的把握达到了相当细致严谨的深度。她的独特还表现在她快言快语、直言不讳，只要有李老师在的场合，就一定能听到她如连珠炮般的大嗓门，一个真实的内心世界毫无遮挡地呈现出来。李老师的工作负担、家庭负担都非常重，近年来又遭受亲爱的妹妹病故之痛，但出于一种深沉的责任感，她持续奋战于班队精品课的研讨过程中，奉献出新颖的视角、精巧的设计、多样的办法，她也常常会为一个课堂细节跟老师在电话中"絮絮叨叨"……

第五朵金花是吴亚萍老师。她是最年轻的一朵金花，"新基础教育"研究带给她的生命发展可以用"真实的巨变"来形容。经过多年持续不断的努力，她的数学学科改革研究在系列化、综合化上达到了相当的程度，甚至达到了使人叹服的地步。近些年她组织的每一次数学活动，她的每一次评课都好评如潮。她与晓文老师一样，是眼里揉不进沙子的人，从不掩饰自己的好恶，喜怒哀乐总是形于色，为此难免会得罪一些人，但接触久了，就会发现她对"新基础教育"的真诚、真心和真情，体会到"要想获真知，首先要做真人"的道理。作为语文组的第一责任人，我一直在琢磨吴亚萍老师成功的道理，我发现她有三种超强的能力。一是对课堂有超强的问题捕捉能力，对课堂存在的诸多细节性问题的敏锐把握、判断，完全可以用"明察秋毫"来形容。二是有超强的重建能力，她曾经对我说："老师们不会满足于你只是发现他们的问题，他们更需要的是你讲清楚接下去怎么做。"因此，她总是力图在评课中找到帮助老师们重建教学的具体方案，这给了我极大的启发，使我发现了新的评课方式——基于重建的评课，更使我意识到研究者的角色不能仅仅满足于做批评家，而要成为建筑师，教育实践从来不缺批评家，稀缺的是新的实践大厦的建筑师。三是超强的学习意识和能力，她时常会来旁听语文、英语等其他学科的研讨课，全程认真地记录，捕捉来自其他学科的资源，她会为一次发现而激动，随后很快转化到数学教学改革的重建中去。这些能力的获得都与她有超强的责任感有关。她告诉我的一个生命细节给我留下了难以磨灭的印象：她有时会为帮助老师如何重建一堂课而彻夜失眠……类似的情况，在包括叶老师在内的所有"金花"身上，都有不同形式的体现。

我不由地反思：自己有过类似的体验和经历吗？我会为变革推进中的困境和问题，为老师们的成长焦虑吗？如果很少，甚至没有，这就是我和吴亚萍老师的真实差距。这说明，我还没有和老师们形成一种内在相连的精神纽带，我还没有真正进入他们的课堂，进入他们的内心，还没有卷入他们的生命成长之中，因此，我还没有足够的资格称自己为他们的合作伙伴。

众多的合作伙伴，即"新基础教育"实验学校的校长和老师们，同样是我交缘中的重要构成。

明强小学的吴国丽校长，融大气和精细于一身。每次在明强举行"新基础教育"语文教学研讨活动，吴校长都坚持亲自参加，认真做笔记，积极发言。在头绪如此繁杂、工作如此忙碌的情况下，她的到来本身就是一种不言之教。在我艰难成长的岁月里，这位上海市特级校长，不断地以各种方式给予我鼓励和支持，各种节假日时常会收到她的祝福短信——她从不吝啬对他人的赞誉，总是把微笑和赞美奉献给我们。吴校长对每次活动的细节设计和安排，精细到话筒的音量控制，会议室桌椅摆放的美感等，让人感叹不已。走进明强小学，这所百年老校在"新基础教育"推进中形成的新校训——"明自我，明事理，强体魄，强精神"，俨然也是对我的教导。吴校长和她的团队创造的明强新文化，为这样一个问题提供了创造性的答案：百年老校如何在"新基础教育"研究中实现学校文化的转型与自我更新？

闵行区实验小学的何学锋校长，因叶老师的一句评价而闻名："学锋现在的思维品质好！"同样是"新基础教育"推进中发展起来的特级校长，何校长展现了强大的理性思考能力，他的每一次总结发言，都使我感慨连连。他已经摆脱了许多校长以经验的方式表达经验的局限，学会而且已经善于用理论的方式表达经验。他给我最深的启发是：如何在纷繁多变的学校管理变革实践中，对已有的经验进行提炼和提升？面对他，我不由自主地会有压力，时常担心我的理性思考和重建能力，在他面前相形见绌……

华坪小学的王叶婷校长，每次见到她，都有春风拂面之感，她总会握住我的手说:"李老师,你要常来啊!"她的每次发言,都让我感受到她对"新基础教育"遮挡不住的激情,同时,她的言说不仅充满了感性,又总是有理性的内涵在闪光。随着岁月的流逝,我发现了王校长身上的一种真实成长:理性之水已灌注于感性之中,形成了感性与理性的双向滋养、双向生成。她的每次总结,都渗透着正气、大气、底气、灵气和生气,我相信,是"新基础教育"研究培育了她身上的气场,催生并且提升了她的聪慧。很喜欢去她治下的华坪小学,这是一所暖意融融,且有股韧劲的学校。我时常纳闷:这么一位年轻的校长,是如何凝聚人心,如何创造了一种"和而不同,乐而不松,和谐融通,快乐成功"的"和乐文化"的?她带我的压力属于另外一种形式:她很可能高估了我的能力,我生怕辜负了她对我的期待……

"新基础教育"各所实验学校的校长尽管性格和领导风格差异很大,但都有一个共同特征,那就是对"新基础教育"的高度认同和一股子不服输的韧劲。这点特别体现在常州第二实验小学的两位校长身上。原校长邵兰芳,作为第一位把"新基础教育"引入常州的校长,她的创业史浸透了艰难的汗水、成功的喜悦,用叶老师的话来说,这是一位"拼了命做'新基础'"的校长,和她坐在一起,会隐约感到一种强大力量在身边环绕。作为继任者的王冬娟校长,面临的是另外一种挑战:如何尽快了解"新基础教育",进入"新基础教育",发展"新基础教育",把业已形成的学校"新基础教育"品牌发扬光大?如何把"新基础教育"之梦变成自我的理想之梦、事业之梦?为此,她开始了一段追梦之旅。2008年在常州举行的基地学校普查活动中,晚上王校长和我们正在吃饭时接了个电话,她神色陡然一变,立即起身,和我们匆匆告别后就离开了。第二天在学校看到她,平静一如往常,只是眉宇间多了份凝重。后来我们才知道,她的父亲在普查期间突然病故了,我为之一惊,不只是惊讶于事情本身来得突然,更惊讶于王校长本人的坚忍。今日的王校长,已经不同于以往的王校长,在校长的岗位上,我看到了她的蜕变和提升,目睹了她的梦想变成现实的过程。邵校长和王校长给我共同的启示是如何在坚韧不拔中应对"新基础教育"变革给自我成长和发展带来的挑战。

除此之外,洵阳路小学的朱乃湄,新基础教育实验学校的孙联荣,闵行四中的赵双成、屠红英,强恕学校的梁根余,汽轮小学的阮小娟、王培颖和局前街小学的李伟平等校长，都以不同的方式启发了我，丰富了我的精神积淀。

作为语文学科的第一责任人，我与语文老师的接触是最频繁的。回顾这些年来的交往史，每每感念于他们给予我的恩泽。

与新基础教育实验学校单云德老师的交缘，从他在华漕中学时就开始了。为准备"新基础教育"的现场研讨活动，他请我去跟老师们交流，交谈中我发现他竟然在赣州生活过很多年，那是我的故乡，两人间陡然亲近了不少。虽然他的话不多，但有条不紊，从容不迫，隐约感觉到话语背后的底蕴和力度。后来，他调到新基础教育实验学校，不久成为初中语文特级教师。单老师最大的特点，在于自我更新的意识和能力。他早已在全区甚至全市有了相当高的威望，但他依然有勇气承担"新基础教育"的挑战。在初中学校他承担的"新基础教育"研讨课是最多的，承受的评议也是最多的，这恰恰是"新基础教育"研讨的特点——聚焦问题。要在一群徒弟和崇拜者面前，接受我们接二连三的评议，是需要勇气的。他不仅坦然接受了，而且还进行了一次次的重建。在2009年5月举行的成型性研究结题会上，单老师上了一堂成功的研讨课，说课时他提到了"有机课堂"的问题，我追问了一句：什么是有机课堂和有机化？他当时作了概要性的回答，说明他已经有了自己的思考。本以为就到此为止了，一个多月后，他突然给我发来了一篇关于语文课堂有机化的文章，系统梳理和总结了自己的思考。2009年7月在成都举行的教学研讨会上，我推荐他作了主题发言。他这一次发言与之前又不同了，我兴奋不已，特地在会上对着一千多名教师作了点评。2009年11月举行的"新基础教育"语文扎根研修班上，我邀请他就课堂有机化问题作专题报告，没想到，这次报告的广度和深度又有了许多拓展与深化！同时，他还介绍了自己是如何学习《纲要》的，这是一个异常细致的阅读梳理过程，他几乎把《纲要》的核心部分重新抄录了一遍。因为这一报告，他在研修班上成为全场的明星。我的感触、感动、感叹在内心奔腾不已。"新基础教育"的研究精神已经化到他的血液和骨髓中去了！反身自问：我有这样的精神吗？我能在年近耳顺之年且已"名满天下"的时候，还有如此旺盛的学习需求，还有持续自我更新、自我重建的勇气吗？如果有，那我就是一个合格的"新基础教育"团队中的一员！

因为有了这样的研究精神和变革勇气,我亲眼目睹了洵阳路小学的郑煜老师是如何从教语文蜕变为享受语文的;目睹了明强小学的俞亚勤老师是如何在多次获得全国和上海市教学比赛大奖之后,还在勤勉地反思和重建自身,概括出语文教学互动生成的五种类型的;目睹了闵行区实验小学的吴红霞老师是如何在艰难的转型中改变旧自我、迎接新自我的;目睹了华坪小学的张燕老师一次次摔倒和晕倒后,是如何仍旧挺立在研究第一线且不断有新思考、新创生的;目睹了常州第二实验小学的高鸣鸿老师是怎么从最初研讨会上的词不达意到语文研修班上展现出令人惊叹的梳理提炼能力的;目睹了常州局前街小学的姜明红老师是如何在已经成为特级教师的情况下又迈出新的步伐的,金东旭老师是如何在"新基础教育"研究中成为特级教师后备人才的,以及仅30岁的许嫣娜老师是如何获得全国教学比赛特等奖第一名,进而成为全国模范教师的……

同样的目睹也发生在华东师大"新基础教育"研究团队中的伙伴们身上,他们大都是我的同门同道,他们的每一个"新基础教育"细节,每一种"新基础教育"意义上的生命成长带给我的感发和影响,从过去、现在到将来,都将绵绵不绝……

在一次次的目睹和交缘中,绵绵不绝的还有我对所有"新基础教育"同行者的温情和敬意,因"新基础教育"而来的人生默会相知,以及与他们的每一种交缘都加添着我的精神力量,不断地把"新基础教育"的魂魄注入我的灵魂之中。

对我而言,与"新基础人"不同形式的交缘,介入了、参与了我与"新基础教育"之缘的建构和创生的过程。

世界上的大多数缘,不仅是发现的,更是建构出来的。缘,既是名词,更是动词。作为名词的缘,它静静守候在某处,等待被发现、被展开、被揭示;作为动词的缘,则需要有缘者精心地去呵护、去构筑、去重建。缘之构筑不是轻而易举的过程,可以被轻松筑成的缘不是真正的缘。"真"缘的形成总是经历着一次次的反思和重建。

种种困缘与喜缘的交融与汇集,带给我的是对研究者自身变革的呼求,促使我调动自身一切可能调动的能量,应对每天都如潮水般涌来的挑战:我该怎么改变和重建自身,才能跟得上周围伙伴的成长步伐?才能对得起合作者对我的期待?才能对得起这份难得的生命之缘?

我的创缘是从重建自己的价值观开始的。"新基础教育"变革是从价值观和价值取向的变革而来的,由时代敏感和生命敏感而来的"生命自觉""成事成人"和"关注实践"等价值观,导引着这些年来的"新基础教育"。我认同这些价值观,并且尝试在各种讲座、培训和会议中不断宣讲它们,但为什么最初的我进步不大?关键的问题是,这些价值观只是我言说中的价值观,是被视为"他者"的价值观,我的言谈似乎是在津津乐道于一个与己无关的要事。要改变自我,走出困境,必须把这些纸上的价值观、黑板上的价值观变成属于我的、内在于我的价值观,变成行走着的、活着的价值观,让自觉之生命在每一个生命细节中彰显出来,使对实践的关注成为自身学术生命发展的内在动力。

我不再等待着叶老师给我布置任务,而是学会主动策划和反思每一次活动,每一个阶段的工作,我的活动策划从最初的一两页纸,逐渐增加到五六页纸,甚至十多页纸……学会反思和如何反思,不再只是我对老师们宣讲的内容,而是变成自己时常必做的功课,我也开始像吴亚萍老师那样,每次从现场回来,都将叶老师、吴玉如老师和自己的发言一一回放,认真揣摩对比,也开始为她们的精彩和自己的笨拙而叹息连连……为此我甚至专门在电脑上建立了一个"叶老师语录",将能搜集到的叶老师的现场评点汇集起来,一有空就阅读研习。

我做笔记的习惯不再只针对于有字之书,我开始养成了做实践笔记的习惯,并将这个笔记命名为"落地笔记"。之所以取此名,就是为了改变自己长期飘浮在空中的状态,想借此落下去,落到实践的大地上去,并对自己落的状态和落的过程时刻加以反思。以下是我2007年10月底的一篇落地笔记。

不管怎么说,我开始拿起实践这本书来读了,而且读进去了。一个世界向我渐次敞开:在我眼中原本沉寂的课堂生动了,模糊的面容清晰了……在读课堂、读师生、读校长中,我似乎触摸到了教育的真谛,但一种犹疑和隔膜同时在隐现:我是不是戴着有色眼镜在读实践?我的镜片上的那层雾气是不是还没有飘散?

但毕竟,我开始思想实践了,而且也思进去了。当我回到书斋里,满脑子里不再是各种理论学说,而是某某学校、某位校长、某位教师的某个问题，这些问题不动声色地敲打着我的神经，我伸出思想的触角抓住它们，放在灯光下细细查验解剖——我在用解剖理论问题的方式来"思想"实践问题。

我以叶老师所言的"双向建构"为核心，在理论与实践之间实现转化。走到这一步，我感到了艰难，厚重的墙壁硬生生地挡在了我面前。原先轻飘的乐观沉没到了水底，同时沉默无声。这堵墙之所以矗立起来，除了因为"化"本身的艰难沉重之外，来自我自身的原因是多方面的。

沉得不够。"沉下去！"是我落到大地之后的自我命令，但时间的安排没有为沉下去提供充足的保障，这意味着我的生存方式还没有彻底转型。海德格尔的《存在与时间》带给我的启发之一就在于：你以何种方式进入实践并最终融入实践，首先取决于你以何种方式将自身的时间委身于它。显然，我的时间配置不合理，因此，时常的张皇无措、东游西荡和气喘吁吁构成了我的生存状态。没有沉到实践问题的根本上，没有沉到教师的心中，可能是没有沉下去的另一个表征。我的玄思天性时常会指挥着我进行人为的拔高，同时，又没有为这种陡然的高远寻找可以攀登的阶梯，结果，这种高远只是大地上漂浮的云彩。我的合作者们因此可望而不可即，他们看累了，脖子也酸了，就只好低头看自己脚下的路，各顾各地走自己的路了，天上的云彩就任由它飘荡去吧。

磨得不够。首要的磨是对课而言的，与数学组的吴亚萍老师相比，我的磨课功夫急需改进。磨首先是一种心态，要耐心地灌注成长的养分，耐心地守候成长的时辰；磨也是一种精神，要迎难而上、坚持不懈、永不放弃，要团队合作、共同成长，这是"新基础教育"精神的具体体现。磨之难在于细节，磨的过程就是人的成长的过程，在对各种细微事务的雕琢中，人的未来一声不响地潜伏着，静候着成长的时辰。于是，自我生命和他人生命的成长就在频频而来的磨练或磨合中深深地啄成。这种磨浸透着一种全神贯注，而一切促进个人成长的措施的基本特征，都在于对他的全神贯注，在于无限制的虔诚的关注。

贴得不够。缺少从对方的背景、需要、困难和障碍的角度思考……

悟得不够。我已习惯于从书本中领悟生命之道、教育之道，但还没有习惯于从实践中悟道，缺少及时的反思和领悟，往往一回来就忙别的事情去了，结果很多资源也就被放过去了。

融得不够。之所以融得不够，不仅是因为能力、技巧的缺失，更是因为还缺少对实践大地的挚爱，这个大地还没有真正成为我思想的源泉。所以，每次踏上大地，往往有很多新鲜的感受，但没有多少新鲜的思想。我还没有学会享受实践大地带给我的恩惠。

要走出这些困境，唯一的出路就是落到地面上，然后聚焦。以前的我是落下了，但是，其一，落的地方不对，偏离了；其二，为了实现软着陆，我是带着降落伞空降下来的，降落伞还没有卸下，我还带着它在地面上跳和飘。这个伞就是原有的思维方式。很多时候，我是带着伞在跳舞，而不是在耕耘。我今后要做的首先是贴近地面。即使要飞翔，也要贴近地面来飞翔。

摆脱降落伞的根本，是要打破已有的假设：校长和教师是种子，我是阳光雨露，散落大地的种子，等待着我的滋润。我也是种子，也同样要散落在大地上，和另一些种子聚在一起，一起去迎接阳光，一起去迎接成长。

我不再等待实验学校的校长和老师找我，而是主动联系，利用电话、短信和邮件，尽可能地寻找跟他们交流的机会，这不仅是一种表现姿态和行为方式的转变——从高空投弹到贴着地面飞翔，再到根植于土壤进行耕种——更是一种行为习惯的养成，我开始舍得花时间，主动贴近他们，像叶老师一样，常常研读和修改他们的每一篇策划、总结、教学设计、发言稿和论文，我开始懂得珍视所有老师在"新基础教育"研究中创造出的经验、思想和文字，我知道其中蕴含着他们的生命能量，蕴含着实践智慧的火花，它们可能会与我发生生命能量的相互转化生成。为了解校长和教师的需要，我甚至会把某些人所有成文的教学设计、发言记录、反思笔记和论文拿来一一研读分析，阅读它们就仿佛在与他们本人对话交流。我会为他们的一句话、一个观点、一个方法而雀跃不已。我学会了把更多的由衷的赞美和感恩献给他们。2008年下半年开始，凡是重要的研讨活动（如精品课、结题研讨会等）结束之后，我都会给每一位参与的老师发感谢短信，这样的感谢不只是针对某一次活动，而且内含着对与我合作多年的每个合作者的感恩，我越来越体认到"合作伙伴"的内涵，合作的真谛在于：我们在合作中把"新基础教育"相互渗入到对方的灵魂之中。

我不再进课堂前，总是等着学校老师给我拿来教材和教学内容，而是主动购买或要来了人教版、沪教版和苏教版等多套语文教材，我终于在喋喋不休地"教导"老师研读教材之后，自己开始细致地解读教材了，并做出了几十份表格，上万字的阅读笔记。我不再满足于蜻蜓点水似的阅读一些语文教学杂志和书籍，从2008年开始，我在订阅语文教学研究杂志的同时，几乎把当代中国出版的语文教学研究著作都买齐且翻遍了，我开始有了对当代中国语文教学界发展历史和现状的整体把握，基于这种把握，我对"新基础教育"语文教学改革在整体中国语文教学改革发展中的独特有了越来越清晰的认识。

我不再只把书斋中催生的理论问题视为研究问题的全部，实践中产生的问题开始进入自己的研究视野，并且逐渐从边缘走向核心。从2006年开始至今，我撰写并发表的大部分论文都与"新基础教育"实践有关，如有关研究者如何直面实践和研究实践的系列论文，以及"教研组文化"的系列论文，彻底改变了发展性研究阶段发表的相关论文中"实践"几乎是空白的尴尬状态。在主持《纲要》的写作过程中，在对"新基础教育"语文教学改革的整体思路和微观路径逐渐明晰的同时，我也形成了对语文教学研究的研究兴趣，开始意识到叶老师的那一句"教育基本理论研究者一定要有学科教学载体"中的微言大义。这之后，语文教学研究已然成为我学术版图的重要构成，我找到了肩起文化担当的基本路径。

新价值观的确立带来的是角色的转变。我努力不再把自己当作一个布道者，将自己视为演讲者，将教师视为自己的听众，转而以对话的态度，在互动中与他们交流，耐心地倾听和记录他们的声音，我知道他们的声音与理论者的声音一样值得珍视，我愿意把他们的声音和我的声音交融在一起，"新基础教育"的交响乐就是这样生成的。我也努力走出尖锐的批判者的角色，不再满足于享受批判的快感，转而追求建筑师的角色，寻找重建的突破口，摸索重建的可能。无论是课文育人价值的发掘、教学目标的设计、教材分析与学生分析的融通，还是不同文体课文教学流程的设计，以及纷繁多样的各种语文课型的整体设计与实施，我都力图提供建构意义上的设想或建议。同时，我也开始为如何重建一堂课而忧心烦恼……

角色转变后带来的是在磨砺中"现场功"的提升。我学会了当目标确立之后，如何推进变革的策划能力，调整和重建已有策划的能力。我也逐步有了对实践的敏感,这是一种对"活的课堂"的活性敏感,在此基础上我养成了阅读"无字之书"的习惯。同时,我有了对课堂资源的敏感,逐步学会在尽可能短的时间内捕捉、判断、编织和重组。更重要的是,我开始学会以对话交流的方式,而不是演讲的方式与实践者沟通——这是叶老师多次告诫我的地方。叶老师所展示出来的那种"收上来,再回过去"的能力,已经一点点地在我的生命中浸润和弥漫开来。特别是,我慢慢有了对以下能力的敏感和重视:将研究者的内在知识转化为实践者的内在知识,将研究者自我的清晰转化为实践者的清晰的能力。我不再以自己的清晰替代实践者的清晰。

2008年5月12日下午,我应闵行区实验小学何学锋校长之邀,与该校全体语文教师进行交流。这是我第一次独自与该校全体语文老师面对面,也是我首次完整表达我对"新基础教育"语文教学改革的理解。我似乎感觉到了老师们的若有所悟,也感觉到了数学教师出身的何校长的微微一震。从他们会后的各种反映来看,我的发言触动了他们。用何校长的话来说,因为我的报告,他对"新基础教育"语文教学改革的思路清晰了。通过这一次报告,我似乎顿悟了"新基础教育"语文教学改革的魂在何方,叶老师、吴玉如老师等人建构的语文教学改革世界,似乎一下子向我敞开了大门,我终于踏门而入了!

这天下午,在遥远的四川汶川发生了大地震。在为受难同胞祈祷的同时,我知道自己的内心也经历了一场地震。这种精神地震早在我的困缘时期就以各种不同的方式发生了,每一次的精神地震都在清晰自我和清晰他人之间震出了新的转化生成,震出了新的基本功的发芽、开花。

"现场功"的提升也带来了"案头功"的提升,前者为后者带来了有实践深度的理论广度,有实践广度的理论深度。我的书斋中的实践内涵、实践品味和实践品质有了前所未有的丰富与提升,"现场功"与"案头功"间产生了相互促动,彼此的广度增加了对方的深度,彼此的深度拓宽了对方的广度。

在这种互动中,我学会了扎实地思考,充实地实践,丰实地重建,平实地表达,真实地成长。

因了这些能力的提升,我有了超越。这是一种双向超越,首要的超越是对抽象的超越，即学会了从抽象到具体。如同哲学家叶秀山所言："超越不是超越到抽象方面去，不是从具体到抽象，好像越抽象就越超越，或者越超越就越抽象，最大的抽象就是最大的超越。事实上恰恰相反，超越是从抽象到具体，具体为事物之存在，事物之深层次的存在。"

对于习惯于抽象思维的我而言，这恰恰是体验最深的一种超越：不是超越到天上，而是深入到地上，深入到实际的教育实践中去，深入到教育内部、学校内部、课堂内部，深入到"生命·实践"之所以为"生命·实践"的内核中去。当我学会了用具体的方式言说和交流，切近老师们的具体问题之时，我又实现了一种超越。另一个意义上的超越，则是对具体的超越，即将大量细枝末节的生命实践体验，编织、提升为系统化、结构化的理论之网。这不仅是作为理论者的我的责任，也是"新基础教育"实践者在研究中形成的一种新的能力。在研讨会、总结会和各种文章中，我一次次目睹了合作伙伴们如何游刃有余地用理论的方式自如地表达着他们的经验。

根本意义上的超越，不是单向超越，而是双向超越，即对抽象超越和对具体超越双向转化。这是一种基于"生命·实践"的"超越间性"，它结成的是一种基于双向转化的超越之网，在实践原创和理论原创之间形成了一种内在的张力。达致这一超越的唯一途径是"脚踏大地，仰望星空"，是"高高山顶立，深深海底行"。

四、思悟家园

2009年11月，在闵行区推进"新基础教育"颁奖大会上，我为卓越奖获得者写就了这样的颁奖词："他们把参与'新基础教育'研究，变成了高难度的自我较量，在艰苦卓绝的自我更新中实现了自我超越，实现了生命能量的自我增值，完成了朝向'新基础教育'故乡的精神扎根。"

这段话其实也是写给我自己的，不是因为自己卓越，而是因为我自己体验到了类似的精神扎根的过程。多年的"新基础教育"之旅，既是成长之旅，也是扎根之旅，今日对这段旅程的回首，是在思和悟中纠结缠绕的回首。

首先思悟出的是"新基础教育"的独特价值。"新基础教育"是迎向变革的风,从对时代的敏感开始,它不仅卷入到时代变革的洪流中,努力走出教育变革的林中路,而且提出了对这个时代的精神洞见,描绘出符合时代精神的生命图景,拥有了来自教育的对这个时代的灵魂刻度。它从不追寻华丽语词的堆积,力图与把教育研究变成理论符号游戏的取向保持距离,它走出的是实在确凿的变革之旅。

"新基础教育"从不掩饰自身的理想主义光泽,它用20年的光阴表达出的对理想生命和理想教育的颂歌,不是文字之笔"写"出来的,而是结结实实地做出来,实践出来的。这种基于现实的理想总是追逐着时代的需要。面对这样一个大时代,今日之教育实践和教育学思考,如果孕育不出有重量的精神境界,孕育不出有质量的生命理想,就无法实现生命上的翻转,就无以面对这个变革的大时代。

在此时代面前,特别需要教育者和教育研究者,有宽大、温暖和前瞻性的眼光,从时代的激变中,从真我里发出一种生命理想,开显出精神的创造力。

"成事成人"和"生命自觉"就是"新基础教育"在时代变革开显出的一种生命理想,它卷入和推进变革的方式,首先就是回答:如何在教育领域,正视生命、勘探生命、培育灵魂?如何在历史与现实、远景与当下、人与世界、理论与实践的缝隙里,努力谛听一个个在教育变革中奔走、辗转的心灵所发出的细微声音?如何把耐心倾听、敬畏生命和创造生命,而不仅仅是描述生命,作为基本的研究精神?

通过对上述问题的追思,"新基础教育"发现,价值危机才是当代教育和教育学真正的危机。因此,它首先努力创造的是一个质朴有力的价值世界,进而告诉世人:教育要有价值定力,要有勇气推动旧的价值转型,更要有责任担当和坚守新的价值。

这个核心价值观始终与教育的生命价值有关。我对"新基础教育"的领悟就是以此为出发点的:从中领悟到自我的生命与他人的生命之间的连接,领悟到真正的教育学理论的本源连接着生命——不是抽象的连接,而是具体的连接,不是孤立的连接,而是整体的连接。在连接中,"新基础教育"视野下的教育学,创造了一种独特的解释教育和创造新的教育的方式,不仅是描述、复述、解释和叙说已成教育之事,更是创造未成和可能成的教育之事。

通过参与"新基础教育",我懂得了教育之事的庄严和伟力,更懂得了教育学之思的肃穆和虔诚,并因此找到了进入教育学、研习教育学和发展创造教育学的"新基础教育"方式,"新基础教育"由此成为我的教育学学园。

在这所学园里,我真切体会到自身原有教育学认识的局限:它阻隔了教育学原发时的生气,那种教育学与"生命·实践"世界连通的生气。真正有生命力的教育学,不论它研究的问题域多么狭窄,一定会对原发时的生气有所感通,有所体现。而这种生气,也就是"天地有大美而不言""生生之谓易"的那种东西,它体现在人身上,就是"生命·实践"的活动,理解、表达和创生这种活动的就是教育学。这是"生命·实践"教育学的追求,在它里面蕴含了在"天地人事"间培育"生命自觉"的生命感受,体现出一种"天地运行,生生不息"的力量,那个具体的人在天地、自然和教育生活之中的生命成长的力量。

如果只是满足于用理论制造出的话语方式去描写生命实践活动的话,肯定会把教育写得简单甚至简陋,最后教育实践中的生命就化为一个符号,缩减为没有生气、没有质感的"物"。研究者也容易满足于将他人或自己头脑中制造出来的东西,误以为是教育的现实,并且套到现实中去,现实常常成为被这样的教育学扭曲的"现实"。

"新基础教育"的教育学价值,就在于为了实践,在实践和改造实践中,回归质朴真实的教育现实,回归教育的常识:教育是直面生命,为了生命和促进生命发展的实践活动,同时又重建和提升了常识,使对"生命·实践"的理解和认识,成为教育和教育学中新的常识。

"新基础教育"的价值绝不止于教育学层面。它对参与其中的每个人而言,还具有成长价值。为什么要做"新基础教育"?在"新基础教育"研究中,感悟了什么,收获了什么,成长和发展了什么?一言以概之,与"新基础教育"结缘,对自己的生命价值何在?

"新基础教育"最了不起的地方,是使真诚投入其中的人充满生气,促其成长,这是一种蓬蓬勃勃的成长感受。这种感受里同时蕴含着参与者对其教育阅历和研究体验的一种反思、告白和升华。

对于我而言,"新基础教育"首先是一个在精神磨砺的过程中修炼人生、修炼学问的方式，是一种促使自我精神世界转型和变革的过程，是灵魂再生和涅槃的过程。

这些年的"新基础教育"之路，把一个文学青年、多学科的爱慕者，变成了真正以教育学为业的人，变成了痴迷于教育改革，且有教育担当和教育学使命的人；把一个醉心于风花雪月的多愁善感的诗人，变成了一个敏感于实践的坚实，敏锐于新生命成长和创建的建筑师；把一个习惯于密室阅读、研究和写作的孤独的专业写手或"坐家"，变成了一个痴迷于实践田野甚至依赖于实践田野的人。我对以下观点确信不疑："密室"研究和写作，研究者（或作家）对世界的观察尺度是有限的，内向的，细碎的，关注和书写的是以个人经验为中心的人事与生活，代表的是一种私人的、自我的眼界，形成的是纸上的虚构；而田野研究，则需要在自我的尺度之外，承认这个世界还有天空和大地。人不仅在闺房、密室里生活，还在大地上行走，还要接受"生命·实践"之道的规约和审问。

即使是李白、杜甫，他们的诗从来都不是仅在书斋里写的，他们一直在生活，在行走，同时也在写诗，他们一直是生活实践的在场者。通过做"新基础教育"研究，我感受到自己是一个"生命·实践"的在场者，是一个有心灵体温和生命质感的理论人。我深信：如果一种理论从来没有在教育者和研究者的生活或内心里活过，从来没有在实践中被感悟过，死亡和衰败是必然的命运。

我的精神漫游为"新基础教育"强大坚硬的实践力量所俘获，使我得以穿越由语词的丛林密密编织的理论之网，重新回到教育的真实世界。我的"新基础教育"研究心路史，是一个精神漫游者的归家史，是从理论"密室"回到实践田野的历史。

因了这样的历史，一种内在的根本性变化得以涌出，这是一个旧我到新我的变化，新我之"新"在于灵魂之新。诸缘的汇集交融，使我逐渐蜕去了旧有之灵魂，长出了"新基础教育"的魂魄，它是一种理想和信念，一种眼光和气度，一种责任和承诺——"新基础教育"之魂内蕴着对生命、对教育的承诺，也有对民族、对社会、对中国的承诺：改变已有的教育，让我们的教育美好起来，改变教育生活中的生命，让每一个活泼泼的生命有"生命自觉"且强健幸福起来，并由此让中国更加强大起来，让中华民族的声音在世界的舞台上愈发清澈嘹亮……这样的承诺，使我想起美国诗

人罗伯特·弗罗斯特在《我有诺言,尚待实现》中发出的慨叹:

树林美丽,
幽暗而深邃。
但我有诺言,尚待实现,
还要奔行百里,方可沉睡。

最初发现这首诗,在默然无语中,豁然领悟,"悟则神和气静,容敬色庄",我突然有了"寒尽鸿声断,春归草色柔""心神奔驰于内,欣然自得"之感,感受到"见日月光,旷然而乐"的喜悦,恍然间似乎瞥见了"处处绿杨堪系马,家家门首通长安"的那种自由的人生境界。在此境界中,我开始安然享受"新基础教育"之魂对我的滋润,体会庄子所言的"安其所安,不安其所不安",我终于可以安妥自己的灵魂,将摇荡不定的灵魂安放于"新基础教育"之家中,日夜居住其间判"天地人事"之美,析"生命·实践"之理。由此,我的人生就与"新基础教育"融合起来,不断走向要做好"新基础教育"必须有的一种生命境界:心境澄明,意态执著,神清若水,心细如发。走向广远、深远的生命澄明之境,使我得以带着"新基础教育"的魂魄,安然渡过我此后的教育人生和教育学人生。

从相遇、知遇到道遇

我相信，每一个来到这世界上的人，都是为相遇而来的。相遇的目的各有不同：有的为了与他所爱的"物"相遇，可称之为"遭遇"；有的为了与他所爱或所仰慕的人相遇，暂且称之为"相遇"；有的为了与他所渴慕的知识相遇，这叫"知遇"；有的为了与他所追寻的大道相遇，他的人生是为求道而来的人生，这就可以叫作"道遇"了。我心目中的人生境界，大抵如此。一生中有物、有人、有知、有道，大概就是一种完满的人生了。

正是为了这一目的，命运安排我回到了华东师大，去经历不同的相遇体验。

与书的遭遇，是我所有遭遇中最有诱惑力的部分。

我不知道自己是在什么时候成为一个书生的，这是属于我的命运。有人说，愿意的人，命运领着走，不愿意的人，命运拖着走，我大抵属于被领着走的人。

书生的传统角色形象是穷和瘦。我都各自占了一部分。大学时代，买不起书，只好抄书；硕士时代，曾经为买一本书，特意饿了一天肚子，省下一日的饭钱，换来心仪已久的黑格尔的《小逻辑》；博士阶段，不用如此节省了，但太多的书排着队等待着我的"检阅"，我怀着还债的心情日日催逼着自己。于是，自然就有了书生的瘦。可从流传至今的一句话中得到证实："你怎么这么瘦啊，瘦得跟李政涛似的。"每每在食堂打饭，师傅们往往会多给我一些，他们虽然不言不语，但那目光中分明饱含着深切的同情。

无论是穷还是瘦，都与爱书有关。青年时代的周恩来曾为自己的瘦解释道：吾为天下瘦。我还没有达到这一境界，但我至少可以说：吾为读书瘦，而且终于瘦成了一种标准。爱书是书生的本分，也是书生的职业。虽然各人表现不一，但仍有许多大致相同之处，比如对书的嗅觉异常灵敏，目标一旦出现，就会像苍蝇一样扑过去，如果一个月没有买书了，苍蝇就会变成猛兽，那就不是"苍蝇横飞"了，而是"饿虎扑食"或者"猛虎下山"。带着这样的"贪婪"，我踏进华东师大校门之初，在日记里写下的第一句话是："从今天开始，横扫华东师大图书馆。"

爱书、读书为了什么？这是书生不能不思考的问题。想来想去，无非是张世英先生所说的两种目的：一途求有用，另一途求相遇。我不否认，在很多时候，作为书生的我也有为求"有用"的一面，功利性时常跳出来，对我的读书生活指手画脚。但我心向往之的却是"相遇"。

与叶澜先生的相遇，是我读书生涯中最重要的收获。似乎我所有为读书、爱书而做的努力，都是为了与这样一位导师，一位以思索生命成长为业的智者相遇。与先生的相遇，可谓有惊、有情、有知、有灵、有智和有根。所谓"有惊"，在于奇，先生言说中的思考，不落旧套，不出熟招，力图拧出私人化的生命体验、观察体悟，而不是循着公共的感觉去言说，每一次表达都是一次"发现"。所谓"有情"，是指先生随处可见的"激情"，不是"矫情""煽情""滥情"，而是诉说人间真情，话语中夹带着体温和呼吸的湿润，同时又有着理性坚实的底蕴。所谓"有知"，是指我与先生的相遇，是以有知为底蕴，以求知为目的的相遇。红尘中有"知"无"遇"总归遗憾，有"遇"无"知"更是盲目。所以，"有知"的相遇，就是为"知"引来"遇"，为"遇"开掘出新"知"。在这个意义上，先生与我等弟子的相遇，不再是一般意义上的相遇，而是知遇。所谓"有灵""有智""有根"，是指与先生的相遇，是灵魂与灵魂的相遇，智慧火花不时迸发的相遇，站在生命根基之上的相遇。我相信，先生不仅是一位智者，而且是一位求道者，倾其所有之生命能量，孜孜以求教育之大道、生命之大道。所以，任何怀有如此求道的虔诚之心者，与先生的相遇就是道遇。正是与先生有了如此的知遇和道遇，我逐渐领略了教育学的美和伟大，进入了"新基础教育"的现场，在介入式的注视、凝视和透视中，实现了教育研究者不能没有的生命与生命的相遇。王昌龄诗云："荷叶罗裙一色裁，芙蓉向脸两边开。乱入池中看不见，闻歌始觉有人来。"教育学研究往往容易"不见人"，成为只有"概念""命题""理论"，没有生命的教育学。也正是在先生那里，不见生命的窘境被彻底摆脱了，摆脱的途径不是抽象地谈论生命，不是在写作中，在言谈中论及生命，就俨然在"生命"与"教育学"之间建立了联姻，而是将自己的生命投入到他人的生命中，在对教师和学生生命真切的关爱中，影响和改变他们在教育生活中的生存方式，同时也是在完善着自己的生命。她使我体悟到：教育学必须要有"生命关怀"，以此为底蕴的"生命教育学"不仅是理论上的，更是实践上的，是介入式、参与式的"生命·实践教育学"。

在我的读书生涯中，与我相遇的许多人，都不同程度地带给我类似的体验。

在北大"偷学"两年的日子里，在外国哲学研究所那间简陋的房子中，与归国不久的张祥龙先生和他的学生们相遇，还有先后出现在教室里的汉斯·昆、刘小枫、何光沪、陈嘉映等先生，他们的身姿与话语，已经在无意中成为我生命的一部分。他们大都衣着极其简朴，但一个个目光坚定，且闪闪发亮，那是求知者、求道者才有的目光。写到这里，里尔克的一句话不由地浮现出来："最光辉的人物倚立在简朴的门前。"任何一个立志于求知、求道的人，他的生命就必然有光，他的光亮必定会以不同的方式照亮着周围的人，当照亮发生的时候，他与他人的关系就不再是遭遇的关系，而是相遇的关系，更是知遇和道遇的关系。

我的硕士导师吴秀娟老师，以及华师东大教育学系的老师们——陈桂生、陆有铨、熊川武、杜成宪、郑金洲、黄向阳、吴亚萍、吴遵民、马和民、徐继洁、卜玉华、王建军等诸位先生，我的师兄和老师杨小微先生，还有北京教育学院的李方院长、胡淑云主任，都以各种方式，与我在知遇、道遇中，在我的生命里投下了光影，刻下了痕迹。这远远不是一份完整的相遇者的名单，我的那些师兄、师姐、师弟、师妹们，那些由于各样的因缘而聚合在一起，为我的成长提供了各种帮助的老师、同学和朋友们，虽然为避免挂一漏万，我难以将他们的姓名一一列举，但毫无疑问的是，他们生命的呼吸、生命的能量已经转化为我的生命能量的一部分。我们为相遇而来，为知遇、道遇而来，我们享受着"同学"这一上天赐予的珍贵礼物，我们相互为着对方而存在。

与这些求知者、求道者的相遇和同行，成为我幸福的源泉。他们以不同的方式，阐释了"信、望、爱"的意义，有信，有望，有爱，使得我们之间的对话，犹如一件宽松的棉袍，温暖而舒适。他们教会我，如何把自己的灵魂变成天线，获取世界上那些智者的声音。他们通过各样的途径启示我，如何回答我钟爱的俄罗斯诗人曼德里施塔姆提出的问题："我被赋予了躯体，我有何作为，面对这惟一的、属于我的躯体？"

对于所有这些与我相遇的人，我一生的权利唯有"感恩"。我相信，自己成长的每一步都有着来自与自己相遇的每一个生命的恩泽。然而，人总是很容易地忘记应该感谢的人与事，轻易地忘记别人对自己的恩惠，同时，又很容易地牢记自己遭遇的来自他人的有意无意的伤害，轻易地牢记自己对于他人的帮助与付出。我不敢说自己一定不会如此，但我会尽力避免这样的窘境在我的生命历程中出现。

由于在一段最艰难的时期，受到卡夫卡、川端康成等人的影响，悲观浸透了我的骨髓。理想的屡屡受挫，使我常常感到，那些最重要的美似乎已经消逝了。同时，我又时常对自己的能力、个性和前途有着各式的不知疲倦的怀疑与担忧，但我的相遇者总能给予我力量继续前行，为我的悲观里注入了执著的力度。有时，面对自己的限度，我无法不悲观，但执著却是我可以做到的，思想上、精神上的执著是这样一种态度：从不可能性中挖掘出可能性，然后从最小的可能性开始。我将用这样的执著，而不是用姿势，来表达我对所有相遇者的敬意和感谢。

家人的支持是我不能不提到的。尤其是我的母亲，我每前行一步，都有她疾病缠身的身影陪伴左右。最不能忘怀的是读硕士期间，为了还债，也为了使我和我同样在读硕士的哥哥能够拥有一个相对宽裕的读书生活，堂堂县里法院院长的夫人，也曾经做过多年小学老师的她，常常挑着自己种的番薯藤，大清早赶到菜市场叫卖，我的许多同学、朋友们见之，均掩面而过，不忍目睹。而当时我所能做的，唯有潸然。稍许可以告慰的是，她卖番薯藤得来的钱，大都被我换为一本本的书，它们安然地躺在书架上，做着个人历史和情感的见证。

一切都在消逝，一切又都在重来，一切又都在转瞬之间。三年博士生的书生生活很快成为历史，我开始初步领会了胡适所说的"心情微近中年"的深义，但我仍然渴望能再有一个完整的读书时间，让我彻底实现多年以来的梦想：左手持中国古籍，右手握西学原版经典，怀揣着古希腊式的对世界的惊异，中国儒家式的温润情意，在书本上用手指触摸智慧者生命的温度，用目光浏览"道"的秘语，揭开生命之道的奥义，向着永恒之路进发。

写到这里，突然感到一缕稀薄的阳光照进了我的心里，一丝薄薄的温暖绵绵不绝。我瞥见了被庸常生活揉皱的灵魂上出现的纤细光亮，就在此时，沈从文的文字如水一样漫过："山头一抹淡淡的午后阳光感动我，水底各色圆如棋子的石头也感动我。我心中似乎毫无渣滓，透明烛照，对万汇百物，对拉船人与小小船只，一切都那么爱着，那么温暖的爱着。"

应和着这样的感动，我在日记里写下了一首诗，作为对已度人生和将要到来的人生的小结与展望。

醒来时，我们面对永恒

我们在呼吸中醒来，
与永恒的瞬间对视，
仿佛手心握住了天国的钥匙。

我们将用耳朵彻夜歌唱，
用眼睛无止境地书写，
感官的盛宴在修女的晨祷声中幻灭。

不要惊扰时代的墓地，
当根基发生漂移，
就在内心呼喊，像无助的老人一样。

从虚无中浮出脸庞，
用清水、盐和空气擦洗，
只是为了变成幼童的样式。

他总是在孤寂中追问，
和诸神的宴会何时开始，
那时，我将带着天使的翅膀飞驶而来。

等待灵魂的配偶

在困顿、焦虑和病痛中,终于把平生的第一本书——《教育学科与相关学科的"对话"》写完了。对我来说,这是一个打开自我枷锁的过程,也是一个揭示沉睡的自我潜能的过程,更是一个追寻自我和他人完善的过程。按照西蒙娜·薇依的说法,人们集中精神进行恰当的写作和思考时,就能摧毁存在于人性之中的缺陷和恶性。写作本身就是一种善行。

充分体验了写作的艰难和沉重之后,我从内心深处对那些用心血、思想和灵魂来写作,在言论与行动中都充满了精神和生命力的学者、作家们,充满了敬意。他们教会了我一样弥足珍贵的东西——在无边的寂寞中忍耐。

当所有的浸润在寂寞中的艰难和无名的孤单暂时离我而去的时候,我带着深深的疑虑打量着自己思想的"果实":它并非如我当初想象中的那般丰盈和光滑,上面各种各样的黑色斑点刺人眼目。这使我不由地生出些羞愧来。我未能做到在深幽、寂静和谦虚的心境中思考与写作,浮躁的魔影总是在我眼前晃动。我的某些言论并不完全源于内心的冲动,我时常忘记里尔克的告诫:在夜深寂静的时刻问问自己"我必须写吗",并且要在自身内挖掘一个深的答复。如果这个答复表示同意,而你也能够以一种坚强、单纯的"我必须"来对答那个严肃的问题,那么你就根据这个需要去建造你的生活;直到最寻常、最细琐的时刻,你的生活都必须是这个创造冲动的标志和证明。因此,面对那些最深奥和最重要的事物与问题,我的文字之水只是从表面轻轻滑落,蜿蜒成轻薄的溪流和若隐若现的泡沫之花,未能渗入事物的根部,在其中深深地扎下根来。

但无论如何,我已尽力了。我可以像画家凡·高那样宣称:"我在探索，我在奋斗，我全身心都奉献于此。"我相信会有一些读者能够在我的文字中得到些共鸣。我一直认为作者和读者是一种类似配偶的关系，像西蒙娜·薇依写的那样："灵魂是一盏灌满油的灯，它满怀信心和渴望等待着它的配偶。"

我愿将人生的第一本书郑重地献给我的母亲杨小燕女士和父亲李孝懋先生。多年来，他们以自己瘦弱多病的身躯分担了我生命中的苦与弱、寂寞和孤单，他们在沉默中替我担当起了生存的重负，在微笑中替我受难。

我想感谢叶澜先生。她在北京与我进行的数次"炉边夜话"，是我寂寞生涯中的光明，她的思想和人格已经不知不觉中成为我生命不可分割的一部分。

最后，我要向朋友蒋狄青及北京大学"奥地利研究小组"的青年才俊们表示由衷的敬意和感谢。我和他们在一起的日子，已经奉献了言谈、思想和写作。我们拥有共同的信念：以有限的自我，追寻无限的真理。正是他们那种夸父追日式的激情，点燃了我的激情，使我身不由己地相信作家佩索阿所说的一句话："写下就是永恒。"

与光明俊伟的人同行

我曾经无数次追忆自我的教育史,并试图把朝向自我的教育与面向他人的教育联结起来,我坚信,一个以"教育他人"为业者,首先需要从"自我教育"开始。

在"自我教育"的漫长历程中,有诸多关键人物和私己事件成为个体生命成长的节点,它们如同期然而至的光亮,涌入常常黑暗做底色的时间隧道,为我这一卑微的生命照射出各种可能的希望之路。

网络上一度喧嚣的是"那个年代我们追过的女神或男神",且大多与容貌和微妙的爱恋情仇相关。我心目中的神一般的人物,主要与精神世界的光明俊伟有关。

作为北大学生的冯友兰,第一次去办公室拜会校长蔡元培,回来后用"光华霁月"来形容当时在现场的感受,那是一个浑身充满光辉的人物,由于这个人的存在,整个办公室都被照亮了。

我有类似的经历。在小学时代,经由作家徐迟之手,陈景润的形象呼之欲出,很快成为我们那个年代的"明星"。当我读完陈景润的励志故事后,立刻感到有一股光芒升起,向我涌来……自此以后,我的日常生活多被其包裹:这个人的举手投足、一言一行成为我模仿的对象,比如像他那样专心思考,以致碰上电线杆才"在痛苦中"回到现实世界。成为像他那样的数学家,一度成为我的人生梦想。多年以后,已入中年的我,通过当年采访过陈景润的记者的回忆录再次与其相遇之时,他的一句话再度叩击了我的心灵:"我不想和中国人比高低,我要和外国人比高低。"

我最终没有成为数学家,但数学家的灵魂自此与我的生命同在,成为我的精神源泉之一。伴随而来的是,我养成了阅读名人传记的爱好,从贝多芬、里尔克到鲁迅、沈从文……虽然我无法与他们面对面，亲炙恩泽，但文字世界中展现出的他们生命历程中的点点滴滴，已足以穿透厚重的阻隔，渗入我的灵魂。

我不止一次地追问我的学生：有没有那么一个或者几个人，在你的精神世界里产生过持续重大的影响？这种影响的标志之一，是在日常言谈和文字之中，不断以感恩之心提及这个人，或时常引述这个人的话语表达自身的经验与思想，仿佛自我变成了那个人的影子，总是在有意无意间与其如影相随……换言之，在一个人的精神世界旅程之中，是否可以看到他和另一个人的精神纽带，这一纽带不仅清晰，而且不可分割、牢不可破？在一个人的精神天空中，是否有那么一两个人物如星子般高悬其上，始终被自己仰望，无论走到哪里，身处何种黑暗的境地，哪怕是深陷重重暗礁，哪怕经历了死亡的幽谷，这颗星子的光芒总是能适时出现，在彻夜照耀中显明前行的路程？

谁不曾有过被这种人吸引和被照耀的经历，谁可能就与丰富充盈强大的精神品质无关，谁就可能漂泊无依，随时坠入精神的深渊……谁不曾有过为另一个灵魂所激动、所唤醒、所重塑的时刻，谁的灵魂就可能不仅孤苦无助，而且长眠不醒……

这可能就是教育的目的之一：把一个或一些不一定伟岸，更不一定完美，但一定光明俊伟的灵魂安置在孩子们灵魂的深处，使其在扎根的过程中变成孩子们内生长力的源泉，变成可以绵延一生一世的光源动力。这样的教育过程，是为孩子们寻找精神伴侣的过程，也是为其长大成人后寻获精神配偶的过程。但如此这般的教育，不应变成"替代"——替代孩子选择精神伴侣，而是"帮助"——帮助他们自主寻觅那些光明俊伟且适合于自我的人，并学会与这样的灵魂促膝交谈，学会在交谈中实现精神能量的自我转化：把他人的光明变成自我的光明，把他人的俊伟变成自我的俊伟。

这样的教育也不应引向偶像崇拜，以致失去自我，丧失自我判断和抉择的意识与能力。但破除偶像崇拜，决不意味着丧失对光明俊伟之人的尊重和敬畏。学会进入他们的生命世界，习惯于与他们并肩同行，可能是实现生命超越的重要途径，甚至是必经路径。

一旦谁踏入此路径，谁就可能与通向幸福人生的机缘幸会：为那些光明俊伟的人所吸引、所打动、所唤醒，是一件多么幸福的事情……

说出"我"心目中的教育常识

一直想写一本所有教师都愿意看,也读得懂的书。拙作《教育常识》便以此为目标,不管结果如何,我已经尽力了。

近几年,在教育常识的丛林中,我如同蜜蜂一样不停地到处飞舞。我不能保证采集而来的"蜂蜜"如何甘美,但我能肯定它们带着我特有的体温和气息。必然会有行家对我选择并表达的"教育常识"心存疑虑和不满,在感谢这些为我带来提醒和清醒的批评之余,我还想说,该书中所有的"教育常识"及对其的理解,都出于我的眼光,它们反映了我的标准和我的局限,同时也或多或少折射了我所处的时代的特点,是这个时代的"我"所能走出的广度、深度和高度,因而有时代的局限和自我的局限。

我相信,每个人都可以提出并创造自己的常识标准,但都不能替代他人的标准,如果世界上多一些标准,就多了达成共识,走向和谐的可能。

正是在这个意义上,我尽力了。

我一直在努力寻找属于自己的句子。

四十岁之后的我,最大的"不惑",是对何谓"尽人事,知天命"有愈加透彻深切的体验。

在奔往知天命的路上,命运的大幕渐次拉开,此生的命运逐渐清晰,这个降生在此时代,被命名为"李政涛"的生命,他的躯壳和灵魂,是为教育而生的,他的人生是为教育的人生,为人生的教育。这个生命是为讲台而生,为书斋而生,为孤独而生的。

经过无数的艰难困苦,注定依然是孤独的一生,那又有何妨?早有智者告诫过我:

"如果我们要多结果子,就必须先被埋在黑暗和孤寂中。"

这并不意味着年少时期的豪情就会轻易隐没。我依然怀揣着马克思当年的梦想：重要的不是解释世界，而是改变世界。哪怕是微不足道的改变，也是证明自我生命价值的方式之一。

命中注定，我无法通过行政权力和科技创新的方式改变人世，我所能做的，只是在书斋里，在课堂上，在教育田野中，以书生的方式，尽我所想，尽我所言，尽我所行，尽我所写，为那些同样命中注定，将肉身和灵魂投入教育世界的生命而思，为那些有生命之缘的读者而写，他们可能是我的同时代人，也可能是未来时代的生命，他们在未知的时空里，也许会与我稚嫩的文字，与我曾经鲜活过的魂魄相知相遇，感受到心灵共振时的微妙声响。我将为此感恩和祈祷。

《新约·希伯来书》有言："存心忍耐，奔那摆在我们前头的路程。"

《荒漠甘泉》的解释令人默然凝神："这是一件非常困难的事情，'奔'的时候，常是缺乏'忍耐'的时候，因为'奔'常是急切想达到目的。我们平常说起'忍耐'，立刻就会联想到'静止'。然而我以为静止的忍耐，并不是最难做到的忍耐。有一种忍耐更难做到，就是同时能'奔'的忍耐。固然，在悲伤的时候不动，在不幸的时候不言，需要极大的忍耐。可是需要更大的忍耐的事，是在心中负着重压，仍不停止前'奔'，灵魂深感痛苦，仍然勉力尽职。这是何等可贵的又等又奔的忍耐。"

要达到如此"奔而能忍""奔而能静"的状态，又需要何等漫长的修炼和熬炼！

书桌上和枕边总是放着路遥的书，他的《早晨从中午开始——〈平凡的世界〉创作随笔》，我每隔一段时间就要重读。路遥记下了准备落笔修改最后一页时的场景：

> 一开始写字手就抖得像筛糠一般，竭力想控制自己的感情。但实际上是徒劳的。为了不让泪水打湿稿纸，将脸迈向桌面的空当。百感交集。想起几年前那个艰难的开头。

经过百般的克制，终于写完之后：

> 我来到卫生间用热水洗了洗脸。几年来，我第一次认真地在镜子里看

了看自己。我看见了一张陌生的脸。两鬓竟然有了那么多的白发，整个脸苍老得像个老人，皱纹横七竖八，而且憔悴不堪。我看见自己泪流满面。索性用脚把卫生间的门踢住，出声地哭起来。我向另一个我表达无限的伤心、委屈和儿童一样的软弱。

每次读到此处的我，同样泪流满面，而且如此轻易。

此刻，我与这个已逝的灵魂相遇，仿佛找寻到了西蒙娜·薇依所言的"灵魂的配偶"。回想多年来挺着疾病缠身、瘦弱不堪的身躯，孑孓于命定的人生之路，忍受着只有最亲的亲人，才能体会到的身心兼具的艰难困苦，我才会对路遥那一刻的心境有着通灵般的感同身受。

虽然，在文学的意义上，路遥的小说并不是我欣赏的类型，但他的精神却有着动人心魄的力量。这种内在的力量是中国当代作家中所普遍稀缺的，能够在精神上和他媲美的作家罕见，也许，还有史铁生、张炜……

面对人生的苦难，沈从文时常展露出的"困难中的微笑"更能打动我心，如他所言："这微笑有生活全部屈辱痛苦的印记。有对生命或人生无比深刻的悲悯。有否定，有承认。有《旧约》中殉教者被净化后的眼泪。"

怀着悲悯之心，思考教育和做教育；怀着悲悯之情，直面惨淡的人生和伤痕累累的世界；怀着悲悯之意，对人性的不完美展露同情式的微笑……

从这些罕有的灵魂中汲取的精神力量，转化为我对自己的严厉告诫：

不容许懈怠，不容许自我宽恕、自我原谅、自我同情、自我麻痹、自我固化。

可以忍受肉体上的枯瘦、软弱和蓬头垢面，绝不能忍受心灵上的枯瘦、软弱和蓬头垢面。

……

在时光残酷的流逝中，我愈发感到时不我待：如此卑微的人生，还有多少光阴，能为如此浩大无边的世界贡献点什么？

在书写我心目中的教育常识的过程中，我生成了一些对教育理论与教育常识关系的感悟。也许，我们需要及时把最新且被验证为可靠的教育理论，变为日常教育生活中的常识。理论不仅要求"新"，也要求"常"。我以为，不能变为常识的理论，不能说是没有多少价值的理论，但肯定是价值没有得到充分体现的理论。

　　书中的不少常识及对其的感悟，都来自我参与的"新基础教育"研究，这项从1994年开始延续至今的学校变革实践，已经成为我思想的源泉，每念及此，感恩之情则充盈心怀。

　　无论如何，与多数人相同，我也希望当下自己所做的工作，是一种前无古人，后有来者的工作。——终于说出了这句很多人都想说，但不好意思说，最终忍着还是没有说出来的话。

　　上帝啊，请原谅我的坦诚吧……

断裂与弥合中的自我重生

在我所有已成之书中,《交互生成:教育理论与实践的转化之力》,是最特别的:只有它是在遥远的异国他乡,即德国完成的。具体的"诞生地"则是柏林洪堡大学,这是蔡元培当年留学的地方,也是后辈如我等的"朝圣之地"。

这并不意味着此书的质量就一定好过昔作,出身之地不代表内在本质的高贵。但无论如何,它的气质不可避免沾染了"德国气息"。置身于康德、黑格尔、马克思的哲学故乡,置身于赫尔巴特当年辛勤耕耘过的地方,我的生命不可能不有所改变,我的思考和研究不可能与以往完全一样,至少有一点毋庸置疑:回眸昔日的研究与写作,即使不能说"不堪回首","悔其少作"之意颇浓当属必然。

我怀着这样的信念踏上德国土地:在进入和把握德国学术传统的基础上,把这一属于"他者"的传统转化为自身的传统,让德国元素融入自我学术生命的血液与骨髓之中。这个过程异常艰难,不只在于该传统本身异常坚实厚重,没有积年之功难以达成,何况我还面临着语言障碍这座大山,更在于这个转化的过程,是一个改变旧我的过程——改变原有的漂浮、轻浮、浮荡等一切与"浮"字有关的痼疾,而没有什么比改变原有痼疾更艰难的了。

通过与德国同行的接触,对德语著述的研读,尤其是对本纳的《普通教育学》德、中两个版本的对照性研读,德国学术传统中的严实、扎实、厚实不再是"传说",它们一律变成了镜子,照出了原有之"我"的粗陋不堪和虚飘不实。这些问题早就被叶澜教授犀利地指出过,只是浸润于德国学术传统并有了鲜明对比之后,我才对恩师当年的批评与指点有了切身的领悟。

我来德国之前，曾经确立的目的之一是，以德国的学术文化传统来纠正自我的偏失。这一纠正不是局部、片段和点状的，而是整体性、结构性的，我把它视为与旧我断裂或碎裂后的弥合、重构、再造和再生的过程。现在看来，这一目标已经得到部分的实现。

在此过程中，与德国教授和中国同仁们的交往互动起到了积极的推动作用。

作为我的合作导师，汉茨教授的"跨文化教育"研究，既为我敞开了一个新的领域，也赋予我一种审视教育问题的"跨文化"眼光，我相信这一领域和眼光，必将成为未来中国乃至世界教育研究的基本问题和基本眼光。除此之外，有多年中国田野研究经历的汉茨的"中国情结"，一再体现在各种细节中：拖着生病之躯到机场接我，之前早已帮我寻找到适合的住处并办好租房手续，随后又亲自为我撰写办理护照延签手续、图书馆借书证申请等各种手续需要的证明信、介绍信……他每次见我，都要问："需要我帮你做什么吗？"这样细心体贴的德国教授，即使不是人间"唯一"，也是世上"罕有"。

与本纳教授的见面，是在一家咖啡馆里。这个睿智的德国老头，貌似平静，内心其实"热情似火"：表述过程中双手比画不停还不够，还急匆匆地拿出纸笔，画各种图表，以演示他的思想。当我赞誉他是赫尔巴特之后世界教育学的代表人物时，他当即加了一句"也是杜威之后"，此刻，他目光炯炯……

在沃尔夫教授那个宽大的讨论室里，堆满了他写的、编的和有关他的各种书，他不仅思维活跃，而且身体也异常活跃，每当我问及一个问题，他就迅疾站起来，冲到座位旁的书架边，抽出相应的书拿给我翻阅。我"敏锐"地发现，他很难安安静静地坐稳10分钟，我也只好一再站起，坐下，站起……难以想象，"多动症"会发生在一个快70岁的老人身上。他的学生普遍反映：沃尔夫精力格外旺盛，常常今天上午上课，中午和学生谈论文，下午就出现在飞往北京、莫斯科、新德里或其他什么地方的飞机上了。我也终于理解，他的学术兴趣何以如此广泛，著述何以如此丰硕了。从他的身上，我感受到了什么是对学术的痴迷和对书籍的热爱。

见到拉姆塞格教授时,我突然感到后悔。与我见过的习惯于休闲打扮的德国学者不同,这位柏林自由大学的教授西装革履,鲜红的领带衬托着我的休闲衬衫的随意。其实我早该想到的,从知道我要来拜访,并为此给我发来一封正式的邀请函开始,他就展现了德国人的严谨和庄重。为"迎接"我的到来,他要求其所主持的研究中心的所有人员都必须到场,轮流介绍他们的研究成果。我一边聆听着他们的介绍,一边品着醇厚的咖啡,吃着德式小饼干,内心感慨不已……

第二次与布因克曼教授相遇,是在他的办公室。我参加了他的教授就职典礼,并与众人合影留念,我习惯性地"躲"在人群中的角落里……如果不是这次的正式见面,他可能永远无从知晓,有一位中国教育学教授,从万里之外赶来,悄然遁入以他为核心的"全家福"之中……作为本纳教席空缺多年后的继任者,他的就职尤其引人注目。从布因克曼的简历中,我看到他是一位勤奋高产的学者。从他的演讲方式和听课学生的言说中,我感受到的是严肃、严谨,或者不苟言笑,令人有些"望而生畏"。但见面后的交流,很快进入了状态,他的亲切、质朴和健谈,尤其在观念和立场上与我的共鸣,出人意料,令我喜出望外。我很幸运,在离开德国前,遇见了一位纯正的德国教授,他的理论底蕴和人文素养完全配得上本纳教席继任者的名号。

安迪博士,是我在德国交的第一个朋友,他高大,但不英俊,魁梧,但不肥硕,他给我印象最深的是隐藏在厚厚眼镜片后面的那双眼睛,交织着深沉、锐利与柔和……他的博士论文选择了"全球化过程中的贫穷与正义"。与他多次在咖啡馆里交流,我感受到了他的热诚、真诚背后的信仰,这是一个有人类情怀的虔诚的基督徒。他不只是在做一篇博士论文,而是在做一份事业。

通过与德国教授和博士们的交流,我看到了自己的无知和局限,也目睹了这些曾经被我们膜拜的德国学术界的"所见"和"所不见",对我们而言,他们的学术传统和当代发展是"传奇",但不是"神话"。我们既需要打破种种"神话",更需要并且完全可以创造自己的"传奇"。油然而生的问题是:我们对西方学术思想,从"仰视"到"平视",甚而"对视",是否可能?

与外国同行对话同时展开的是与国内同行或在德国的中国留学生的交

流。留学德国多年的徐斌艳教授、在国内引领跨文化教育研究的黄志成教授、自学德语成才的彭正梅教授等，先后为我得以成行和在德国的学术交往活动，提供了多种支持和协助，他们不断以各种方式向我传递着关怀和友情。

我来到德国之后，与在德国求学的中国博士生以各种方式组成了学术共同体，我们在交互生成中吸收转化彼此的学术能量：我曾向研习古希腊哲学多年的田洁博士领教了亚里士多德实践哲学，从专攻康德哲学的罗喜博士那里把握了康德实践哲学的核心要义，此外，与姜亚洲（柏林洪堡大学）、巫锐（柏林洪堡大学）、邱关军（柏林自由大学）、陈红燕（柏林自由大学）、林小遐（柏林洪堡大学）、费爱心（柏林工业大学）、张乐（柏林洪堡大学）、黄河（柏林洪堡大学）、覃丽君（柏林洪堡大学）等具有不同学科背景和研究旨趣的博士生交流，这既助益了我的思考与写作，也丰富了我的精神世界。

特别值得一提的是我在德国读《沈从文全集》。夜深人静，孤独一人，安坐在房间一角，我进入了沈从文的世界。新中国成立后，从精神崩溃中逐渐恢复的沈从文，自知写作无法适应新时代的要求，遂改行并被"发配"到中国历史博物馆以研究文物为业。此时从文坛消失，彻底陷入沉默的沈从文，通过写信来表达生命在社会变迁动荡中的冷暖悲喜。他的书信仿佛是一幕幕电影和一幅幅画面：在巴金、老舍、丁玲等昔日同行老友在冬宫碰杯、在红场阅兵、在樱花节赏花、在世界各地接受万众欢呼之时，他天不亮就爬起，赶到天安门午门楼下等着博物馆开门，捧着烤白薯取暖，在零下20度的气温下进库房摸索各种坛坛罐罐，同时以普通"说明员"的身份穿梭在大厅里，讲得口干舌燥。当年那个横扫文坛、名扬天下的沈从文，逐渐被众人遗忘，时常被晚辈、不学无术者和从馆长到组长的各种层级的"长"们呵斥或无视，所提诸多工作要求大多无人理睬，下放到农村所住的房屋潮湿漏雨，一下雨地面就成了水渠，终日穿着雨鞋在屋里行走，却长时期无人过问……他一直在缄默、坚忍和不懈的努力中如此坚持了20多年，在物质文化史领域创造了可以传世的成就。他总是被人嘲笑"书生气"或"书呆子"，有"职业病"或"神经病"……但他为人为学的境界却是绝大多数嘲弄他的人所不及的，这就是"素朴中见亲切""寂寞中见坚韧"。我在德国度过的诸多不眠之夜，往往都与沈从文有关,那些令我心痛、感慨的画面反复萦绕在脑际……我终于理解了何谓"星斗其文,赤子其人"。

这的确是一种奇妙的体验,早已离世的沈从文,通过他的书信,在我的柏林小屋中与我相遇,我是他的灵魂与精神的学习者、吸收者和转化者,虽然对其精髓的转化融通,还需不短之时日,但毕竟,我已经开始,哪怕只是融通一点皮毛,也有微妙之气息向内心深处弥漫渗透……

我逐渐明白,所有已成,其实并未真正完成,只是为将成之事做一铺垫和练习而已,所以,我已有的所谓学术"作品",都只不过是沈从文所言的"练习曲",我将始终处于不断地练习、练习、再练习之中。在这个意义上,我只不过是学问的学徒工而已。德国之行使我实现了从学问之井、学问之池到学问之海的跨越,让我真正知晓了自身的渺小和无知,开启了打破旧我,重构新我的旅程。如同戈特弗里德本在《小酒馆》中所写:

> 我让我碎裂
> 我,停在终点的近前
> 在废墟和货之间
> 站着那伟大的时刻

所谓"伟大的时刻"与以下信念有关:

一个人的生命将经历多次诞生,每一次诞生都可能是凤凰涅槃。

可以说,在德国访学就是自我生命的再次诞生。每一个人的每一次重生,都是一种"伟大的时刻"。

再次诞生之后的"我",对未来的道路之方向已经了然:"上天入地,知行合一;以中化西,兼容并蓄;平等对话,融通创新"将构成我未来学术发展中的新路标。"上天入地"是对理论与实践的沟通;"以中化西"不只是关注中西之学的通彻,更强调对西学的中学式转化;"平等对话"是试图改变教育学在人类学科体系中的弱小卑微之地位,赢得与相关学科平等交流的空间;"融通创新"将以转化的方式进行,它不仅发生在教育学科与相关学科之间,也发生在理论与实践之间、中西学术之间,"学术创新"是它们最终共同指向的归宿。

这一宏大理想,不应只是我个人的理想,而应是我们这一代中国学人、"生命·实践"学派同仁的理想,它很可能需要几代人共同来完成。

在此过程中,我的角色和使命,是做一个中国教育学派的普通"说明员",以普通"士兵"的身份,以同仁为友,以天地为伴,与神相契相合。

尚未被思想的，还在路上

我已有的人生似乎都是在为教育学找魂，将有的人生（天可怜见，再赐我多一些宝贵的光阴）还将为千呼万唤始出来的教育学之魂培育成长的根基。这一根基已经被我的导师叶澜先生铸造成型，我需做之事，是将其植入人类的科学体系里，看看这个"新"魂能够唤起些什么，带来些什么。也许能带来的还是我的思想之物，想象之物，但我隐约看到这个被我带出的"教育科学的世界"，已然沐浴在曙光的橙红之色中。

与其说，我使新的思想呼之欲出，不如说，我为尚未被思想的东西做好了准备。尚未被思想的东西才要求一种思想，我为这样的任务而激动：通过不懈的努力为自古以来有待思想，但尚未被思想的东西准备好一个领域。

教育学领域尚未被思想之事甚多，有的是不言而喻的，因而无需思想，有的则属于幽深之事、黑暗之事和艰难之事，因此思想的足印尚未踏入。潜入思想的幽暗之地，或多或少需要点"无知者无畏"，但其后的漫游可能演变成痛苦的旅程，因为我们愈加清醒，愈加意识到自己的无知和局限。由此恍然：许多时候，我们的痛苦来自清醒，清醒越多，痛苦越深。然而，思想的伴侣就是清醒，麻木是思想的天敌，麻木带来的是思想的"不仁""不义"。

多少世纪以来，教育的世界里总是麻木太多而清醒太少，行动过多而思想过少。在这个人类心思愈加细腻，但根基摇荡不止的时代，在这个教育世界已是热浪翻滚的时代，依然处处显示出我们尚未思想。"我们尚未思想，决不只是因为人尚未充分朝向那个从自身而来需要得到思虑的东西。而毋宁说，我们尚未思想，乃是由于那个有待思想的东西本身从人那

里扭身而去,甚至久已从人那里扭身而去了。"(海德格尔语)

对今日的我来说,有待被思想的暂时还不是教育,而是教育学。教育的喧嚣总是轻易地掩盖着教育学深沉思想的尝试,总是扭曲着教育学探向幽暗之地的指针,逼使它转向已成之地,未成之世界被迫继续隐身。

来自实践大地的教育学,到了该返回自身,追问"我"究竟是谁的时候了,经历追问之后的探寻,才可能更好地沉入大地,开掘出奇异悠远之景象。我所作的所有工作无非是:学会在教育科学的领域内思想。

思想何事?

思想那称之为"生命·实践"之事。这是由叶澜先生提出的概念,以其特有的包容性和意蕴,打动着我的灵魂,影响着这个时代。因为有了它,我们时代的教育学可能从此不同。自此以后,我的思想之路,就在对此概念的殷殷期待和魂牵梦绕中前行。思想也属于实践的一部分,甚至说,思想本身也是一种"生命·实践",思想之事,就是以自身之生命体悟其他"生命·实践"之人和"生命·实践"之事。

思想那命名为"教育科学"之事,我想为教育学找到一个真正属于自己的领地,安放教育学命运多舛的灵魂,让一直游离在科学世界之外的孤魂野鬼安居在自己的家里。多年来,我们习惯了在自然科学、哲学科学等别人的家里"安居乐业",但都不是自己的家。思想之旅,就是找家之旅和回家之旅。

被称为"教育科学"的新家尚处在"毛坯"阶段,根基不牢,陈设简陋,但总算"居者有其屋"了,总算可以坐在这样的屋里眺望世界,回望内心了。在这个意义上,思想者的角色就是建筑师,首先为自己筑建的不仅是遮风避雨之地,更是灵魂栖息之地。

我必须承认,我依然在学习这类思想的建筑,即使如海德格尔这样的人,也依然忐忑不安地说:"一旦我们投身于这种学习,我们也就已经承认了:我们还不能够思想。"

我并不气馁,即使发现我建造的新屋,多么幼稚单薄,在众多方家的慧眼逼视中瑟瑟发抖,甚至浑身乱抖,但我毕竟已经出发,我怀着到达的心境试图通达教育科学的世界,我相信,这是一个清美博大的世界,也是一个坚硬实在的世界。进入这个世界并不难,但却耗费了我四十年的光阴,所明之事理,无非是:"学习者"是我的身份证,不懈的思想激情和实践激情是我的通行证。

于是，我欣欣然，熏熏然，安心踏出通达教育科学世界的第一步，在此时刻，我终于发现，自己已经开始准备学习思想，学习思想基于"生命·实践"的教育科学之事。我深知：已被思想的正在等待着检阅、修正和严词苛问，它的简陋和粗陋常常使我不忍回望已写就的文字；尚未被思想的，还在路上。尚未被思想的总是远多于已被思想的，所以，人生苦短。

写作此文时，正值我参加赣南师院87级政教系毕业20周年同学聚会。光阴荏苒，岁月蹉跎，昔日同窗有的面目全非，有的风华不再，有的病缠患绕，彼此对望，少了无邪的纯真表情，多了对世事、对生命、对命运明洞透彻的领悟。离别转身而去，从同窗的手掌相握中我感受到了青春的余温犹在，然而，不知各自的理想和信念是否安在？青春时代燃在心间的那团火是否还在发光发亮？我可以自信地告诉已然逝去的时光和将要到来的人生：理想还在，信念还在，它们依然与我的肉身和灵魂同在，并且不断增添新的元素和新的力量。对于无法确定的迷雾般的未来，这是我唯一可以确认无疑的。

后　记

一生为一大事而来

人的一生总是在各种事务中奔忙。在生老病死之外，我们的日常生活被"风起云涌"的诸多繁杂之事填满，它们让我们激动、兴奋，也让我们劳苦愁烦。事与人的纠缠由此成为人的宿命。为何事操心操劳，和与何人结缘交往一样，往往决定了什么样的人生。

随着年龄渐长，尤其是进入中年之后，我对"命运"二字有了更加切身的体会，无论是谁安排设定的命运，人人似乎都无所逃于天地之间，不管是否承认，能否抗拒，概莫如此。最常见的可能是：在忙碌的喧嚣中抵达人生终点之时，方才明了此时的宿命。这可以是一种欣慰，能够不因对命运梦魇的清醒指认而烦恼，有时愈清晰愈痛苦，所以"难得糊涂"足以成为疗治心灵之痛的良药。当然，有时，这也是一种悲凉和无奈，不能尽早知晓透彻此生的命运，失去了早做筹划、实施的机会。

我很幸运，在生命的中途就大致明悟了自身命运，它注定与教育有关——不，不是"有关"，"有关"一词隐含着一种假设：命运与教育是两种外在于彼此的存在，进而需要通过某种努力将其"关联"起来。更恰当的说法是：我的命运在教育里面，教育就是我的命运。

当所有已做之事和将做之事一一浮现在我眼前时，我倏然发现：它们都属于教育之事。其中既有面向他人的教育之事，这是我作为过去之中学教师，今日之大学教师的分内之事，更有朝向自我的教育，所有与我相遇的周遭人与事，一律以某种方式变成对我的教育，或从正面提醒，或从反面警醒。正因为如此，我才顿悟：人生天地间，教育的味道无处不在。教育的力量，是主宰人世变迁的隐秘力量。我这一宇宙间独一无二的生命，也是教育伟力的产物。

既如此，我的所有生命能量将如百川归海般汇集于教育之地，为教育而思，为教育而行，为教育而呼吸，为教育而存在。其他与此无关之事，则渐行渐远。这无非预示着，我的一生只为一件大事而来——为教育这一人类永存之大事而来。

与我已有的习作一样，本书也是基于教育之事的教育之文。其中有几篇曾刊于它书的旧文，影响较大，但这并非主要原因，它们之所以为我所看重，在于它们在某种程度上，构成了我的教育之思与行的源泉。认真细心的读者或许会在通读之后发现，本书的内容和文风并不"一致"，有的偏于"抽象的抒情"，有的指向"实践问题的解决"，具有一定的"实用性"或所谓"可操作性"，这固然与主题相关，但更与我近年来一直倡导的"复调式写作"有关，能够写出不同文体和风格的文本，展现出不同的视角和声音，至少是对我自身的要求。虽然，本书离真正的"复调"还差之甚远。

书中最后一辑，尤为我所珍视。我一再提醒自己：要把做教育之事的过程，变成感悟人生的过程，更要变成体悟生命成长的过程。虽然，这些文字具有鲜明的私人性，但通过对自我生命多次诞生、重生过程的追忆，或许会为那些后来者和同行者带来些许启示与温暖。相互取暖，绝不仅仅是发生在身体之间，还发生在精神与灵魂之间。精神的热度，灵魂的温度，是对孤独人生的抵御和疏解，也是对千疮百孔的教育保持勇气和信心的动力。

本书为华东师范大学教师教育优势学科创新平台学术团队创新项目"教师现场学习力与新基本功养成研究"成果，大部分文章已先期刊载于《教师月刊》《人民教育》《中小学管理》《上海教育科研》《语文教学通讯》《今日教育》和《江苏教育》等，承蒙它们错爱不弃，使我这一无任何权力的纯粹读书人有了发声的平台。特别是《教师月刊》的林茶居先生，无论是肉体之瘦，还是精神气场中诗歌气质的挥之不去，尤其是对保罗·策兰的推崇与热爱，我们都足以称为同仁和同道。我还要感谢大夏书系的负责人李永梅社长，使我忝列这一中国教育出版史上影响深远的书系之中。我曾经说过，当代中国教育的世界，中国教师的精神世界，因为有了大夏书系的存在，已有所不同。

内人文娟博士参与了相关文章的搜集汇编和整理，她的文学之能量与我的教育学之能量，已走在相互转化融通，进而形成新的学术天地的路途之中。

海上·涛声·心斋

2014年2月14日元宵节